DON BOSCO
VERLAG

Für meine Frau Anne
– wiederum

Dank für beharrliche Geduld,
Toleranz, Unterstützung, Liebe –
und fünf Kinder!

Amor vincit omnia

PETER VARDY

Das Gottesrätsel

Antworten auf die Frage nach Gott

Aus dem Englischen übersetzt
von Clemens Wilhelm

Bearbeitet von
Perry Schmidt-Leukel

Don Bosco

Die Deutsche Bibliothek – CIP-Einheitsaufnahme

Vardy, Peter:
Das Gottesrätsel : Antworten auf die Frage nach Gott / Peter Vardy.
Aus dem Engl. übers. von Clemens Wilhelm. – 1. Aufl. – München :
Don Bosco, 1997
Einheitssacht.: The puzzle of God <dt.>
ISBN 3-7698-1057-0

verlags
gruppe
engagement

Englische Originalausgabe erschienen bei
HarperCollins*Publishers* Ltd unter dem Titel:
The Puzzle of God.

1. Auflage 1997 / ISBN 3-7698-1057-0

Umschlag: Margret Russer
Satz: Fotosatz Miehle, Augsburg
Druck und Bindearbeiten: Druckerei Bremberger KG, München

Inhalt

Brief an den Leser

Liebe Leserin, lieber Leser,

in allen Jahrhunderten haben Dichter, Musiker, Philosophen und Heilige versucht, der Welt die Wirklichkeit Gottes nahezubringen. Aber heute leben wir in einem rationalen Zeitalter, und ihre Stimmen sind verstummt. Und doch beschäftigen auch uns die ewigen Fragen, die der Kürze unseres Lebens Hohn sprechen.

Im vorliegenden Buch habe ich versucht, die Grundzüge der wichtigsten Diskussionen über die Realität und das Verständnis Gottes möglichst klar und einfach darzustellen. Antworten gebe ich allerdings nicht – mein Ziel ist vielmehr, Ihnen, dem Leser, dabei zu helfen, die Probleme selbst zu durchdenken. Soweit Fachausdrücke verwendet werden, werden diese erklärt, so daß keine Vorkenntnisse nötig sind.

Das Streben nach Wahrheit ist immer beschwerlich. Es ist immer einfacher und sicherer, nicht nachzudenken und sich mit seinen eigenen Gewißheiten zufrieden zu geben. Und doch drängen sich, ob wir Gläubige oder Nichtgläubige sind, Zweifel und Unsicherheiten bezüglich unserer persönlichen Haltung in unser Bewußtsein, wie sehr wir auch versuchen, den Blick von ihnen abzuwenden. Wenn es einen Schöpfergott gibt, dann hat er auch unseren Geist geschaffen, und dann kann uns die Suche nach Wahrheit auch nicht von ihm wegführen. Wenn es keinen Schöpfergott gibt, dann sind wir auf uns selbst angewiesen. Die Sinn- und Wahrheitssuche ist eines der wenigen Dinge, die in einer flüchtigen Welt beständig sind. Im Buch der Sprichwörter heißt es über die Weisheit:

Nehmt lieber Bildung an als Silber,
lieber Verständnis als erlesenes Gold!
Ja, Weisheit übertrifft die Perlen an Wert,
keine kostbaren Steine kommen ihr gleich.

(Sprichwörter 8,10–11)

Dieses Buch ist ein bescheidener Versuch, bei der Suche nach Verständnis zu helfen. Diese Suche wird niemals ganz abgeschlossen sein, aber dies bedeutet nicht, daß man den Versuch nicht unternehmen sollte. Ich hoffe, daß Sie diese Suche ebenso aufregend und lohnend finden wie ich.

Ich danke meiner Frau Anne für ihre große Geduld, mit der sie das Manuskript kommentierte, und für ihre Hilfe beim Lesen der Korrekturen. Weiterhin danke ich Philip Gudgeon SJ, Sarah Allen und Gwyneth Little für ihre Anmerkungen. Weiterhin schulde ich den Studenten am Heythrop College tiefen Dank, dem kleinsten College an der Universität London, an der ich lehre. Zu Dank verpflichtet bin ich weiterhin denjenigen, die am Institute of Education in London Religionsphilosophie studieren. Ihr vorurteilsloses Streben nach Wahrheit und ihre Freundschaft bedeuteten und bedeuten mir sehr viel.

Peter Vardy
St. Clair
Devon

Heythrop College
University of London
Advent 1989 – Epiphanias 1990
Ostern 1995

KAPITEL 1

Einhörner, Zahlen und Gott

1. a) Ich glaube an Gott.
   b) Ich glaube nicht an Gott.

2. a) Ich glaube an Einhörner.
   b) Ich glaube nicht an Einhörner.

Jedermann weiß, was ein Einhorn ist. Wenn eines über den Marktplatz spazieren würde, würden wir es erkennen. Natürlich hätten wir einige Zweifel, ob es ein echtes Einhorn ist. Wir würden wohl vermuten, daß es irgendein Trick sei und annehmen, daß es ein Pferd sei, dem jemand irgendwie ein spiralförmiges Horn an der Stirn befestigt habe. Aber es gäbe Möglichkeiten, dies zu überprüfen, indem wir zum Beispiel feststellen würden, woher das Tier kam. Vielleicht denken wir aber auch, daß eine Begegnung mit einem Einhorn etwas so Unwahrscheinliches ist, daß uns keinerlei Überprüfung befriedigen würde; in diesem Fall wären wir skeptisch bezüglich der Möglichkeit von Einhörnern. Wir wären uns im klaren darüber, wie ein Einhorn aussieht – aber wir würden schlicht leugnen, daß es solche Tiere gibt.

Stellen wir uns nun einmal vor, daß wir einen Freund hätten, dem jegliches mathematische Verständnis fehlt. Mathematische Symbole würden ihm absolut nichts sagen. Er wisse nichts von den Grundlagen der Mathematik, wiewohl er im übrigen ein intelligenter Mensch sei. Nehmen wir nun an, daß wir ihm erklären wollen, was eine Primzahl ist. Wir sagen vielleicht: „Eine Primzahl ist eine ganze Zahl, die nur durch sich selbst und durch eins teilbar ist.“ Vielleicht geben wir ihm einige Beispiele und nennen ihm die Zahlen zwei, drei, fünf, sieben, elf, dreizehn, siebzehn, neunzehn und so weiter und fügen hinzu, daß es unendlich viele Primzahlen gibt. Der Betreffende kann aber damit nichts anfangen – für ihn sind Primzahlen einfach nicht wirklich. Sie sind für ihn eine seltsame Vorstellung von Mathematikern, die er irrelevant und sinnlos findet. Vielleicht sagt er schließlich: „Du behauptest, daß Primzahlen wirklich sind und existieren. Also gut: Zeige mir eine." Dies wird uns in Verlegenheit bringen – wir können ihn nicht bei der Hand nehmen und ihm die Primzahl siebzehn zeigen. Natürlich gibt es Primzahlen, aber man kann sie sich nicht ansehen. Die Primzahl siebzehn oder irgendeine andere Primzahl befindet sich nicht an einem bestimmten Ort. Die Tatsache, daß jemand Sie bittet, ihm eine Primzahl zu zeigen, bedeutet schlicht, daß er das Wesen der Primzahl nicht verstanden hat.

Wir wissen, was Einhörner sind, und die meisten von uns sind davon überzeugt, daß es sie nicht gibt. Wir wissen, was Primzahlen sind, und die meisten von uns sind davon überzeugt, daß es sie gibt – wenn auch in einer anderen Weise als Einhörner. Wir wissen, daß es Bäume, Liebe, Atome und das Böse gibt – aber in unterschiedlicher Weise. Aber was heißt es nun zu sagen, daß es Gott gibt?

Das Wort „Gott" ist das am heftigsten umkämpfte und umstrittene Wort in der Ideengeschichte. Jahrhundertelang beherrschte es das Denken der scharfsinnigsten Menschen auf dieser Erde. Auch heute noch erregt die Erwähnung Gottes unvermeidlich die Leidenschaften. Religion ist ein emotionsbefrachtetes Thema, und in der ganzen Welt werden Familien und Gemeinschaften wegen unterschiedlicher religiöser Überzeugungen auseinandergerissen. Nur allzuoft hängen Menschen ihrer Überzeugung mit Leidenschaft an – und allzu selten denken dieselben Menschen einmal darüber nach, woran sie eigentlich glauben.

Selbst innerhalb einer bestimmten Gemeinschaft sind Menschen unterschiedlicher Ansicht darüber, was das Wort „Gott" bedeutet. Viele Menschen haben eine kindliche Vorstellung von Gott, indem sie ihn etwa als alten Mann mit einem weißen Bart betrachten, der irgendwo über den Wolken thront. Wenn man sich mit einem x-beliebigen Menschen über Gott unterhält, stellt man fast immer erhebliche Auffassungsunterschiede fest, aber die unvoreingenommene Prüfung dieser Unterschiede kann beiden zu mehr Klarheit darüber verhelfen, was sie eigentlich glauben und was nicht.

Philosophie ist unter anderem ein Streben nach Wahrheit und Verständnis. In diesem Buch werden wir dieses Streben ernst nehmen. Es gibt dabei keine versteckten Absichten, keinen Versuch, Ihnen die „richtige" Antwort anzubieten. Das Ziel ist vielmehr, Ihnen, dem Leser, zu helfen, über den Begriff „Gott" nachzudenken und zu erkunden, welche Konsequenzen die jeweilige persönliche Auffassung hat. Jede Auffassung von Gott ist mit Schwierigkeiten und Komplikationen verbunden. Manche Menschen haben Vorbehalte gegenüber der Philosophie, weil sie glauben, daß es nicht recht sei, über den eigenen Glauben nachzudenken und ihn kritisch unter die Lupe zu nehmen. Aber die meisten Religionen erheben Anspruch darauf, im Besitz der Wahrheit zu sein, und einen solchen Anspruch muß man ernst nehmen. Keine Religion, die nach der Wahrheit strebt, darf vor der Suche nach mehr Verständnis zurückscheuen. Samuel Taylor Coleridge drückte dies wie folgt aus:

> Wer anfängt, das Christentum mehr als die Wahrheit zu lieben, wird bald seine eigene Sekte oder Kirche mehr lieben als das Christentum und am Ende sich selbst mehr als alles andere lieben.

Wenn wir uns weigern, nach der Wahrheit zu suchen, wenn wir uns hinter unseren eigenen Gewißheiten verschanzen, weil wir Angst haben, daß sie einer Prüfung nicht standhalten könnten, dann stehen wir in der Gefahr, anderen gegenüber immer intoleranter zu werden. In einer Welt, in der es so viele verschiedene religiöse Systeme gibt, muß das Streben nach Wahrheit und Verständnis aufrichtig sein. In früheren Jahrhunderten führten religiöse Gruppierungen Kriege gegen andere, um ihnen ihre Überzeugungen aufzuzwingen. Wir sollten heute diese Phase überwunden haben (auch wenn Ereignisse wie das Todesurteil gegen den Autor Salman Rushdie berechtigte Zweifel hieran aufkommen lassen), und wir sollten fähig sein, uns mit Freunden, die anderen religiösen Überzeugungen anhängen, zusammenzusetzen und vernünftig miteinander zu reden, um zu mehr gegenseitigem Verständnis zu gelangen.

Auf den folgenden Seiten werden wir uns mit vier verschiedenen Vorstellungen davon auseinandersetzen, was es bedeutet, über Gott zu sprechen. Alle diese Vorstellungen besitzen eine gewisse Überzeugungskraft, alle haben erheblichen Einfluß. Einige haben eine alte Geschichte und einige haben ihre Wurzeln zwar in der Vergangenheit, aber wurden in neuerer Zeit aktualisiert. Alle sind glaubwürdig, und alle haben Nachteile. Bei der Erkundung dieser verschiedenen Vorstellungen von Gott werden wir das Wesen der Religion selbst erkunden, und es wird uns dabei vielleicht gelingen, dem Ziel unserer eigenen Suche nach der letzten Wahrheit ein wenig näher zu kommen.

KAPITEL 2

Was ist Wahrheit?

Schwimmen lernt man angeblich am schnellsten, wenn man ins Wasser geworfen wird ... Begeben wir uns also mitten hinein in eine Diskussion, die möglicherweise im nächsten Jahrhundert das Hauptthema der Philosophie und Theologie sein wird, wiewohl nur wenige Menschen sich der Problematik bewußt sind. Diese Diskussion dreht sich um die Frage, die Pontius Pilatus Jesus stellte: „Was ist Wahrheit?" Dies ist eine außerordentlich wichtige Frage, insbesondere, wenn es um die Aussage geht, daß eine religiöse oder moralische Behauptung „wahr" sei.

Um uns der Problematik nähern zu können, müssen wir zunächst zu klären versuchen, wie Sprache benutzt wird. Wir erwerben unsere Sprache auf den Knien unserer Eltern. Kleine Kinder besitzen eine angeborene Fähigkeit, Sprache zu lernen. Dieser Spracherwerb ist eines der Schlüsselelemente der menschlichen Entwicklung. Die ersten Menschen entwickelten die Fähigkeit, Werkzeuge zu handhaben, aber erst dann, als sich aus den ersten unartikulierten Grunzlauten Kommunikationswerkzeuge entwickelten, konnten Individuen mit einem gemeinsamen Ziel zusammenarbeiten. Sprache ist eine öffentliche Angelegenheit. Sie gibt uns die Möglichkeit, Ideen, Wünsche, Wahrheiten, Ziele und Erkenntnisse mitzuteilen. Wir benutzen Sprache, um andere von unseren Bedürfnissen, Empfindungen und Absichten in Kenntnis zu setzen.

Sprache ist nicht statisch, sondern in ständiger Entwicklung begriffen. Neue Wörter werden eingeführt, und die Bedeutung alter Wörter ändert sich. Begriffe wie nukleare Abrüstung, Gentechnik, geladene Teilchen, saurer Regen oder Videorecorder gibt es erst seit wenigen Jahren, weil es auch die Gegenstände nicht gab, für die sie stehen.

Sprache ist reich und dynamisch. Sie gibt die Wahrheit wieder – aber sie kann auch die Unwahrheit ausdrücken. Aber was bedeutet es,

wenn Sprache die Wahrheit ausdrückt? Nehmen wir eine einfache Aussage wie: „Mord ist falsch". Was bedeutet es zu sagen, daß diese Aussage wahr ist? Die meisten Menschen werden wohl mit dieser Auffassung einverstanden sein, aber dies bedeutet nicht, daß wir schon wüßten, was erforderlich ist, um diese Aussage wahr zu machen.
Es gibt zwei Grundtheorien der Wahrheit oder Auffassungsmöglichkeiten von Wahrheit:

Die Korrespondenztheorie der Wahrheit

Die Korrespondenztheorie der Wahrheit besagt, daß eine Aussage wahr ist, wenn sie einen Sachverhalt unabhängig von der Sprache und der Gesellschaft zutreffend wiedergibt, in der man lebt. Jemanden, der einer Korrespondenztheorie der Wahrheit anhängt, nennt man einen *Realisten.*
Realisten behaupten, daß die Wirklichkeit getrennt von unserer Sprache existiert und daß sich unsere Sprache auf eine Wirklichkeit bezieht, die außerhalb von uns selbst liegt und die sie genau zu beschreiben versucht. Manchmal irrt man sich – so glaubten zum Beispiel die Menschen einst, daß die Welt eine Scheibe sei. Diese Auffassung war falsch, wie die Anhänger der Korrespondenztheorie sagen würden, weil die Welt *keine* Scheibe ist. Der Irrtum lag in der Meinung, daß die Behauptung, die Welt sei eine Scheibe, die Welt richtig abbildete, was nicht der Fall war.
Realisten behaupten, daß eine Aussage nur wahr oder falsch sein kann. Dies ist die Behauptung der *Bivalenz.* Bivalenz bedeutet, daß eine Aussage entweder wahr oder falsch ist, unabhängig davon, ob sich ihre Wahrheit oder Falschheit beweisen läßt oder nicht. Eine Aussage ist dann wahr, wenn sie tatsächlich eine bestimmte Wirklichkeit trifft. Sprache versucht, diese Wirklichkeit auszudrücken, und manchmal, wie zum Beispiel bei der Behauptung, daß die Welt eine Scheibe sei, scheitert sie hieran. „Wahrheit" in diesem Sinne hat etwas mit einem Erfolg oder Gelingen zu tun, mit der Behauptung, daß Sprache eine jenseits von ihr liegende Wirklichkeit korrekt wiedergebe.
Auf dieser Grundlage ist die Aussage „Ich sitze auf einem Stuhl" dann und nur dann wahr, wenn ich wirklich auf einem Stuhl sitze. Dies scheint eine Selbstverständlichkeit zu sein, aber dies ist nicht zwangsläufig so. Es könnte Gesellschaften geben, in denen man nichts von Stühlen weiß, in denen man sich niemals setzt. Man kann sich ohne weiteres eine Gesellschaft vorstellen, in der man sich zum

Essen legt, so daß man also entweder steht oder liegt. Wenn man einem Angehörigen einer solchen Gesellschaft einen Stuhl zeigen würde, würde er nicht wissen, was es ist und vielleicht vermuten, daß man sich darauf stellt, um sich in eine höhere Position zu bringen, daß es also eine Art Podest sei. Man könnte daher sagen, daß Wahrheit in Sprache ausgedrückt, Sprache aber in verschiedenen Gesellschaften unterschiedlich benutzt wird. Dies führt zu einem anderen Wahrheitsbegriff.

Die Kohärenztheorie der Wahrheit

Die Kohärenztheorie der Wahrheit besagt, daß eine Aussage wahr ist, wenn sie in einem stimmigen Zusammenhang mit anderen wahren Aussagen steht. Anhänger der Kohärenztheorie der Wahrheit nennt man heute *Anti-Realisten.*

Denken wir an ein Puzzle. Ein Puzzleteil ist nur dann zugehörig oder richtig, wenn es zu den anderen Stückchen paßt. Puzzlestückchen sind nicht isoliert, sondern Teil eines dynamischen Ganzen. Alle Definitionen in einem Wörterbuch sind letztlich zirkulär, weil sie alle in Worten ausgedrückt werden, und jedes dieser Worte ist durch ein anderes Wort definiert. Es gibt kein Wort, das sich nicht durch andere Worte definieren ließe.

Die Kohärenztheorie der Wahrheit besagt, daß dasselbe Prinzip für Sprache gilt. Sprache ist das Puzzle, in das Worte und Ausdrücke passen müssen. Ein Wort, das nicht paßt, ergibt keinen Sinn. Den Anti-Realisten zufolge war die Aussage, daß die Welt eine Scheibe ist, einst wahr, weil sie wesentlicher Bestandteil der damaligen Betrachtungsweise der Welt war. Sie war früher wahr, aber jetzt nicht mehr.

Dieser Theorie zufolge ist also, wie schon gesagt, eine Aussage wahr, wenn sie in einem stimmigen Zusammenhang mit anderen wahren Aussagen steht oder zu diesen paßt. Nehmen wir als Beispiel den Bereich der Ethik: Für einen Katholiken ist die Aussage „künstliche Empfängnisverhütung ist falsch" wahr (natürlich kann man diese moralische Regel ablehnen, aber sie ist trotzdem eine Regel, die einen Teil katholischer Lebensweise bildet). In ähnlicher Weise ist es wahr, daß man verpflichtet ist, sonntags und an kirchlichen Festtagen zur Kirche zu gehen. Wenn man Hindu ist, ist es wahr, daß man Kühe achten muß. Wenn man Muslim ist, ist es wahr, daß man beim Beten das Gesicht gen Mekka wenden und, soweit irgend möglich, mindestens einmal in seinem Leben die Pilgerfahrt nach Mekka unternehmen muß.

Solche Aussagen sind nach dieser Theorie deshalb wahr, weil sie Bestandteil einer bestimmten Lebensform sind oder in diese passen. Sie sind innerhalb der katholischen, hinduistischen oder islamischen Welt mit ihren je unterschiedlichen Lebensformen wahr. Auf dieser Grundlage kann es in verschiedenen Gemeinschaften verschiedene Wahrheiten geben. Wahrheit ist nicht absolut, sondern relativ. Die Wahrheit einer Kultur kann sich von der Wahrheit einer anderen unterscheiden. Dies sieht man am Beispiel der Ethik sehr deutlich, weil unterschiedliche Gesellschaften unterschiedliche ethische Regeln haben und jeweils behaupten, daß diese Regeln wahr sind. Der Realist behauptet, daß es nur eine absolute Ethik gibt und daß Ethik in unterschiedlichen Gesellschaften nach Maßgabe ihrer Übereinstimmung mit dieser absoluten Moral richtig oder falsch ist. Der Anti-Realist behauptet, daß es keine absolute Ethik gibt – ethische Forderungen, die in der einen Gesellschaft richtig sind, können in der anderen falsch sein.
Zwei Pfosten, die durch einen darüberliegenden Balken miteinander verbunden sind, sind nur in jenen Gesellschaften ein Tor, in denen man etwas von Fußball weiß. Eine solche Anordnung wird dann zu einem Tor, wenn eine Gesellschaft diesen Begriff damit verbindet. Eine andere Gesellschaft, die nicht Fußball spielt, würde sie vielleicht als „Wäscheleine" bezeichnen. Eine andere Gesellschaft könnte sie wiederum „Hinrichtungsstätte" nennen, weil sie am Querbalken Verbrecher aufzuhängen pflegt.
Anti-Realisten behaupten, daß Wahrheit von der Lebensform der Gemeinschaft abhängt, in der sie ausgedrückt oder behauptet wird. Innerhalb einer bestimmten Lebensform, innerhalb einer bestimmten Gesellschaft kann etwas wahr sein, was anderswo nicht wahr ist. Anti-Realisten streiten eine Bivalenz (wie oben definiert) ab, weil sie sagen, daß einige Aussagen weder wahr noch falsch sind, indem sie einfach keinen Inhalt haben. Für einen Amazonas-Indianer, der noch nie mit der westlichen Kultur Berührung hatte, ist es weder wahr noch falsch, daß drei Balken ein Tor bilden. Die Idee eines Fußballtors hat für ihn einfach keine Bedeutung, und deshalb stellt sich für ihn auch die Frage nach Wahrheit oder Falschheit nicht.

Wenden wir uns dem Bereich der Moral zu, um die Problematik schärfer zu fassen. Nehmen wir die nachfolgenden Aussagen:

1. Sex vor der Ehe ist falsch.
2. Homosexualität ist falsch.
3. Elternmord ist falsch.

Der Realist wird behaupten, daß diese Aussagen entweder wahr oder falsch sind, und daß ihre Wahrheit oder Falschheit nicht von der Gesellschaft abhängt, in der sie geäußert werden. Er würde vielleicht sagen, daß es jenseits all unserer irdischen Gesellschaften ein transzendentes Wertereich gibt, das moralische Aussagen als wahr oder falsch definiert. Wenn unsere moralischen Aussagen dieser transzendenten Ethik korrekt entsprechen, sind sie wahr. Wenn sie ihr nicht entsprechen, sind sie falsch.

Der Anti-Realist wird ihm entgegenhalten: „Aber nein, dem ist durchaus nicht so. In manchen Gesellschaften ist Sex vor der Ehe, Homosexualität und die Tötung der Eltern falsch, in anderen aber richtig. Man kann dies nicht absolut betrachten. Es gibt keine unabhängige Norm und keine bevorrechtigte Warte, von der aus man moralische Normen beurteilen könnte. Moral entwickelt sich gemäß den Bedürfnissen einer Gesellschaft, weshalb es in verschiedenen Gesellschaften verschiedene Ausprägungen der Moral geben kann. Vor einhundert Jahren war Sex vor der Ehe falsch. Heute ist es im Westen zwischen zwei Menschen, die einander lieben und in einer langfristigen Beziehung stehen, moralisch akzeptabel. In manchen afrikanischen Gesellschaften ist Sex vor der Ehe die akzeptierte Norm."

Wenn also verschiedene Gesellschaften bezüglich der Moral unterschiedliche Auffassungen haben, dann wird der Realist behaupten, daß die eine Gesellschaft recht und die andere unrecht hat, weil es nur eine Wahrheit geben kann. Der Anti-Realist wird sagen, daß es nicht nur eine Wahrheit gibt, daß es in jeder Gesellschaft wahre und gültige moralische Positionen gibt und daß man die Moral der einen Gesellschaft nicht auf der Grundlage der Vorstellungen einer anderen beurteilen kann.

Nun kann man aber auch bezüglich bestimmter Dinge Realist, bezüglich anderer Anti-Realist sein. So kann man zum Beispiel bezüglich der Ethik Realist, bezüglich der Zukunft Anti-Realist sein. Nehmen wir einmal die Aussage „Elisabeth wird sechzehn Kinder bekommen" über ein Mädchen, das jetzt neunzehn und biologisch unter den entsprechenden Umständen in der Lage ist, Kinder zu bekommen.

1. Der Realist bezüglich der Zukunft wird behaupten, daß es *jetzt* entweder wahr oder falsch ist, daß Elisabeth sechzehn Kinder haben wird, auch wenn wir noch gar nicht wissen, was der Fall sein wird. Für den Realisten gibt es irgendwo „da draußen" eine Tatsache, der die Aussage „Elisabeth wird sechzehn Kinder

bekommen" entspricht oder nicht entspricht. Wir können jetzt vielleicht noch nicht beweisen, ob diese Aussage wahr ist, aber dieser Mangel hindert den Realisten nicht daran zu sagen, daß die Aussage wahr oder falsch sein muß.

2. Der Anti-Realist dagegen streitet einfach ab, daß es hierbei um irgendeine prinzipiell wißbare Wahrheit geht, weil es keine Tatsache „da draußen" gibt und weil es keine Belege gibt, die für oder gegen die Aussage bezüglich der Zahl von Elisabeths Kindern sprechen könnten.

Wichtig ist, wie der Realist und der Anti-Realist mit Irrtümern umgehen. Beide akzeptieren, daß man sich irren kann, aber ihr Verständnis von Irrtum ist ein anderes:

1. Der Realist wird versuchen, die Wahrheit einer Aussage zu belegen, indem er ihre Korrespondenz mit der unabhängigen Wirklichkeit feststellt, auf die sie sich angeblich bezieht. Eine Aussage ist falsch, wenn sie mit der Wirklichkeit, die jenseits der Sprache liegt, nicht übereinstimmt.
   Selbst wenn der Realist *alle* zur Verfügung stehenden Verifikationsbedingungen ausgeschöpft hat, wird er sagen: „Aber ich könnte mich immer noch irren." Wahrheit transzendiert (oder übersteigt) für den Realisten die Verifikationsbedingungen, die zur Verfügung stehen oder verfügbar sein könnten, und ein *globaler Irrtum* ist immer möglich. (Ein globaler Irrtum ist ein umfassender Irrtum, ein Irrtum, der vorliegt, selbst wenn man alle verfügbaren und möglichen Überprüfungsverfahren korrekt durchgeführt hat.)
2. Der Anti-Realist wird versuchen, die Wahrheit einer Aussage festzustellen, indem er prüft, ob sie stimmig zu anderen wahren Aussagen paßt, ob sie, mit anderen Worten, in das Puzzle paßt, das die Lebensform der betreffenden Gesellschaft darstellt.
   Für den Anti-Realisten ist eine Aussage falsch, wenn sie in keinem stimmigen Zusammenhang mit anderen wahren Aussagen einer bestimmten Gesellschaft steht. Der Anti-Realist prüft die Stimmigkeit einer Aussage, indem er deren Verträglichkeit mit anderen Aussagen prüft, die innerhalb der betreffenden Gesellschaft als wahr akzeptiert sind.
   Wenn der Anti-Realist alle möglichen und verfügbaren Prüfungen (die Bedingungen oder Tests, die zeigen können, ob die Aussage in das Puzzle paßt) ausgeschöpft hat, dann hält er die Aussage ohne weiteres für wahr. Für ihn ist es sinnlos zu sagen: „Gut,

wir haben alle Prüfungsmöglichkeiten ausgeschöpft, wir haben alle verfügbaren Mittel herangezogen, um sicherzustellen, daß die Aussage mit anderen wahren Aussagen stimmig zusammenpaßt – aber können wir wirklich *sicher* sein, daß sie wahr ist?", weil für ihn Wahrheit Kohärenz mit anderen wahren Aussagen in einer bestimmten Gesellschaft oder Lebensform ist.
Ein globaler Irrtum ist für den Anti-Realisten unmöglich. Wenn man alle verfügbaren oder möglichen Prüfverfahren angewandt hat (es gibt einen Unterschied zwischen diesen beiden Kategorien, auf den wir an dieser Stelle nicht eingehen können) und sich in dieser Weise vergewissert hat, daß die Aussage mit anderen wahren Aussagen kohärent ist, dann ist die betreffende Aussage ohne weiteres wahr.

Den Unterschied zwischen einem Realisten und einem Anti-Realisten kann man anhand des Glaubens an die Scheibengestalt der Erde illustrieren, die wir als Beispiel herangezogen haben. Wenn wir vor eintausend Jahren gelebt hätten, dann hätten uns alle verfügbaren Tests gezeigt, daß die Welt eine Scheibe ist. Jeder hätte dem zugestimmt, die besten Lehrbücher hätten dies bestätigt, und die Belege hierfür wären erdrückend gewesen. Der Anti-Realist würde behaupten, daß es in der Gesellschaft, in der die Menschen damals lebten, wahr war, daß die Welt eine Scheibe ist. Der Realist hätte akzeptiert, daß alle verfügbaren Belege diese Behauptung stützen, aber er hätte trotzdem gesagt: „Aber ich könnte mich dennoch irren." Die spätere Entdeckung, daß die Erde in Wirklichkeit eine Kugel ist, wäre für den Realisten der Beweis gewesen, daß die ursprüngliche Vorstellung von der Scheibengestalt der Erde ein Irrtum war. Sie war nicht richtig, weil die Aussage nicht dem wirklichen Zustand der Welt entsprach.

Zusammenfassung

Es gibt zwei verschiedene Haltungen bezüglich der „Wahrheit" einer Aussage:

1. Der Realist behauptet, daß eine Aussage wahr ist, weil sie einem Sachverhalt entspricht, der unabhängig von der Sprache und der Gesellschaft ist, in der man lebt. Zu sagen, daß eine Aussage wahr ist, heißt für ihn zu behaupten, daß sie korrekt über sich hinaus verweist.

2. Der Anti-Realist behauptet, daß eine Aussage wahr ist, weil sie mit anderen wahren Aussagen innerhalb einer bestimmten Gesellschaft oder Lebensform in einem stimmigen Zusammenhang steht. Zu sagen, daß eine Aussage wahr ist, heißt für ihn zu behaupten, daß sie mit anderen wahren Aussagen zusammenstimmt oder kohärent ist.

Wenn wir dies auf Gott anwenden, werden wir sehen, daß der Realist die Behauptung „Gott existiert" für wahr hält, weil sie sich auf den Gott bezieht, der die Welt erschuf und erhält. Der Anti-Realist wiederum wird „Gott existiert" für wahr halten, weil die Aussage mit anderen Aussagen gläubiger Menschen stimmig zusammenpaßt oder kohärent ist. Wie wir sehen werden, sind dies zwei völlig verschiedene Haltungen.

KAPITEL 3

Der Hintergrund der Diskussion über Gott

Wenn man jemanden, dessen Muttersprache Chinesisch ist, bitten würde, das chinesische Zeichen für „Gott“ niederzuschreiben, würde er vielleicht sagen: „Für welchen Gott? Den katholischen oder den protestantischen?“ Die chinesische Sprache hat für die beiden Götter unterschiedliche Zeichen. Viele Christen würden natürlich sagen, daß dies ein Irrtum ist und daß Protestanten und Katholiken doch denselben Gott verehren. Dies wäre allerdings zu stark vereinfacht. Es gibt einen sehr erheblichen Unterschied zwischen dem Gott der traditionellen katholischen Theologie und dem Gott, mit dem sich viele Protestanten identifizieren – auch wenn viele Katholiken der protestantischen Vorstellung von Gott anhängen und viele Protestanten der katholischen Sicht zuneigen. In den nächsten vier Kapiteln wollen wir vier verschiedene Auffassungen davon untersuchen, was es bedeutet, von Gott zu sprechen, doch wollen wir davor noch einige historische Grundlagen legen.

Der britische Philosoph Alfred North Whitehead hat einmal gesagt, daß alle westliche Philosophie im Grunde eine Reihe von Fußnoten zu Platon und Aristoteles ist. Um dies zu verstehen, müssen wir zunächst deren unterschiedliche Positionen betrachten.

Platon

Platon wurde 427 v. Chr. geboren und starb 347 v. Chr. Er war Bürger Athens und entstammte einer adligen Familie. Er wurde Schüler des Sokrates. Als Sokrates unter anderem deshalb zum Tode verurteilt wurde, weil er „die Jugend verdorben“ hätte (indem er sie nämlich anleitete, selbst zu denken und die Auffassungen ihrer Eltern und Vorfahren in Frage zu stellen), zog sich Platon aus Athen zurück und begab sich einige Jahre auf Reisen. Schließlich kehrte er in seine Vaterstadt zurück und gründete am Rande der Stadt in der Nähe eines dem

Helden Akademos geweihten Hains eine Schule. Diese „Akademie" hatte bis zum Jahre 529 n. Chr. Bestand; dann wurde sie vom römischen Kaiser Justinian aufgelöst.

Platons Gott war der Weltbildner oder Demiurg. Der Demiurg ist nicht der Schöpfer der Materie. Die Ur-Materie hat immer schon in einem Zustand des Chaos existiert. Der Demiurg nahm diese Materie und formte sie, wie ein Töpfer Ton formt. Der Töpfer stellt nicht den Ton her, aber er bildet Dinge daraus. So benutzte auch der Demiurg schon vorhandene Materie, um die Welt zu formen. Außerdem machte er es der Welt möglich, an seiner Vollkommenheit Anteil zu haben, indem er sie mit einem Geist oder einer Seele versah, die sonst nicht in der Urmaterie vorhanden wäre.

Der Demiurg arbeitete nach einem Modell. Platon war der Meinung, daß die in Raum und Zeit existierende Materie den himmlischen „Ideen" nur unvollkommen ähnelte, die außerhalb von Raum und Zeit existierten. Zeit war ein „bewegtes Abbild der Ewigkeit", aber sie war eben nur ein Abbild der ewigen Ideen und konnte nicht mit ihnen identisch sein. Wenn die Menschen in der Welt Wahrheit, Gerechtigkeit, Schönheit oder Güte sahen, dann waren dies nur blasse Widerspiegelungen der vollkommenen, zeitlosen und raumlosen Ideen der Wahrheit, Gerechtigkeit, Schönheit und Gutheit. Die Ideen wurden nicht vom Demiurgen geschaffen, und sie „taten" nichts. Die Ideen schufen nicht, noch wurden sie geschaffen – sie waren einfach da. Der Demiurg benutzte sie als Modell, nach dem er die Welt formte. Es gab jedoch eine Schwierigkeit.

Die Ideen waren *zeitlos* (außerhalb der Zeit, so daß die Zeit für sie nicht verging), *raumlos* (außerhalb des Raums, so daß man niemals zu den platonischen Ideen hinfahren könnte, wie weit man auch in einem Raumschiff reisen würde) und *unwandelbar* (in jeglicher Beziehung unveränderlich). Das Material, mit dem der Demiurg arbeiten mußte, war dagegen räumlich und zeitlich. Der Demiurg mußte also mit unvollkommenem Material etwas formen, dessen Vorbild vollkommen war. Daher mußte die Welt notwendigerweise ein unvollkommenes Abbild sein, weil sie im Gegensatz zu den Ideen in Raum und Zeit war. Dies ist etwa mit der Situation eines Bildhauers vergleichbar, der eine Bronzestatue des Windes schaffen möchte. Irgendwie müßte er in Bronze den Ausdruck von etwas einfangen, das flüchtig, fließend und in ständiger Veränderung begriffen ist. Er könnte also etwa die Statue eines jungen Mädchens formen, dessen Haar im Wind weht, oder eines Baums, der sich im Wind biegt. Die fertige Skulptur würde dann vielleicht etwas vom Wesen des Windes vermitteln, aber sie könnte nicht sein genaues Abbild sein.

Ebenso mußte der Demiurg in beweglichem und veränderlichem zeitlichen Material die Essenz von etwas völlig Unwandelbarem einfangen.

Der Demiurg gab sich alle Mühe, aber angesichts des ihm zur Verfügung stehenden Materials konnte sein Werk nicht vollkommen werden. Dies ist Platon zufolge der Grund für viele der Unvollkommenheiten dieser Welt.

Alle Schönheit, Wahrheit, Gerechtigkeit, Güte und ähnliche Tugenden, die wir auf der Erde erfahren können, sind nicht vollkommen. Wir kennen Menschen, die wahrhaftig sind, aber dies bedeutet nicht, daß sie vollkommen wahrhaftig sind. Wir kennen Menschen, die gut sind, aber sie sind nicht vollkommen gut. Für Platon besteht die Wahrheit oder Gutheit, die wir um uns vorfinden, in einer Teilhabe an den vollkommenen Ideen der Wahrheit oder des Guten. Diese Ideen sind wirklich und existieren, auch wenn in keiner Weise klar ist, in welchem Sinne sie existieren.

Alles uns Umgebende war für Platon nur ein Tanz von Schatten. Die eigentliche Wirklichkeit lag dahinter. Die endliche Welt ist nur ein schwacher Abglanz der höchsten Wirklichkeit. Die flüchtigen und wandelbaren Schatten, die wir um uns wahrnehmen, haben keinen Bestand. Für Platon liegt die Aufgabe des Philosophen darin, sich von der Welt der sinnlichen Erfahrung wie aus einer Höhle, in der er gefangen ist, zu befreien und über die Dunkelheit der Höhle hinauszublicken, die unsere gegenwärtige Welt gegenüber der wahren Wirklichkeit darstellt, die nur außerhalb der Höhle zu sehen ist. Der Körper ist in einem ganz konkreten Sinne das Gefängnis der Seele. Nach dem Tode trennt sich die Seele, das wirkliche Ich, Platon zufolge vom Körper und kehrt in das ewige Reich zurück, aus dem sie kam. Die Seele überlebt nicht nur den Tod, sondern existierte auch schon vor der Geburt. Bei der Geburt vergißt man die Dinge, die die Seele davor wußte. William Wordsworths Gedicht *Ode an die Unsterblichkeit* drückt dies sehr schön aus: Der Knabe wächst heran und vergißt das ewige Reich, aus dem er kam und in das seine Seele zurückkehren wird. In einem späteren Kapitel (S. 163) werden wir uns mit den unterschiedlichen Auffassungen bezüglich des Begriffs der „Seele" befassen.

Es ist nicht klar, wie sich Platon das Verhältnis der höchsten Idee, der Idee des Guten, zum Demiurgen vorstellte. Im *Timaios* werden die Ideen als die Gedanken des Demiurgen beschrieben, aber da er die Ideen als Modelle benutzte, nach denen er die Welt formte, scheint er in irgendeiner Weise von ihnen unabhängig gewesen zu sein. Platon sah anscheinend keine Notwendigkeit, diesbezüglich Klarheit zu schaffen, während dieses Problem spätere Theologen sehr beschäf-

tigte, die nichts Unabhängiges neben ihrer Vorstellung von Gott gelten lassen wollten.
Für Platon also war die höchste Wirklichkeit zeitlos und raumlos, keinerlei Veränderungen unterworfen. Die Ideen waren vollkommen, nicht weil sie moralische Wirkkräfte wären, sondern weil sie metaphysisch vollkommen und unwandelbar waren. Sie waren vollkommen in ihrem schlichten Dasein – die unwandelbaren Vorbilder oder vollkommenen Modelle jener „Ideen", die wir in unserer Welt unvollkommen repräsentiert sehen. Dies war ein zugkräftiger Gedanke, der auf die Entwicklung des christlichen Denkens einen enormen Einfluß ausüben sollte.

Aristoteles

Aristoteles wurde 384 v. Chr. geboren und starb 322 v. Chr. 367 v. Chr. kam er an Platons Akademie. Nach Platons Tod verließ er Athen und war einige Zeit Lehrer des dreizehnjährigen Alexanders des Großen. Er kehrte nach Athen zurück und gründete, als er nicht zum Leiter der Akademie gewählt wurde, eine eigene konkurrierende Schule, das „Lykeion", für das er einige der angesehensten Mitglieder der Akademie gewinnen konnte.
Aristoteles verwarf viele der von seinem einstigen Lehrer Platon vertretenen Vorstellungen. Insbesondere lehnte er den Gedanken der zeit- und raumlosen Ideen ab. Während Platons Denken vom Reich der Ideen ausgeht, die die wirklichste aller Wirklichkeiten darstellen, war Aristoteles der Meinung, daß Ideen nur insofern existieren, als sie in dieser Welt ausgedrückt werden. Es existiert also nicht die Idee des Guten als solche, sondern nur das Gute insofern, als Menschen gut sind.
Für Platon hatte jedes Wort sein vollkommenes Vorbild. Ein Baum heißt ein Baum, weil er der vollkommenen Idee der „Baumhaftigkeit" ähnelt (Platon scheint der Meinung gewesen zu sein, daß jedem Wort, das wir benutzen, seine eigene Idee zukommt – wiewohl dies umstritten ist). Aristoteles dagegen behauptete, daß die Form einer Sache das Unveränderliche in ihr sei. Die Form des Baums bleibt unverändert, während es viele und vielfältige Abwandlungen in der Erscheinung des Baums geben kann. Die Form einer Sache kann als ihre Wesensnatur betrachtet werden – die Form ist die Ursache, warum etwas ist, was es ist. Wie wir noch sehen werden (S. 164 ff.) betrachtete Thomas von Aquin die Seele eines Menschen als die „Form" seines Körpers. Die Form bleibt unveränderlich, während der Mensch

altert und von einem Kleinkind zum Erwachsenen und zum Greis wird. Die Seele als die Form des Körpers überlebt den Tod, bis sie irgendwann in der Zukunft einen neuen und verherrlichten Körper bekommt.

Aristoteles unternahm als erster eine systematische Untersuchung der Logik. Auch seine Arbeiten über Physik und Ethik waren von weitreichendem Einfluß. Für ihn war das ideale Leben ein Leben der Mäßigung; Exzesse sollten vermieden werden, und die Tugend lag für ihn immer zwischen den Extremen. So lag die Tugend des Mutes zum Beispiel zwischen dem Fehler der Feigheit einerseits und demjenigen der Tollkühnheit andererseits. Eine solche Haltung könnte man am besten als „Mäßigkeit in allen Dingen" beschreiben.

Man könnte gewissermaßen sagen, daß Aristoteles Gott mit den platonischen Ideen zusammenführte. Für Aristoteles war Gott der unbewegte Beweger, der raum- und zeitlose Schöpfer und Erhalter aller Dinge, von dem die ganze Schöpfung abhing. Gott war der Ursprung aller Schönheit, Wahrheit, Gerechtigkeit und Güte. Dies steht im Gegensatz zu Platon, für den die Ideen der Schönheit, Wahrheit, Gerechtigkeit und Güte vom Demiurgen getrennt waren, der die Welt nach ihnen gestaltet hat.

Aristoteles definierte verschiedene Bedeutungen des Wortes „Ursache". Insbesondere nahm er an, daß alles eine „Wirkursache" haben müsse. Die Wirk- und Zweck-Ursache der ganzen Welt war Gott, der unbewegte Beweger.

Von Aristoteles stammen einige der interessantesten Argumente für die Existenz Gottes, die dann von christlichen Theologen weiterentwickelt wurden. Aristoteles sagte zum Beispiel, daß es, da wir Dinge in Bewegung sehen, einen unbewegten Beweger geben müsse, der die Bewegung in Gang setzte. Die Bewegung einer Billardkugel kommt dadurch zustande, daß sie von einer anderen Kugel angestoßen wird, und die Bewegung dieser anderen entstand dadurch, daß sie von wieder einer anderen Kugel angestoßen wurde. In derselben Weise kann man sich die Bewegung in der Welt erklären. Aber wie jemand die erste Billardkugel in Bewegung versetzte, so muß es Aristoteles zufolge auch einen unbewegten Beweger gegeben haben, der alle Bewegung im Universum anstieß. Wir sehen Ursachen, die in der Welt wirksam sind – also muß es eine erste Ursache gegeben haben, die von nichts anderem verursacht war, wenn man sich die nachfolgenden Ursachen erklären will.

Die frühe christliche Kirche begegnete der Philosophie des Aristoteles mit einigem Argwohn und bevorzugte diejenige Platons. Der Hauptgrund hierfür war die Vermutung, daß Aristoteles' Gedanken notwendigerweise zu einer materialistischen Weltbetrachtung führen müßten. Die frühen Kirchenväter waren erheblich von Platon beeinflußt, weshalb man außerdem dazu neigte, Aristoteles, der als dessen wichtigster Widerpart galt, nicht ernst zu nehmen. Im sechsten Jahrhundert verteidigte Boethius Aristoteles' Haltung, doch danach waren Aristoteles' Schriften jahrhundertelang im Westen verloren. Schließlich kamen sie aus dem Osten wieder zu uns, wo sie von islamischen Gelehrten aufbewahrt worden waren, deren Theologie und Philosophie sehr stark von Aristoteles beeinflußt wurde. Auf Thomas von Aquin und die spätere katholische Philosophie und Theologie hatte Aristoteles dann den hauptsächlichen Einfluß.

Es ist leicht einzusehen, daß der Gedanke der Zeitlosigkeit und Raumlosigkeit Gottes für die späteren christlichen Theologen sehr attraktiv war. Sie suchten nach einer Bestätigung ihrer Auffassung, daß Gott der Schöpfer aller Dinge ist, daß die ganze Schöpfung von ihm abhängt und daß er der Ursprung allen Lebens, aller Güte, Gerechtigkeit, Wahrheit und Schönheit ist. Die Philosophie Platons unterstützte dieses Gottesbild in idealer Weise, während später auch die Philosophie des Aristoteles herangezogen wurde, um das Verständnis religiöser Rede zu verbessern und zu verfeinern.

Die biblische Auffassung

Auf den ersten Blick wird Gott im Alten und Neuen Testament sehr anthropomorph (mit menschlichen Zügen und Eigenschaften) dargestellt. Obwohl der höchste Himmel ihn nicht fassen kann, geht er doch im Paradiesgarten mit Adam spazieren, kann er mit Jakob ringen und mit dem Hauch seines Atems das Rote Meer teilen. Er kann auch seinen Sinn ändern, wenn zum Beispiel in Kapitel 18 des Buches Genesis Abraham Gott um zunächst fünfzig, dann fünfundvierzig, dann vierzig, dann dreißig, dann zwanzig und schließlich um zehn Gerechter in der Stadt willen davon abbringt, Sodom zu zerstören. Im sechsten Kapitel (5–7) heißt es:

> *Der Herr sah, daß auf der Erde die Schlechtigkeit des Menschen zunahm und daß alles Sinnen und Trachten seines Herzens immer nur böse war. Da reute es den Herrn, auf der Erde den Menschen gemacht zu haben, und es tat seinem Herzen weh. Der Herr sagte: Ich will den Menschen, den ich erschaffen habe, vom Erdboden vertilgen, mit ihm auch das Vieh, die Kriechtiere und die Vögel des Himmels, denn es reut mich, sie gemacht zu haben.*

Jahwe bedauert es also, den Menschen geschaffen zu haben. Dies klingt so, als ob Gott bei seiner Erschaffung nicht gewußt hätte, was der Mensch tun würde. Gott spricht zu den Propheten und bevorzugt Menschen ohne ersichtlichen Grund – schließlich zeichnete sich ja auch das „auserwählte Volk“ Israel nicht immer durch besondere Tugendhaftigkeit, Güte oder Loyalität aus. Das zentrale Gottesbild besteht somit in einem Gott, der agiert und reagiert, einem personalen Gott, der eng mit dem Schicksal seines Volkes verbunden ist.
Aber neben diesem Bild betont das Alte Testament auch die Unerkennbarkeit Gottes. Gott kann man nicht anschauen – niemand kann Gott sehen und leben. Gottes Name darf niemals ausgesprochen werden, und Gott steht über allen irdischen Bildern. Im Islam wird dieses Element des alttestamentlichen Denkens noch sehr ernst genommen, und in keiner Moschee sind Bilder Gottes erlaubt. Jeder Versuch, Gottes Herrlichkeit oder seine Wirklichkeit in einem Bild einzufangen, wäre für die Israeliten eine Schmähung und Götzendienst gewesen. Sie waren sich des Unterschieds zwischen ihrem Gott und den Götzen, die die Völker verehrten, unter denen sie lebten, sehr wohl bewußt. Darüber hinaus galt Gott als *allgegenwärtig*. Der Psalmist drückt dies wie folgt aus:

Steige ich hinauf in den Himmel, so bist du dort …
Nehme ich die Flügel des Morgenrots
und lasse mich nieder am äußersten Meer,
auch dort wird deine Hand mich ergreifen
und deine Rechte mich fassen.

(Psalm 139,8–10)

Wohnt denn Gott wirklich auf der Erde?
Siehe, selbst der Himmel und die Himmel der Himmel
fassen dich nicht …

(1 Könige 8,27)

Im Alten Testament sehen wir, daß sich Gott nur allmählich seinem auserwählten Volk offenbart, und doch ist er auch ein Gott, den die Menschen wenigstens teilweise verstehen können.
Das Neue Testament baut das anthropomorphe Bild aus. Gott wird mit einem Vater und einem Hirten verglichen; Gott spricht unmittelbar zu Jesus; Engel steigen vom Himmel herab und kehren dorthin zurück; es herrscht Freude im Himmel über einen reuigen Sünder; es gibt Häuser im Himmel, und Wein wird getrunken, und wer Jesus gesehen hat, soll in Wahrheit den Vater gesehen haben. Vor allen

Dingen ist Gott personal und liebevoll. Er ist jemand, der in der Welt handelt.

Das Gottesbild der Bibel läßt uns Gott also gewissermaßen als eine glorifizierte menschliche Gestalt erscheinen, in deren Gegenwart wir nach dem Tode sein dürfen, wie wenn man in der Gegenwart eines mächtigen irdischen Königs verweilen darf. Natürlich kennt auch die Bibel die Gefahr, die in der Übertreibung eines solchen Anthropomorphismus (Vermenschlichung) liegt, und so betont insbesondere das Alte Testament die Transzendenz Gottes. Die Bibel reduziert Gott niemals auf eine solche Gestalt wie die griechischen Götter auf dem Olymp oder die nordischen Götter in der Walhalla. Der biblische Gott schafft im Gegensatz zu Platons Weltbildner die Welt *ex nihilo* (aus dem Nichts) – Gott bringt die Welt durch das Wort ins Dasein. Er spricht: „Es werde Licht", und es wird Licht.

Die frühe Kirche

Die Kirchenväter lebten in einer Welt, in der die vielen römischen Götter entweder Menschen oder doch den Menschen sehr ähnlich waren. Verstorbene Kaiser wurden vergöttlicht, und manchen wurde diese Ehre schon zu Lebzeiten zuteil. Einer der Gründe, warum die ersten Christen verfolgt wurden, lag in ihrer Weigerung, sich an dieser Verehrung zu beteiligen.

Die Kirchenväter wußten, daß ihr Gott über allen anderen Göttern stand, daß er der Ursprung aller Dinge war und daß die ganze Welt von ihm abhing. Sie wußten, daß Gott ewig war – aber was bedeutete dies? Wie wir noch sehen werden, hat das Wort „ewig" zwei verschiedene Bedeutungen, zwischen denen sich die Kirchenväter entscheiden mußten. Bei ihrer Suche nach Möglichkeiten, Gott zu verstehen und über ihn zu sprechen, kam ihnen die Philosophie Platons als ideales Werkzeug zu Hilfe. Sie entschieden sich also dafür, daß mit der Ewigkeit Gottes gemeint sei, daß er außerhalb der Zeit stand. Die Alternative hätte darin bestanden, Gott als immerwährend zu betrachten, mit anderen Worten, als im Fluß der Zeit stehend.

Ein Gott, der wie die platonischen Ideen raum- und zeitlos war und der wie Aristoteles' unbewegter Beweger die Ursache aller Bewegung und die Ursache aller Ursachen war, stand natürlich weit über allen geringeren Göttern. Kein anderer Gott konnte sich mit einer solchen Wirklichkeit messen. Wenn Gott innerhalb der Zeit gestanden hätte, dann wäre das Problem entstanden, daß es etwas (Zeit) außerhalb von

Gott gegeben hätte, das er nicht geschaffen hätte. Gott wäre dann nicht der Schöpfer aller Dinge gewesen, weil er der Zeit unterworfen gewesen wäre.

Die Kirchenväter wollten auch, daß Gottes Leben eine andere Qualität habe als das Leben des Menschen. Sein Leben konnte nicht einfach nur länger sein als das Menschenleben. Wenn Gott innerhalb der Zeit stünde, dann würde er zwar länger existieren als der Mensch, aber die Qualität seines Lebens wäre nicht völlig anders. Zeitlose Existenz dagegen ist eine völlig andere Dimension. Die Bibel sagt, daß Gott ewig ist. Dies dient unter anderem der Grenzziehung zwischen ihm und bloßen Götzen, die hergestellt und zerbrochen werden können; sie sind vergänglich, während der biblische Gott hoch über solchen beschränkten Vorstellungen steht.

Wenn man einmal den Gedanken akzeptiert hat, daß das wirklich Vollkommene, das allerhöchste Wirkliche etwas sein muß, das sich in keiner Weise verändert, dann ergibt sich die Zeitlosigkeit Gottes mit logischer Notwendigkeit. Zudem könnte ein Gott außerhalb der Zeit nicht nur alles innerhalb der Zeit erschaffen, sondern er wäre auch *allwissend.* Ein zeitloser Gott könnte Vergangenheit, Gegenwart und Zukunft zugleich kennen – einem solchen Gott wären alle Zeiten gleichzeitig gegenwärtig. Dieser Gedanke beinhaltet die höchst attraktive Vorstellung, daß die Zukunft Gott ebenso gegenwärtig ist wie die Vergangenheit, so daß er genau weiß, was die Zukunft jedem von uns bringt, und die Verwirklichung seiner Absichten sichergestellt ist. Dies bedeutet, daß Gottes Fürsorge für uns niemals durch einen Mangel an Wissen über künftige Ereignisse beschränkt ist. Dies wirft allerdings auch die Frage auf, ob wir wirklich noch als frei betrachtet werden können, wenn Gott unsere Zukunft kennt. Hiermit werden wir uns noch in Kapitel 13 befassen.

Die Idee eines zeitlosen Gottes könnte sich als sehr vorteilhaft erweisen, wenn man bestimmte naturwissenschaftliche Erkenntnisse über den Ursprung der Welt ernst nehmen will. Wir wissen heute, daß die Welt mit dem „Urknall“ ins Dasein trat. Vor dem Urknall gab es weder Raum noch Zeit – diese begannen erst mit dem Anfang der Welt. Wir wissen nicht genau, was in den ersten Tausendstel Sekunden nach dem Urknall geschah. Der weitere Ablauf ist relativ klar: Unvorstellbar dichte Materie explodierte mit ungeheurer Geschwindigkeit, und diese Materie wurde zum Stoff und zur Energie, aus denen die Welt aufgebaut wurde. Seither dehnt sich das Universum mit annähernd Lichtgeschwindigkeit in alle Richtungen aus. Wenn die Zeit mit dem Ursprung der Welt begann, dann wäre der Gedanke eines zeitlosen Gottes sehr sinnvoll. Verfechter des immer-

währenden Gottes könnten allerdings sagen, daß Gott bereits vor dem Urknall existierte und ebenso auch die Zeit, die sich bemißt an den Gedanken dieses Gottes.
Man kann sich einen zeitlosen Gott nur schwer vorstellen, weshalb *Augustinus* folgende Überlegung vorschlug:

1. Nimm die Zeit und dehne sie unendlich in beide Richtungen. Dann hat man eine unaufhörliche Zeit ohne Anfang und Ende.
2. Nimm nun diese ganze Zeitabfolge und wickle sie auf, so daß Gott „in einem und auf einmal im vollständigen Besitz des ewigen Lebens" (Augustinus) oder „im völligen, gleichzeitigen und vollständigen Besitz des ewigen Lebens" (Boethius) ist.

Dem zeitlosen Gott sind alle Zeiten gleichzeitig präsent. Für diesen Gott gibt es kein Vorher und Nachher, keine Zukunft und keine Vergangenheit. Vergangenheit, Gegenwart und Zukunft sind ihm vielmehr zugleich präsent. Augustinus gibt uns ein Bild, das uns bei dieser Vorstellung helfen kann. Stellen wir uns vor, daß jemand auf dem Gipfel eines Berges sitzt und auf eine darunter vorbeiführende Straße blickt. Auf der Straße befinden sich mehrere Menschen. Diese haben den Eindruck, daß sich einige Menschen vor ihnen und einige hinter ihnen befinden, während der Betrachter auf dem Berg sie alle gleichzeitig sieht. So verhält es sich auch mit dem zeitlosen Gott, der auf die Straße der Zeit niederblickt. Wir befinden uns in der Zeit, weshalb für uns manche Dinge in der Vergangenheit und andere in der Zukunft sind. Dem zeitlosen Gott aber sind alle Zeiten gleichermaßen präsent.
Dies war ein ansprechendes Bild, das auch die Transzendenz Gottes betonte. Diese Auffassung wurde von Thomas von Aquin weiter ausgebaut und ist bis heute ein Kernsatz der katholischen Theologie geblieben. Sie ist jedoch mit erheblichen Nachteilen befrachtet, mit denen wir uns im nächsten Kapitel befassen werden.

Zusammenfassung

Zwei Hauptstränge des Denkens beeinflußten die frühen Kirchenväter:

1. Die platonische Auffassung, daß das wahrhaft Wirkliche und wahrhaft Vollkommene (die Ideen) völlig unveränderlich und daher raum- und zeitlos sein muß. In der aristotelischen Form lautet sie, daß die Erste Ursache oder der Erste Beweger raum- und zeitlos ist.
2. Die Auffassung von einem individuellen und personalen Gott, wie sie in der Bibel vertreten wird.

Es war keine einfache Aufgabe, diese beiden Stränge zusammenzuführen. Die Frage war letztlich, welchem Strang man den Vorrang geben sollte, aus welcher Sichtweise man die jeweils andere interpretieren sollte. Die beiden Auffassungen standen während der ganzen Geschichte des christlichen Denkens in einem Spannungsverhältnis zueinander, und es ist nicht leicht, dieses Spannungsverhältnis aufzulösen. Die Titelseite dieses Buches hätte auch die Darstellung eines Zauberwürfels zeigen können: Gott verstehen zu wollen heißt, das schwierigste aller Puzzles verstehen zu wollen – ein Puzzle, das man nicht sehen kann, das vielleicht jenseits der Zeit selbst liegt und das man nur undeutlich erfassen kann. Eines der Hauptziele dieses Buches ist es, Wege aufzuzeigen, wie man verschiedene Auffassungen von Gott zusammenführen könnte.

In den folgenden Kapiteln soll gezeigt werden, daß der Sinn des Redens über Gott sehr weitgehend davon abhängt, welcher der beiden oben dargestellten Auffassungen man den Vorrang gibt.

KAPITEL 4

Eine realistische Sichtweise: der zeitlose Gott

Wenn zwei gewöhnliche Menschen sich über schwarze Löcher unterhalten, dann haben sie wahrscheinlich eine ungefähre Vorstellung davon, worum es sich handelt. Sie wissen vielleicht, daß in einem schwarzen Loch Materie so stark in sich selbst zusammenstürzt, daß unsere Erdkugel auf die Größe eines Tennisballs verdichtet werden würde. Sie wissen vielleicht auch, daß die Gravitationskraft eines schwarzen Lochs so stark ist, daß selbst das Licht nicht mehr aus ihm entweichen kann und alles, was in seine Nähe kommt, eingesogen wird. Mehr wissen die meisten Menschen nicht; die meisten haben keine Ahnung, was es nun genau mit einem schwarzen Loch auf sich hat – und dies ist nicht verwunderlich, denn selbst die Astrophysiker sind hier auf Vermutungen angewiesen.

Wenn man ein Buch eines Theologen oder Philosophen liest, wenn man sich mit Gläubigen und Nichtgläubigen unterhält, wenn man religiöse Sendungen im Fernsehen sieht oder im Radio hört, fällt oft das Wort „Gott". Es ist wesentlicher Bestandteil unseres Wortschatzes. Wir alle kennen es und wissen, wie man es benutzt. Wir glauben zu wissen, was es bedeutet, aber sobald man einmal gründlich darüber nachgedacht hat – und manchmal auch noch danach – gerät man mit ziemlicher Sicherheit in Verwirrung und Verlegenheit. Wir wissen, daß wir sehr wenig über schwarze Löcher wissen, aber wir fühlen uns ziemlich sicher, wenn wir das Wort „Gott" gebrauchen. Schließlich haben viele von uns das Wort auf den Knien ihrer Eltern gelernt, und spätestens beim Eintritt in die Schule fühlten wir uns mit seinem Gebrauch vertraut.

Aber es ist schwierig, sich Klarheit darüber zu verschaffen, was das Wort Gott bedeutet – und doch ist es außerordentlich wichtig, dies zu tun. Solange man nicht weiß, was es bedeutet, über Gott zu reden, wird man auch mit anderen religiösen Begriffen wie „Gebet", „Wunder" oder „ewiges Leben" große Schwierigkeiten haben. In den folgenden Kapiteln werden wir vier verschiedene Auffassungen vom

Reden über Gott untersuchen. Drei davon sind realistische Auffassungen, die vierte anti-realistisch (der Unterschied zwischen diesen beiden Haltungen wurde in Kapitel 2 behandelt).

Im letzten Kapitel haben wir gesehen, daß es den frühen Kirchenvätern offensichtlich zu sein schien, daß Gott zeitlos und raumlos sein müsse. Wenn aber Gott außerhalb des Raums sein sollte, konnte er keinen Körper haben, weil Körper im Raum sind. Die Kirchenväter sagten, daß Gott ganz *einfach* (was bedeutete, daß Gott nicht in Teile zergliedert werden könne – Gott sei Gott, und er habe keine Arme, Beine oder sonstigen Körperteile) und ganz *unwandelbar* sei (Gott ändere sich niemals – Gott könne nur Gott sein. Weil für Gott keine Zeit verginge, könne er nicht von einem Zustand in einen anderen übergehen).

Damit aber ergab sich sofort ein Problem: Wenn Gott wirklich zeitlos, raumlos, einfach, unwandelbar und allwissend ist, dann unterscheidet er sich ganz erheblich von allen Geschöpfen in der Welt. Nicht nur, daß alles in der Welt geschaffen ist, während Gott der Schöpfer ist, nicht nur, daß alles in der Welt endlich ist, während Gott unendlich ist, nicht nur, daß alles in der Welt räumlich ist, während Gott außerhalb des Raums ist – alles in der Welt ist auch in der Zeit, während Gott zeitlos ist. Die Unterschiede könnten kaum größer sein.

Dieser zeitlose Gott ist kein Individuum, weshalb es eine grobe Irreführung wäre, von einem männlichen oder weiblichen Gott zu sprechen, weil nur ein Individuum ein Geschlecht haben kann. Doch läßt sich ein solcher Sprachgebrauch kaum vermeiden, weil unsere Sprache eben so beschaffen ist. Wenn Sie die bisherige Diskussion betrachten, werden Sie sehen, daß ich es möglichst vermieden habe, von „einem zeitlosen Gott“ oder auch „dem zeitlosen Gott“ zu sprechen, weil „ein“ und „der“ implizieren, daß Gott irgendwie ein Individuum wäre.

Wie kann man nun Sprache, die zur Beschreibung geschaffener, endlicher, räumlicher und zeitlicher Dinge in der Welt dient, auf Gott anwenden, der ungeschaffen, unendlich, raumlos und zeitlos ist? Alle Wörter, die wir normalerweise benutzen, beinhalten Kategorien, die nicht auf Gott zutreffen. Wie könnte man „Zeit-Wörter“ wie lieben, handeln, denken, überlegen, nachdenken, wissen oder auch nur existieren auf Gott anwenden? Weil Gott so völlig von uns verschieden ist, können Wörter, mit denen wir etwas über ihn aussagen wollen, nicht dieselbe Bedeutung haben, die sie normalerweise besitzen.

Thomas von Aquin darf man gewiß als den größten Theologen bezeichnen, den die christliche Kirche hervorgebracht hat, und sein Hauptaugenmerk galt genau diesem Problem: Wie kann die Sprache, deren sich die Kirche bedient, auf Gott angewandt werden, der so völlig verschieden von uns ist? Seine große Leistung bestand darin, daß er zeigte, daß eine solche Sprache bezüglich Gott in der Tat gerechtfertigt ist. Er war insofern Realist, als er behauptete, daß Reden über Gott wahr sei, weil es der Wirklichkeit Gottes entspräche.
Thomas von Aquin nahm dabei erhebliche Anleihen bei der Philosophie des Aristoteles, dessen Schriften erst kurz vor seiner Zeit von islamischen Philosophen in den Westen gebracht worden waren, die sich seit langem mit ihm beschäftigt hatten, und er verband die aristotelische Philosophie mit biblischen Erkenntnissen. Jenes scholastische Verhältnis zur Philosophie, wie er es begründete, hat seither das katholische Denken beherrscht.
Thomas von Aquin unterschied drei Kategorien von Sprache:

Univoke Sprache

Sprache ist univok, wenn Worte in zwei verschiedenen Situationen in etwa demselben Sinn benutzt werden. Wenn ich zum Beispiel sage, daß mich meine Frau Anne liebt und daß mich meine sechsjährige Tochter liebt, dann wird das Wort „lieben" in beiden Fällen in demselben Sinn benutzt, auch wenn ihre Liebe unterschiedlich sein mag. Thomas ließ keinen Zweifel daran, daß man Sprache nicht univok auf Gott anwenden könne, da dies bedeute, daß Gott wie ein Mensch geschaffen, endlich, zeitlich und räumlich sei. Den raumlosen und zeitlosen Gott könne man nicht in derselben Weise beschreiben wie räumliche und zeitliche Geschöpfe. Diese Möglichkeit scheidet also aus.

Äquivoke Sprache

Äquivoke Sprache liegt vor, wenn dasselbe Wort in zwei verschiedenen Situationen in ganz verschiedenen Bedeutungen benutzt wird. Hierzu einige Beispiele:

1. Der Leiter einer Abteilung und die Leiter zum Klettern.
2. Der Bauer auf dem Feld und der Vogelbauer.
3. Der Ball zum Spielen und der festliche Ball.
4. Die Weide als Baum und die Viehweide.

In diesen Fällen wird dasselbe Wort auf zwei völlig verschiedene Arten benutzt. Wenn Reden über Gott äquivok wäre, wäre es für uns ohne Inhalt: Ich weiß vielleicht, was ein Weidenbaum ist, aber dies sagt mir überhaupt nichts über die Viehweide.

Analoge Sprache

Analoge Sprache liegt vor, wenn ein gewisser Zusammenhang zwischen dem Gebrauch eines Wortes in einem Sinne und seinem Gebrauch in einem anderen Sinne besteht. Eine solche Sprache ist weder univok noch äquivok. Nehmen wir das Beispiel, das Thomas von Aquin selbst benutzt:

1. Der Stier ist gesund.
2. Der Harn des Stiers ist gesund.

Zu Thomas' Zeit glaubten Ärzte, etwas über die Gesundheit eines Tiers oder Menschen aussagen zu können, indem sie dessen Urin betrachteten. Wenn sie also eine Urinprobe untersuchten und feststellten, daß diese gesund war, dann konnten sie hieraus schließen, daß der Stier gesund war, weil auch sein Harn gesund war. Die Gesundheit des Urins war etwas anderes als die Gesundheit des Stiers, aber es gab einen Zusammenhang zwischen beidem, weil letztere der Ursprung der ersteren war.
Nun ein anderes Beispiel:

1. Gott ist gut.
2. Kathrin ist gut.

Wie wir gesehen haben, kann das Wort „gut" in bezug auf Gott nicht dasselbe bedeuten wie in bezug auf Kathrin, selbst dann nicht, wenn man von einem erheblich vergrößerten Maßstab ausgeht. Zu behaupten, daß es dasselbe bedeuten könne, würde darauf hinauslaufen, daß man auf Gott eine univoke Sprache anwenden könne, was nicht möglich ist. Wir verstehen ohne weiteres die Bedeutung der Aussage, daß Kathrin gut ist. Kathrin ist ein räumliches und zeitliches Geschöpf, und unsere Sprache drückt aus, was es bedeutet, daß sie gut ist. Weiterhin wissen wir, daß es einen Zusammenhang zwischen Kathrin und Gott gibt. Für Thomas ergab sich dieser Zusammenhang aus seinen „fünf Wegen", den fünf Argumenten, die seiner Auffassung nach zeigten, daß der Glaube an die Existenz Gottes vernünftig ist (mit einer

Variante eines dieser Argumente werden wir uns in einem späteren Kapitel befassen): Wenn Gott alles geschaffen hat, dann besteht ein direkter Zusammenhang zwischen Gott und Kathrin, wie es einen direkten Zusammenhang zwischen dem Stier und seinem Harn gibt. Es ist demzufolge eine wahre Behauptung, daß „Gott gut ist", weil Gott zumindest irgend etwas von demjenigen besitzen muß, was in Kathrin Gutheit erzeugt. Dies ist nach Thomas die *Analogie der Attribution.*

Daneben gibt es noch einen weiteren Typ der Analogie, die *Analogie der Proportion.* Thomas war der Meinung, daß alle Geschöpfe mit ihrer eigenen Wesensnatur geschaffen seien. Ameisen, Taranteln, Katzen, Pferde, Menschen und Engel hätten also jeweils ihre ganz eigene Wesensnatur, und ebenso Gott. Was es für eine Ameise bedeutet, eine gute Ameise zu sein, für eine Katze, eine gute Katze zu sein, für einen Menschen, ein guter Mensch zu sein, und für Gott, ein guter Gott zu sein, ist jeweils etwas anderes.

Wenn man sagt, daß ein Mensch gut ist, sagt man, daß er in einer Weise gut ist, wie es für einen Menschen angemessen ist, gut zu sein. Ebenso bedeutet die Aussage, daß Gott gut ist, daß Gott in einer Weise gut ist, wie es für Gott angemessen ist, gut zu sein.

Die große Leistung der Analogielehre von Thomas besteht darin, daß er zeigte, wie Sprache in gültiger Weise auf Gott angewandt werden kann. Dies hat allerdings einen hohen Preis: *Wir können sagen, daß ein Reden über Gott gültig auf Gott angewandt werden kann, aber wir wissen nicht, was eine in dieser Weise angewandte Sprache bedeutet.* Wir können höchstens folgendes sagen:

1. Der *Analogie der Attribution* zufolge besitzt Gott etwas, was erforderlich ist, um im Menschen (zum Beispiel) Gutheit zu erzeugen – aber wir wissen nicht, was dies ist.
2. Der *Analogie der Proportion* zufolge ist es wahr, daß Gott in einer Weise gut ist, wie Gott angemessenerweise gut sein kann. Wir wissen aber nicht, in welcher Weise es für Gott angemessen ist, gut zu sein.

Thomas war fest davon überzeugt, daß es Gott gibt, aber bezüglich der Natur Gottes war er zutiefst agnostisch. Er sagte, daß man wissen könne, *daß* es Gott gibt, aber nicht, *was* Gott ist. Man könne Gottes Natur nicht erkennen, man könne nicht wissen, wie Gott in sich selbst ist. Man könne nicht wissen, was existieren im Hinblick auf einen zeitlosen und raumlosen Gott bedeutet; noch weniger könne man wissen, was schaffen, lieben oder leiden im Hinblick auf einen solchen Gott bedeutet. Wir wissen Thomas zufolge, daß Gott weder im Raum noch in der Zeit ist – wir können bestimmte negative Dinge über Gott wissen. Aber um es noch einmal zu betonen: Es ist dieser Auffassung zufolge *wahr*, daß Gott liebt, handelt, erschafft und gut ist, aber wir wissen nicht, was diese Begriffe in bezug auf Gott bedeuten.

Dies ist eine Konsequenz, die für die meisten Menschen sehr überraschend ist. Wenn man einen katholischen Laien fragt, was die Aussage „Gott liebt mich" bedeutet, dann wird er höchstwahrscheinlich sagen, daß Gott, der ein Geist ist, ihn liebt, wie ein Vater seine Kinder liebt, nur viel mehr. Mit anderen Worten, er wird davon ausgehen, daß man auf Gott eine univoke Sprache anwenden könne. Die katholische Theologie aber lehnt dies nachdrücklich ab. Es ist zweifelsohne richtig, daß Gott uns liebt, aber wir wissen nicht, was es bedeutet, daß er uns liebt.

Daraus ergibt sich aber, daß man bei der Lektüre und Interpretation der Bibel diese Konsequenz immer vor Augen haben muß. Zu sagen, daß Gott seinen Sinn ändert, ist damit eine Metapher – ein zeitloser Gott kann seinen Sinn nicht ändern, weil er nur so sein kann, wie er ist. Zu sagen, daß Gott „zürnt", „weiß" oder „liebt", bedeutet nach dieser Auffassung nicht dasselbe, was wir darunter verstehen – ein zeitloser Gott kann keine Emotionen haben. Es gibt auch keine Häuser im Himmel – der Himmel ist zeitlos, und ohne Zeit kann es keine himmlische Gesellschaft geben. Die Bibel muß daher vom Priester oder dem Fachmann interpretiert werden, der weiß, wie ihre Sprache über Gott im Lichte der Tradition der Kirche zu verstehen ist. Die Kirche war deshalb im ausgehenden Mittelalter nicht daran interessiert, die Bibel in eine Gemeinsprache übersetzen zu lassen: Sie fürchtete, daß nicht geschulte Menschen sie lesen und zu falschen Schlußfolgerungen kommen könnten.

Zusammenfassung

Wer sagt, daß es einen zeitlosen Schöpfergott gibt, ist Realist. Er hält die Aussage „Es gibt einen Gott" für wahr, weil sie auf die Existenz einer Substanz zielt, die unabhängig von der Welt ist, diese erschafft und berechtigterweise „Gott" genannt werden kann. Es kann natürlich sein, daß er sich irrt und daß es keine solche Substanz gibt – als philosophischer Realist muß er die Möglichkeit des Irrtums einräumen. Seine Sprache über einen zeitlosen Gott ist kohärent, und was er über diesen Gott aussagt, paßt zusammen, doch macht eine solche Kohärenz die Aussage „Gott existiert" noch nicht wahr.

Wenn man Worte auf Gott anwendet, können diese nicht dieselbe Bedeutung haben, die sie in bezug auf Dinge oder Menschen in der Welt haben. Ein Reden über einen zeitlosen Gott muß analog oder metaphorisch sein. Der Gläubige kann behaupten, wahre Aussagen über Gott zu machen, ohne völlig zu wissen, was die Wahrheit dieser Aussagen in bezug auf Gott bedeutet.

KAPITEL 5

Eine realistische Sichtweise: der immerwährende Gott

Der Gedanke, daß Gott raum- und zeitlos ist, war eine Folge der Hinwendung zum Gedankengut der griechischen Philosophie. Es schien intellektuell überzeugend zu sein, weshalb auch das biblische personale Bild Gottes im Lichte dieser Ideen interpretiert wurde. Dieser alternative, personalistische Ansatz nimmt die einfache Sprache der Bibel mehr beim Wort und behauptet, daß Gott eine individuelle, handelnde Person ist. Natürlich ist Gott ein Geist, aber Gott ist ein individueller Geist, mit dem der Gläubige in eine beiderseitige Beziehung treten kann. Gott ist diesem Ansatz zufolge vollkommen, und zwar nicht im metaphysischen Sinn, der für einen zeitlosen Gott gilt, der als völlig unwandelbar betrachtet wird, sondern in einem moralischen Sinn. Gott ist moralisch vollkommen, insofern seine Liebe und Zuwendung zu seinen Geschöpfen und seine Verbundenheit mit ihnen sich niemals ändern werden.

Diese Vorstellung von einem immerwährenden Gott herrscht in den protestantischen Kirchen vor, wenn auch nicht durchgängig: Manche Baptisten, Methodisten und Presbyterianer halten Gott eher für zeitlos als für immerwährend, und die Anglikaner sind diesbezüglich geteilter Meinung. Die meisten Gläubigen aller Kirchen haben sich allerdings wohl kaum jemals Gedanken über diese Frage gemacht. Protestanten betonen eher die individuelle persönliche Beziehung zu Gott, und die Person Gottes und Jesu stehen im Mittelpunkt ihres Glaubens. Dies bedeutet umgekehrt nicht unbedingt, daß die Anhänger eines zeitlosen Gottes zu diesem Gott nicht auch eine persönliche Beziehung haben könnten. Allerdings ist eine solche Beziehung schwierig zu definieren und vorzustellen, denn ihr Gott kann niemals in einer solchen Weise sich ändern, reagieren oder lieben, wie es diese Worte normalerweise ausdrücken.

Für den immerwährenden Gott begann die Zeit niemals und wird sie niemals enden. Irgendwann schuf Gott durch sein Wort die Welt aus dem Nichts. Irgendwann in der Zukunft wird die Welt enden, nicht aber Gott. Gott existiert immer, ob es eine Welt gibt oder nicht. Gott hat immer existiert und wird immer existieren. (Beachten Sie, daß eine solche Aussage über einen zeitlosen Gott nicht möglich ist: Ein zeitloser Gott existierte weder gestern, noch wird er morgen existieren – er existiert zeitlos, weshalb zeitliche Worte für diesen Gott keine Geltung haben.)

Albert Einstein hat gezeigt, daß Zeit relativ ist. Die Zeit läuft langsamer, wenn man sich der Lichtgeschwindigkeit nähert. Dies ist die Ursache des Zwillings-Paradoxons: Wenn ein Zwilling mit annähernd Lichtgeschwindigkeit zur anderen Seite der Milchstraße reist, ist er bei seiner Rückkehr vielleicht zehn Jahre älter, während sein Zwillingsbruder schon vor einhundert Jahren gestorben ist. Der Psalmist sagt über Gott: „Tausend Jahre sind für dich wie der Tag, der gestern vergangen ist.“ Für Gott vergeht also die Zeit nicht in derselben Weise, wie sie für uns vergeht – und doch vergeht die Zeit! Man könnte sich etwa vorstellen, in der Gegenwart Gottes zu sein und die Empfindung zu haben, daß nur wenige Augenblicke vergangen sind, während auf der Erde fünfzig Jahre verstrichen sind.

Über den immerwährenden Gott kann man in einer univoken Sprache sprechen. Der Mensch ist dann in der Tat nach dem Bildnis Gottes geschaffen. Gott kann wissen, zürnen, lieben, sich erinnern, seinen Sinn ändern, verzeihen, und all diese Worte haben in etwa dieselbe Bedeutung wie beim Menschen. Natürlich ist Gottes Liebe beständiger und gewisser als Menschenliebe; die Liebe eines Menschen kann erkalten, nicht aber diejenige Gottes. Zu sagen, daß Gott liebt, hat aber dennoch sehr viel Ähnlichkeit mit demjenigen, was lieben im Hinblick auf den Menschen bedeutet. Daher kann man auch die biblische Sprache in einer univoken Weise verstehen.

Eine solche Auffassung ist sehr reizvoll, aber sie hat drei schwerwiegende Nachteile:

1. Ein immerwährender Gott ist vielleicht zu anthropomorph und nicht transzendent genug. Man könnte sagen, daß ein solcher Gott eher so etwas wie ein Übermensch ist. Er ist zu beschränkt und unterscheidet sich nicht ausreichend vom Menschen.
2. Von einem immerwährenden Gott kann man nicht sagen, daß er die Zeit erschaffen hätte, weil es Zeit immer gab, auch schon vor der Erschaffung der Welt.

3. Einem zeitlosen Gott sind Vergangenheit, Gegenwart und Zukunft gleichzeitig gegenwärtig. Die ganze Zukunft ist für einen zeitlosen Gott ebenso gegenwärtig wie das Schreiben dieses Buches durch mich, die Lektüre des Buches durch Sie und der Untergang der Dinosaurier. Für einen immerwährenden Gott dagegen ist die Zukunft Zukunft. Der immerwährende Gott ist dem Strom der Zeit unterworfen, und für ihn ist ebenso wie für uns die Zukunft noch nicht eingetreten. Man könnte daher sagen, daß die Allwissenheit des immerwährenden Gottes zu sehr beschränkt ist.

Die Antwort auf den ersten Einwand ist schwierig. Viel hängt davon ab, was man für ein angemessenes Modell Gottes hält. Manche behaupten, daß ein zeitloser Gott, der sich nicht ändern kann und nur derjenige sein kann, der er ist, eine geringere Wirklichkeit ist als ein Gott, der ein unendlicher, immerwährender Geist ist. Diese Streitfrage läßt sich nicht ohne weiteres entscheiden.

Die *Prozeßtheologen*, die insbesondere in den USA großen Einfluß haben, behaupten, daß Gott nicht nur in der Zeit ist, sondern auch von der Welt beeinflußt wird und diese sogar für seine Entwicklung und sein Wachstum braucht. Gott verändert sich durch den Austausch mit seiner Schöpfung. Gott und die Welt sind eng miteinander verknüpft, und Veränderungen in der Welt rufen wirkliche Veränderungen in Gott hervor. Die Prozeßtheologie legt den Nachdruck auf Gottes Beziehung zu seiner Schöpfung und die Bedeutung von Gottes Liebe zu seinen Geschöpfen. Gott und die Welt stehen in gegenseitiger Abhängigkeit. Gott leidet, liebt und entwickelt sich in der Wechselbeziehung mit dem von ihm geschaffenen Menschen. Alle Beziehungen haben eine Entwicklung zur Folge, und wenn Gott in Beziehungen zu Menschen eintreten kann, dann muß er sich notwendigerweise im Verlauf dieser Beziehung ändern. Die Prozeßtheologen setzen dem traditionellen katholischen Begriff von Gott als „Sein" denjenigen Begriff von Gott als „Werden" entgegen.

Traditionell neigen Christen eher dazu, eine wechselseitige Abhängigkeit zwischen Welt und Gott abzulehnen, weil für sie Gott die Welt aus dem Nichts erschaffen hat und sie weiter erhält. Die Welt ohne Gott ist demzufolge nichts, während Gott ohne die Welt trotzdem ganz Gott ist. Wer der Meinung anhängt, daß Gott immerwährend ist, kann dies auch tun, ohne den Weg der Prozeßtheologen zu gehen, die eine gegenseitige Abhängigkeit von Gott und Welt behaupten. Es ist nicht notwendig, das Modell vom immerwährenden Gott so weit zu treiben, wie dies die Prozeßtheologen tun. Wie stark sich ein zeitlicher Gott entwickeln und verändern kann, ist eine offene Frage, über die es legitime Diskussionen geben kann. Aber wie hoch auch immer man die Wandelbarkeit Gottes einschätzt, es handelt sich in jedem Fall um die Vorstellung von einem personalen und immerwährenden Gott.

Auf den zweiten oben angeführten Einwand können Anhänger des Modells vom immerwährenden Gott antworten, daß Zeit keine Sache ist. Vor der Erschaffung der Welt mit ihren physischen Objekten, die den Maßstab für die Zeit liefern, habe es trotzdem eine Zeit gegeben, weil Gottes Gedanken zeitlich aufeinander folgten. Weil Gott denken konnte, weil seine Gedanken zeitlich waren, habe es somit Zeit gegeben. Zeit existierte immer, weil Gott schon immer existierte. Damit wird Zeit in keiner Weise zu einer „Sache“ gemacht, die außerhalb Gottes stünde.

Auf den dritten Punkt schließlich kann man entgegnen, daß Gott alles weiß, was man logischerweise wissen kann. Gott kennt die Gegenwart und erinnert sich vollkommen an die Vergangenheit. Gott ist allgegenwärtig. Seine Anwesenheit ist nicht auf einen bestimmten Ort beschränkt: „Nehme ich die Flügel des Morgenrots und lasse mich nieder am äußersten Meer, auch dort wird deine Hand mich ergreifen …“ (Psalm 139,9–10). Deshalb kann Gott alles wissen, was in jedem Winkel der Welt geschieht und was dort in der Vergangenheit geschah. Gott kann aber die Zukunft nicht kennen, weil die Zukunft noch nicht eingetreten ist. Es gibt noch gar keine Zukunft, über die man etwas wissen könnte. In Kapitel 13 werden wir uns noch etwas ausführlicher mit dem Thema von Gottes Wissen befassen.

Die Auffassung, daß Gott ein Geist von unendlicher Zeitdauer ist und daß man über ihn in einer univoken Sprache sprechen kann, dürfte unter gewöhnlichen Gläubigen ohne philosophische oder theologische Schulung am weitesten verbreitet sein. Sie gehen davon aus, daß im Gebet eine Ich-Du-Beziehung mit Gott möglich ist. Sie betrachten ihre Beziehung zu Gott als etwas ganz Ähnliches wie eine Beziehung zwischen zwei Menschen, obwohl man natürlich Gott nicht sehen kann. Aber auch wenn dies die häufigste Auffassung ist, müssen wir erkennen, daß Wahrheit nicht immer mit dem Stimmzettel ermittelt wird und daß der durchschnittliche Gläubige nicht unbedingt der beste Ratgeber für ein Verständnis von Gottes Wesen sein muß.

Zusammenfassung

Diejenigen, die behaupten, daß Gott auf zeitlich immerwährende Weise existiert, sind Realisten. Sie halten die Aussage „Gott existiert“ für wahr, weil sie ihre Entsprechung in der Existenz eines unkörperlichen Geistes hat, auf den man berechtigterweise mit dem Wort „Gott" verweisen kann. Als philosophische Realisten müßten sie die Möglichkeit einräumen, daß sie sich irren und daß es keinen solchen Gott gibt. Ihr Reden über diesen Gott ist kohärent und in sich stimmig, doch macht eine solche Kohärenz die Aussage „Gott existiert" noch nicht wahr.

Die Hauptprobleme im Zusammenhang mit der Vorstellung eines immerwährenden Gottes liegen darin, daß ein solcher Gott zu sehr einem kosmischen Übermenschen ähneln könnte und daß er aufgrund seiner Zeitlichkeit möglicherweise die Zukunft nicht kennt. Andererseits können Anhänger dieser Überzeugung in bezug auf diesen Gott in ganz ähnlicher Weise reden, wie sie über Dinge in dieser Welt reden; thomistisch ausgedrückt, ist ein univokes Reden über Gott möglich.

KAPITEL 6

Eine realistische Sichtweise: Reden über Gott als Reden über eine alternative Lebensweise

1. Im zweiten Kapitel haben wir „Realismus" definiert.
2. Eine revisionistische Sichtweise des Christentums ist im Sinne dieses Buches eine Sichtweise, die die Sprache des Christentums weitgehend beibehält, aber auf die Vorstellung eines Schöpfergottes verzichtet, der die Welt erhält und mit ihr in einem Austausch steht.

Die im folgenden dargestellte Auffassung verbindet diese beiden Ansätze.
Jesus wurde, wie das Neue Testament berichtet, in der Wüste vom Teufel versucht. Er bot Jesus herrlichsten Lohn, wenn er ihn anbeten würde. Jesus widerstand der dreifachen Versuchung, und der Teufel verließ ihn wieder. Heute glauben jedoch nur noch wenige Theologen an einen personalen Teufel. Der mittelalterliche Glaube an einen Teufel mit Hörnern und Schwanz gehört der Vergangenheit an. Dies entwertet aber nicht den Bericht über die Versuchung. Jesus war der Versuchung ausgesetzt. Er rang in der Wüste um eine Entscheidung, wie er sein Leben gestalten sollte. Er hätte nach Macht streben oder sich auch um die materiellen Bedürfnisse der Menschen kümmern können. Statt dessen wählte er einen alternativen Weg.
Wenn man also eine sinnvolle Erklärung für die Versuchung in der Wüste finden kann, ohne einen personalen Teufel zu postulieren, warum kann man dann nicht auch eine sinnvolle Deutung für Jesu Gebet im Garten Getsemani finden, ohne dabei von einem personalen Gott auszugehen? Auch hier rang Jesus mit echten Alternativen. Er wußte, was geschehen würde. Er wußte, daß ihm der Tod drohte. Er hätte fliehen können, er hätte sich mit den Tempelbehörden arrangieren können, aber er wollte dies nicht. Jesus kämpfte um eine echte Entscheidung, und wir müssen nicht glauben, daß ihm eine Gottesgestalt zuhörte, um diese Versuchung sinnvoll deuten zu können.

In diesem Sinn hat *Stewart Sutherland* seine revisionistische Darstellung des christlichen Glaubens vorgelegt[1]. Sutherland meint, daß es im Christentum viel Wertvolles gebe, das man erhalten und bewahren müsse. Wenn aber das Christentum auch im nächsten Jahrhundert noch glaubwürdig sein wolle, dann müsse es auf einen personalen Gott verzichten. Insbesondere lehnt Sutherland jeglichen Rückgriff auf eine Offenbarung ab – wie soll man schließlich die Offenbarung wählen, der man folgen will? Weiterhin geht Sutherland von in der Welt vorgefundenen Fakten aus, und wir wissen, daß es in der Welt viel Leid und Böses gibt. Aufgrund dieser Erwägungen sagt er, daß man nicht mehr an den Gott eines traditionellen Theismus glauben könne, einen allmächtigen und allgütigen Gott. Bisher sind Gläubige immer von einer Annahme Gottes und seiner Attribute ausgegangen und haben dann versucht, das sich notwendigerweise ergebende Problem des Übels zu lösen. Sutherland meint, daß dies nicht möglich ist und vertritt die Auffassung, daß alle Versuche zur Lösung des Problems des Übels scheitern müssen. Er glaubt aber, daß die Einsichten des Christentums einen wirklichen Wert besitzen und schlägt eine revisionistische Auffassung vor, die einen Anspruch auf Wahrheit erhebt und verteidigt, ohne den Kern der christlichen Botschaft preiszugeben.

Sutherland verwirft die traditionelle Vorstellung eines Gottes, der die Welt schuf und unabhängig von ihr existiert (mit anderen Worten, das Modell des zeitlosen ebenso wie dasjenige des immerwährenden Gottes) und legt eine alternative Sichtweise religiöser Sprache vor. Er bekennt sich offen dazu, ein Revisionist zu sein – er versucht, die grundlegenden christlichen Vorstellungen zu revidieren, damit die Einsichten des Christentums darüber, wie der Mensch sein Leben führen kann, auch noch im nächsten Jahrhundert Bestand haben können. Die Rede von einem immerwährenden oder zeitlosen Gott ist nicht mehr glaubwürdig, weshalb ein alternatives Verständnis religiöser Rede notwendig ist.

In Robert Bolts Stück *A Man for All Seasons* erklärt Thomas More, der Lordkanzler Englands, dem jungen und ehrgeizigen Höfling Rich, der mit seiner Hilfe Karriere zu machen hoffte, daß er auf dem falschen Pfad im Leben sei: „Geht und werdet Lehrer. Wenn Ihr ein guter Lehrer seid, werdet Ihr es wissen, Eure Schüler werden es wissen, und Gott wird es wissen.“ Gemäß Sutherlands revidiertem Christentum bedeutet „und Gott wird es wissen“ nicht, daß es einen himmlischen CIA *(Celestial Intelligence Agency)* gibt, der alle Handlungen

[1] St. Sutherland, God, Jesus and Belief, Oxford 1984.

Richs überwacht. Es bedeutet vielmehr, daß es für den jungen Mann eine Möglichkeit gibt, sein Leben so zu gestalten, daß es nicht trivialisiert werden kann. Es gibt eine Lebensweise, die nicht dadurch entwertet werden kann, daß es anders kommt als erwartet. So viele unserer Lebensziele, seien es Geld, Macht, Ruhm oder Erfolg, werden durch Ereignisse trivialisiert und sinnlos gemacht, die nicht in unserer Macht stehen. Wenn man aber danach strebt, ein gutes Leben zu führen, ein Leben für andere, ein Leben des Mitgefühls und der Liebe, dann kann einem dies nicht genommen werden.

Sokrates sagte, daß einem guten Menschen nichts geschehen könne. Natürlich wußte Sokrates, daß einen guten Menschen Unglück ereilen kann – er oder sie kann gefoltert werden und all sein Hab und Gut verlieren. Letztlich aber kann nichts einem Menschen den Einsatz nehmen, den er für andere Menschen geleistet hat. Selbst der Tod kann ein Leben des Mitgefühls und der Heiligkeit nicht trivialisieren. Der Heilige hat schon das ewige Leben – nicht im Sinn eines Lebens nach dem Tode, sondern im Sinn einer anderen Lebensqualität in dieser Welt. Dabei gibt es keine äußere Form des heiligmäßigen Lebens: Das wesentliche Merkmal der Heiligkeit ist die innere Orientierung.

Das Christentum ist Sutherland zufolge eine optimistische Religion, da es ein Leben in Heiligkeit als echte Möglichkeit betrachtet. Wer gütig, liebevoll und selbstlos lebt, wer andere an die erste Stelle setzt, ist nicht verrückt oder einem Irrtum erlegen. Jesus hat uns gezeigt, daß man ein solches Leben führen kann. Er ist das vollkommene Vorbild gewesen – er hat uns vorgelebt, daß es möglich ist. Was davor nur eine bloße Möglichkeit gewesen ist (wie auch Einhörner und menschenfressende Fliegen bloße Möglichkeiten sind, die wir uns vorstellen können, die es aber nicht wirklich gibt), ist mit Jesus eine *reale Möglichkeit* geworden. Bevor die Amerikaner auf dem Mond landeten, war dies nur eine Möglichkeit gewesen. Es war theoretisch möglich gewesen, aber niemand war bisher je auf dem Mond gelandet. Als Neil Armstrong auf dem Mond spazierenging, war die bloße Möglichkeit verwirklicht worden.

Jesus hat gezeigt, daß ein Leben selbstaufopfernder Liebe und Heiligkeit möglich ist. Er hat es getan, es vorgelebt. Er hat gezeigt, daß etwas, was davor eine bloß mögliche Lebensweise war, aktualisiert werden kann. Das Christentum ruft Menschen zu einem Leben der Heiligkeit auf. Weil Jesus es gelebt hat, ist dies eine reale Möglichkeit.

Aber dies klingt nun eigenartig. Wie kann man Realist bezüglich Möglichkeiten sein? Die Antwort liegt in dem Unterschied zwischen

„bloßen Möglichkeiten“ und „realen Möglichkeiten“. Viele Dinge sind bloß möglich – Jesus zeigte aber durch sein Leben, daß ein Leben in Heiligkeit wirklich und tatsächlich möglich ist. Dies ist eine echte Option. Über Gott zu reden heißt, über ein Leben in Heiligkeit zu reden. Über Gott zu reden ist wahr, Theologie ist wahr, weil es ein Reden über eine Lebensweise ist, die eine reale Möglichkeit darstellt. Deshalb trägt dieses Kapitel auch die Überschrift: „Reden über Gott als Reden über eine alternative Lebensweise“.

Sutherland erhebt einen wichtigen Anspruch bezüglich seiner Sichtweise, der seine Nähe zu Platon aufzeigt. Er sagt nämlich, daß er *eine ontologische Verpflichtung hinsichtlich der Natur der Wirklichkeit* eingeht. Dies klingt kompliziert, ist aber nicht so schwierig, wie es klingt: Es bedeutet einfach, daß nach Sutherland die Wirklichkeit, die Welt selbst, so geartet ist, daß jemand ein Leben in Heiligkeit führen kann, ohne enttäuscht zu werden. Die Verpflichtung ist ontologisch, weil das Christentum den Anspruch hat, etwas über die Natur der Wirklichkeit selbst auszusagen. „Ontologisch“ bedeutet, daß man sich auf die Natur des Seins oder die Natur der Wirklichkeit bezieht. Die Wirklichkeit ist so geartet, daß, selbst wenn alle Menschen aussterben würden, eine zukünftige Rasse intelligenter grüner Schildkröten die Möglichkeit des heiligmäßigen Lebens entdecken könnte, die darauf wartet, verwirklicht zu werden.

Der Hinweis auf intelligente grüne Schildkröten (dieses Beispiel ist von mir, nicht von Sutherland) ist signifikant. Er zeigt, daß das Leben der Heiligkeit nicht ausschließlich auf den Menschen bezogen sein muß. Der Stoff der Welt selbst ist so geartet, daß er ein Leben der Heiligkeit erlaubt. Jede intelligente Rasse könnte daher diese Wirklichkeit für sich entdecken. Man könnte natürlich fragen, warum die Welt so geartet ist, daß ein gutes Leben möglich ist, und auf der Grundlage dieser Tatsache ließe sich sogar ein teleologisches Argument für die Existenz Gottes konstruieren. Sutherland selbst unternimmt jedoch nicht den Versuch, ein solches Argument zu formulieren.

Das Christentum ruft also Menschen zu einer anderen Lebensweise auf. Es ruft die Menschen zum ewigen Leben auf, zu einem Leben, das, wie Sutherland es ausdrückt, *„sub specie aeternitatis“* („unter dem Gesichtspunkt der Ewigkeit“) gelebt wird. „Ewig“ bezieht sich hier nicht auf ein ewiges Reich, sondern vielmehr auf eine andere Art der Lebenseinstellung. Statt nach materiellen Zielen zu streben, sollten wir uns spirituellen Dingen zuwenden. Sutherland nimmt eine im besten Fall agnostische Haltung bezüglich der Existenz eines Gottes oder eines Lebens nach dem Tode ein und ist der Meinung, daß beide irrelevant wären, selbst wenn es sie gäbe. Worauf es ankommt ist, wie wir unser Leben jetzt gestalten, und hierauf sollte sich das Hauptaugenmerk des Christentums richten. Für diese Auffassung ließen sich Zitate aus dem Neuen Testament ins Feld führen: „Das ist das ewige Leben: dich, den einzigen wahren Gott, zu erkennen und Jesus Christus, den du gesandt hast" (Johannes 17,3); „Amen, amen, ich sage euch: Wer mein Wort hört und dem glaubt, der mich gesandt hat, hat das ewige Leben" (Johannes 5,24). Hier wird deutlich ausgesagt, daß das ewige Leben eine andere Qualität des Lebens hier und jetzt ist, nicht etwas, das erst nach dem Tode einträte.

Kritiker könnten einwenden: „Sutherland reduziert das Christentum auf eine bloße Form der Ethik. Wenn es nach ihm ginge, bräuchten wir keine religiöse Sprache mehr. Wir bräuchten nicht mehr über Gott zu reden und könnten überhaupt auf theologische Sprache verzichten und sie durch Reden über Moral ersetzen. Wozu noch über Gott reden? Wir könnten uns einfach darüber unterhalten, wie man ein gutes und gütiges Leben führt." Sutherland sagt aber ausdrücklich, daß sich religiöse Sprache nicht hierin erschöpft, und verwahrt sich gegen den Vorwurf, ein Reduktionist zu sein.

Nach Sutherlands Auffassung ruft uns religiöse Sprache dazu auf, über unsere derzeitigen moralischen Gewißheiten hinauszugehen. Sie kann uns niemals aufrufen, wider die Moral zu handeln, aber sie kann uns zeigen, daß bestimmte Handlungen, die wir bisher für akzeptabel hielten, dies nicht sind. Jesus gab ein Beispiel für eine solche religiöse Forderung, als er sagte, daß seine Anhänger sich nicht nur des Ehebruchs enthalten, sondern nicht einmal daran denken sollten. Ebenso verwarf Wilberforce die Moral seiner Zeit, die Sklaverei akzeptierte, und forderte eine religiöse Lebensweise (eine Lebenseinstellung *sub specie aeternitatis*), um darauf hinzuweisen, daß die bestehende Moral der Gesellschaft unangemessen sei und geändert werden müsse. Dasselbe ist heute möglich – Religion kann (und muß!) unsere akzeptierten Auffassungen zum Beispiel bezüglich Rassismus, Sexismus oder des Reichtums der westlichen Welt in Frage stellen. Religiöse Sprache fordert den Menschen also auf, über die Grenzen seiner bestehenden Moral hinauszugehen und zu einer anderen Lebensweise zu finden, aber sie kann Menschen niemals dazu aufrufen, unmoralisch zu handeln.

Einige werden natürlich die Möglichkeit eines heiligmäßigen Lebens überhaupt verwerfen und seinen Sinn in Frage stellen. Sie werden sagen, daß jeder, der ein Leben in selbstaufopfernder Liebe führt, verrückt ist – daß Mutter Theresa sich lieber amüsieren und es sich gut gehen lassen sollte, daß Erzbischof Tutu lieber mehr

Urlaub mit seiner Familie machen und sich weniger um politische Strukturen kümmern sollte, die ihn persönlich doch kaum betreffen. Sutherland sagt nun nicht, daß dies eine mögliche Sichtweise sei, sondern daß eine solche Sichtweise *falsch* ist. Er ist Realist, aber ein Realist der besonderen Art: Er ist, wie wir gesehen haben, Realist bezüglich Möglichkeiten.

Das Wort „Gott" bezeichnet ihm zufolge kein Wesen, das die Welt erschuf und erhält. Theologische Rede – zum Beispiel über „Gottes Willen" oder „Gottes Macht" oder eine Aussage wie „Gott wird es wissen" – bezieht sich nicht auf ein Wesen, das einen Willen oder Macht hat oder das Dinge weiß. Eine solche Rede ruft uns vielmehr zu einer anderen Lebensweise auf, zu einem Leben für andere und dazu, unsere selbstsüchtigen Interessen aufzugeben.

Diese Auffassung hat viele Vorzüge. Sutherland gibt eine revisionistische Darstellung speziell des Christentums, doch ließe sich sein Ansatz auch auf andere Religionen anwenden. Reden über Allah, Jehova oder vom Nirwana könnte als Bekräftigung der Möglichkeit betrachtet werden, das Leben in einer anderen Weise zu sehen und zu leben. Religiöse Sprache stellt die üblichen akzeptierten Prioritäten der materialistischen Welt in Frage und zeigt, daß der Mensch in einer ganz anderen Weise leben kann, die für die Welt vielleicht töricht ist und die anscheinend nichts weiter einbringt als Verfolgung, Ablehnung und Leiden – und die doch zugleich in höchstem Maße erfüllend und lohnend ist. In einer Welt großer religiöser Vielfalt könnte man sagen, daß alle großen Weltreligionen ihre Anhänger zu einem Leben *sub specie aeternitatis* auffordern, einem Leben „im Ewigen" in dieser Welt statt in der Hoffnung auf ein Leben nach dem Tode.

Man muß allerdings einräumen, daß eine solche Revision des Christentums auch Schwierigkeiten mit sich bringt. Sutherland fordert uns zu einem noblen und tugendhaften Leben auf, doch könnte dies ein sehr einsames Leben sein. Es gibt keine Möglichkeit, mit unserem Schöpfergott eine Beziehung der Liebe zu leben, so daß seine Liebe in unserem Umgang mit anderen Menschen aufleuchten könnte. Vielleicht ist dies auch nicht notwendig, aber viele christliche Heilige hätten wohl gesagt, daß nur diese Beziehung jenes Leben ermöglichte, das sie führten. Weiterhin läßt Sutherland die Behauptung der individuellen Auferstehung Jesu am Ostersonntag ebenso unberücksichtigt wie die Hoffnung auf ein persönliches Leben nach dem Tode, das das Christentum immer bekräftigt hat. Natürlich gibt es keinen Beweis für diese Hoffnung, aber die Erfahrungen von Menschen, die dem Tod sehr nahe waren, scheinen darauf hinzuweisen, daß es jenseits des Grabes etwas gibt – auch wenn diese Hinweise bei weitem nicht zwingend sind. Schließlich äußert sich Sutherland nicht klar genug darüber, was ein Leben *sub specie aeternitatis* genau von uns verlangt. Es scheint sich um eine sehr individuelle Sichtweise zu handeln, die höchst unterschiedliche Interpretationen erlaubt.

Davon abgesehen spricht jedoch sehr viel für Sutherlands Ansatz, der sich vor allem dadurch auszeichnet, daß er derzeit die einzige revisionistische Sichtweise des Christentums ist, die zugleich eine realistische Position bezüglich der Wahrheitsfrage beibehält.

Zusammenfassung

Reden über Gott ist nach Sutherlands Auffassung ein Reden von einer anderen Möglichkeit der Lebensführung. Es gibt keinen Gott und kein Leben nach dem Tode. Dies ist eine realistische Auffassung in dem Sinn, daß die Wahrheit der christlichen Rede davon abhängt, daß die Welt tatsächlich so geartet ist, daß ein Leben in Heiligkeit sinnvoll ist. Der Wahrheitsanspruch des Christentums besteht ihm zufolge in der Behauptung, daß es möglich ist, ein Leben in selbstaufopfernder Liebe zu führen, ohne verrückt oder sonstwie irregeleitet zu sein. Natürlich könnte das Christentum auch unrecht haben – dies wird ein Realist stets ohne weiteres einräumen – und in diesem Fall wäre ein Leben in Heiligkeit einfach Torheit.

Das Entscheidende am Christentum ist nach dieser Auffassung, wie seine Anhänger die christliche Botschaft leben. Ob es einen Gott gibt und ob der Mensch als Individuum nach dem Tod weiterlebt, ist ihr zufolge schlicht irrelevant.

KAPITEL 7

Eine anti-realistische Sichtweise: Gott als Wirklichkeit in einer religiösen Lebensform

1. Im ersten Kapitel haben wir „Anti-Realismus" definiert.
2. Eine revisionistische Sichtweise des Christentums ist im Sinne dieses Buches eine Sichtweise, die die Sprache des Christentums weitgehend beibehält, aber auf die Vorstellung eines Schöpfergottes verzichtet, der die Welt erhält und mit ihr in Interaktion steht.

Die obigen Definitionen werden verdeutlichen, daß sowohl die im vorliegenden als auch die im vorangegangenen Kapitel behandelte Sichtweise revisionistisch sind. Der Unterschied liegt darin, daß Sutherlands Auffassung realistisch ist, während die in diesem Kapitel dargelegte anti-realistisch ist. Wie wir sehen werden, ist dieser Unterschied wesentlich.

Ludwig Wittgenstein dürfte wohl der einflußreichste Philosoph des zwanzigsten Jahrhunderts sein, auch wenn die Meinungen darüber, was er genau sagen wollte, erheblich auseinandergehen. Man kann in seinem Werk grob zwei Perioden unterscheiden, diejenige des frühen Wittgenstein, der den *Tractatus* schrieb, und diejenige des späteren Wittgenstein, der *Über Gewißheit* und *Philosophische Untersuchungen* schrieb. Letzteres Buch ist nicht einfach zu lesen, da es aus einer Aufeinanderfolge von Bemerkungen besteht, deren Zusammenhang nicht immer offensichtlich ist. Wittgenstein wollte, daß seine Leser sich selber bemühen, ihn zu verstehen, und wiewohl dies eine lobenswerte Absicht ist, führt sie auch dazu, daß es heute unterschiedliche Auffassungen über den Sinn seiner Schriften gibt.

In seinem späteren Werk beschäftigte sich Wittgenstein mit der Frage, wie Sprache benutzt wird. Sprache ist ihm zufolge eine öffentliche Angelegenheit – der Gedanke einer privaten Sprache macht keinen Sinn. Sprache ist ihm zufolge auch dynamisch, und Worte können viele Bedeutungen haben. Ein Wort oder ein Satz können in verschiedenen Situationen unterschiedliche Bedeutung haben. Dies gilt ganz besonders für den Bereich der religiösen Sprache.

A. J. Ayer und die logischen Positivisten vertraten eine *Verifikationstheorie* der Bedeutung. Für sie war eine Aussage dann sinnlos, wenn sich die Bedingungen ihrer Verifikation (das heißt das, wodurch die Wahrheit einer Aussage belegt werden kann) nicht angeben lassen. In Fortführung hiervon entwickelte *Anthony Flew* die *Falsifikationstheorie*, derzufolge ein Satz nur dann sinnvoll ist, wenn sich die Bedingungen seiner *Falsifikation* (das heißt das, was seine Falschheit belegen könnte) angeben lassen. Die Verifikationisten und die Falsifikationisten wollten religiöse Sprache als sinnlos verwerfen, weil sie weder verifiziert noch falsifiziert werden könne (denn wie könnte man auch die Behauptung „Gott liebt mich" verifizieren?). Diese Theorien scheiterten schließlich daran, daß ihre Verfechter ihre allgemeinen Regeln durch allzuviele Ausnahmen schwächen mußten. Darüber hinaus hielt ihnen *John Hick* seinen Gedanken einer *eschatologischen Verifikation* entgegen – die Behauptung, daß religiöse Aussagen nach dem Tod verifiziert werden würden. Mit anderen Worten, Hick behauptete, daß Aussagen wie „Gott liebt mich" oder „Jesus ist der Sohn Gottes" von dem Gläubigen, der den Tod überlebt, verifiziert werden können.

Wittgenstein war sich der Unzulänglichkeit der Haltung der logischen Positivisten bewußt, und er nahm später, anders als in der Anfangszeit seines Schaffens, als er den *Traktatus* schrieb, eine bescheidenere Sichtweise der Philosophie ein. Für ihn war Philosophie eine Aktivität zweiter Ordnung, die alles so lassen müsse, wie es ist. Das Ziel der Philosophie war ihm zufolge zu verstehen, nicht festzulegen, was gesagt werden kann und was nicht (wie es die Verifikationisten und Falsifikationisten versucht hatten).

René Descartes und *John Locke* waren beide überzeugt, daß die menschliche Erkenntnis Grundlagen haben müsse. Descartes glaubte, daß diese Grundlagen innerlich seien, daß sie Ideen im Geist seien. Locke wiederum glaubte, daß die Grundlagen der Erkenntnis Sinneserfahrungen seien. Er war *Empirist* – er glaubte, daß die letzten Prüfsteine der Gewißheit die Dinge waren, die erfahren werden konnten. Der Jünger Thomas war ebenfalls Empirist, als er sagte: „Wenn ich nicht die Male der Nägel an seinen Händen sehe und wenn ich meinen Finger nicht in die Male der Nägel und meine Hand nicht in seine Seite lege, glaube ich nicht" (Johannes 20,25). Wittgenstein verwarf überhaupt die Vorstellung, daß Erkenntnis Grundlagen habe.

Wir alle werden in und zu einer bestimmten Lebensform erzogen. Wir wachsen mit einer bestimmten Sichtweise der Welt auf. Dieser Lebensform, dieser Sichtweise der Welt verleiht die Sprache Ausdruck. Sprache bringt eine Lebensform zum Ausdruck. Wenn wir behaupten, etwas zu wissen, dann behaupten wir damit eine bestimmte Fähigkeit, und dies bedarf eines Belegs. Um zu zeigen, daß ich weiß, wie man ein Flugzeug fliegt, muß ich den Nachweis führen, daß ich wirklich fliegen kann, indem ich zum Beispiel meinen Pilotenschein vorweise oder in ein Flugzeug steige und starte. Aber gerade die grundlegenden Behauptungen der Sprache werden nicht belegt – sie sind unbegründet. Dies muß erläutert werden.

In seinem Werk *Über Gewißheit* diskutierte Wittgenstein G. E. Moores berühmte Schrift *A Defence of Common Sense*. Wittgenstein zeigte, daß Sprache mittels gewisser trivialer, offensichtlicher Aussagen, die unbegründet sind, den Bezug zur Wirklichkeit herstellt. Diese Aussagen sind nicht begründet und erfordern keine Begründung – es gibt keinen Grund dafür, daß wir sie uns zu eigen machen. Aussagen wie „Dies ist eine Hand“, „Dort steht ein Bücherregal“ und „Dies ist ein Stuhl“ lernen wir auf den Knien unserer Eltern, und *es hat schlicht keinen Sinn, an ihnen zu zweifeln.* Man kann die Behauptung „Dies ist eine Hand“ nicht begründen, weil es eine unbegründete Überzeugung ist, eine Überzeugung, die sich mit nichts belegen läßt. Wir sind einfach so erzogen, daß wir bestimmte Dinge Hände, Bücherregale oder Stühle nennen. Wenn irgendwer in unserer Gesellschaft ernsthafte Zweifel daran äußern würde, daß dies ein Stuhl ist, worauf ich sitze, dann wäre mit ihm irgend etwas nicht in Ordnung.

Wie *Norman Malcolm* sagt, ist es kaum abzuschätzen, in welchem Ausmaß gerade unsere grundlegendsten Überzeugungen unbegründet sind, und dies gilt ganz besonders für die Religion. Der Gläubige glaubt an Gott – er zweifelt nicht daran. Der Glaube an Gott ist sogar die Voraussetzung für alle Zweifel und Fragen. Wie wir auf den Knien unserer Mutter von Tischen und Stühlen erfahren und wie diese grundlegenden Sätze unbegründet sind, so ruht auch der Glaube an Gott, wie die Befürworter dieser Auffassung behaupten, nicht auf Belegen und Begründungen.

Die Art und Weise, wie Sprache in einer bestimmten Lebensform gebraucht wird, taugt aber nicht zur Beurteilung des Sprachgebrauchs in einer anderen. So kann zum Beispiel naturwissenschaftlicher Sprachgebrauch nicht der Maßstab zur Beurteilung des religiösen Sprachgebrauchs sein. Wittgenstein gibt folgendes Beispiel (er schrieb dies während des Zweiten Weltkriegs):

1. „Ich glaube, da ist ein deutsches Flugzeug über uns.“
   Die Antwort lautet:
2. „Ja, kann sein.“

Dies vergleiche man mit dem folgenden:

1. „Ich glaube, daß es ein jüngstes Gericht gibt.“
2. „Ja, kann sein.“

Während nun „Ja, kann sein“ eine angemessene Antwort auf die erste Glaubensaussage ist, die ja bloß eine vorsichtige Vermutung ausdrückt, ist es keine angemessene Antwort auf die zweite Glaubensaussage. Der Glaube an das Jüngste Gericht ist ein Glaube einer anderen Größenordnung als der Glaube in dem ersten Beispiel. Es ist nicht eine bloße Vermutung, sondern eine Überzeugung, die die ganze Weltbetrachtung des Betreffenden prägt.
Nehmen wir ein anderes Beispiel. Stellen wir uns vor, daß ein gläubiger Mensch sagt: „Ich habe Schmerzen. Dies ist die Strafe für meine Sünden. Stimmen Sie mir zu?“ Wittgenstein sagt, daß er hierauf weder mit „ja“ noch mit „nein“ antworten könne. Wenn er an Schmerzen denke, denke er nicht an Sünden. Sein Geist arbeite nicht in dieser Weise – er gebrauche keine Begriffe wie „Sünde“, um sich seine Welt zu erklären.
Daher kann eine Lebensform möglicherweise eine andere nicht verstehen, und auf keinen Fall kann sie eine andere anhand ihrer eigenen Begriffe beurteilen. Ein nichtgläubiger Naturwissenschaftler hört den katholischen Gläubigen sagen: „Dies ist das Blut Christi.“ Wenn der Naturwissenschaftler dann den konsekrierten Wein nimmt, in sein Labor eilt und ihn auf das Vorhandensein von Blut analysiert, hat er einfach nicht verstanden, wie religiöse Sprache funktioniert. Die Sache ist eben wesentlich komplizierter. Wittgenstein sagt: „Um ein bloßer Fehler zu sein, wäre dieser wohl zu groß.“
Immer wieder bewerten Gesellschaften, die einander begegnen, die jeweils andere anhand ihrer eigenen Begriffe. Wenn ein indianischer Stamm die Eingeweide eines Huhns betrachtet, um festzustellen, ob ein Mann und eine Frau heiraten sollten, oder wenn dieser Stamm alljährlich Regentänze durchführt, dann neigt ein Angehöriger des westlichen Kulturkreises dazu, solche Praktiken als Aberglauben und Unsinn abzutun. Ebenso wird der Naturwissenschaftler die Behauptungen des Katholiken verwerfen – und ihn dabei mit ziemlicher Sicherheit mißverstehen. Je mehr wir uns mit Stammesgesellschaften befassen, desto mehr Tiefe und profunde Lebensweisheit finden wir bei ihnen. Wenn man ihre Lebensweise oder die Lebensweise katho-

lischer Gläubiger verstehen will, muß man ihre Lebensformen als Ganzheiten untersuchen. Man muß herausfinden, welche Funktion der Regentanz oder das Reden über das Blut Christi hat. Man muß zu verstehen versuchen, wie die jeweilige Sprache die entsprechende Lebensform zum Ausdruck bringt.

Dies ist etwa so, wie wenn man einem Spiel zusieht, dessen Regeln man nicht kennt. Wenn ein Engländer American Football beobachten würde, käme es ihm zunächst unverständlich vor, doch würde er nach einiger Zeit vielleicht hinter die Regeln kommen, nach denen es gespielt wird. Ebenso muß der Nichtgläubige zu verstehen versuchen, wie Gläubige die Sprache benutzen, wie ihre Sprache ihre Lebensform ausdrückt. Der Begriff „Sprache" bezieht sich dabei nicht nur auf die Worte, sondern auch auf die Überzeugungen, Praktiken und Regeln einer Lebensform. Wittgenstein sprach von „Sprachspielen", wobei das Wort „Spiele" irreführend sein und fälschlicherweise Wittgensteins Argument trivialisieren könnte. Er wollte sagen, daß Außenstehende, die eine Lebensform und die Sprache, mit der diese Lebensform ausgedrückt wird, nicht kennen, versuchen müssen, die Regeln zu verstehen, nach denen die Sprache funktioniert. Eine Lebensform kann eine andere nicht anhand ihrer eigenen Begriffe beurteilen.

Die heutigen Schüler Wittgensteins arbeiten mit seinen Ideen (wiewohl sich nach meiner persönlichen Meinung darüber streiten läßt, ob sie seine Auffassungen richtig wiedergeben), und ihr Denken gewinnt gegenwärtig immer mehr an Bedeutung. Die Bücher von *Dewi Phillips* sind allein schon wegen ihres Umfangs und ihrer thematischen Breite beachtlich. Sie haben großen Einfluß und sind im allgemeinen gut lesbar. *Don Cupitt* dürfte wohl der bekannteste Revisionist des traditionellen Christentums sein. Auch seine Bücher sind gut lesbar und seine Argumente attraktiv. Er ist allerdings weniger stark von Wittgenstein beeinflußt als Phillips, weshalb ich mich hier mit seinem Ansatz nicht auseinandersetze. Für diejenigen, die dem Anti-Realismus zuneigen, sind Don Cupitts Bücher auf alle Fälle eine lohnende Lektüre. Hinweise auf einige von Phillips' und Cupitts Schriften werden am Ende dieses Buches gegeben. Eine weniger bekannte Gestalt ist der Dominikanerpriester *Gareth Moore,* der in seinem Buch *Believing in God*[2] darlegt, was unter Christentum zu verstehen ist, wenn man Wittgensteins Ansatz ernst nimmt.

---

[2] G. Moore, Believing in God, Edinburgh 1988.

Moores Buch endet mit der Schlüsselaussage: „Der Mensch entdeckt keine religiösen Wahrheiten, er macht sie." Damit ist seine Position deutlich ausgedrückt. Ein Realist würde das Gegenteil sagen: daß Menschen keine religiösen Wahrheiten machen, sondern sie entdecken. Die Wahrheit einer realistischen Behauptung beruht auf ihrer Übereinstimmung mit der Wirklichkeit; die Wahrheit einer anti-realistischen Behauptung auf dem stimmigen Zusammenhang: „Gott existiert" ist nicht deshalb wahr, weil das Wort „Gott" auf ein immerwährendes Wesen oder eine zeitlose Substanz verweist, sondern vielmehr deshalb, weil der Satz „Gott existiert" innerhalb der Lebensform der gläubigen Gemeinde benutzt wird und einen Zweck erfüllt.

Wenn man eine christliche Gemeinschaft betrachtet (oder ebensogut eine muslimische, hinduistische, Sikh- oder jüdische Gemeinschaft), dann hat die Sprache, in der diese Gemeinschaft über ihre religiösen Überzeugungen spricht, offensichtlich ihren Wert. Religiöse Sprache verleiht der religiösen Lebensform Ausdruck. Der christliche Gläubige geht davon aus, daß Gott existiert, daß Gott Liebe ist, daß Gott dem Gläubigen hilft, daß im Brot/Leib und Wein/Blut Christi, das in der Eucharistie genossen wird, Jesus gegenwärtig ist oder seiner gedacht wird (je nachdem, ob man der baptistischen, methodistischen, presbyterianischen oder reformierten Kirche einerseits oder der katholischen Kirche andererseits angehört; Anglikaner hängen teils der einen, teils der anderen Auffassung an).

Ein Außenstehender muß zu verstehen suchen, wie diese Sprache benutzt wird. Wie wir schon gesagt haben, wäre es ein grundlegender Fehler, ins Labor zu eilen und den eucharistischen Wein zu analysieren; um religiöse Sprache verstehen zu können, muß man vielmehr prüfen, welche Rolle sie im Leben der Gläubigen spielt. „Gott ist nichts", wiederholt Gareth Moore immer wieder. Gott ist kein Individuum, kein Objekt und kein Wesen wie Charlie. Thomas von Aquin lehrt, daß Gott „kein Ding" ist: Gott ist zeitlose Substanz, kein Individuum. Moore geht hierüber noch weit hinaus: Für ihn ist Gott wirklich nichts. Gott existiert jedoch als eine Wirklichkeit innerhalb der Lebensform der gläubigen Gemeinde. Für den Gläubigen existiert Gott, nicht aber für den Nichtgläubigen. Dies ist keine Auseinandersetzung über einen Sachverhalt, bezüglich dessen man recht oder unrecht haben könnte. Es ist vielmehr eine Diskussion darüber, ob Begriffe wie „Gott", „Gebet" oder „Jüngstes Gericht" im Leben des Gläubigen eine Funktion haben.

Wenn man vom Unglauben zum Glauben konvertiert, tritt man in eine neue Lebensform ein, in der man sich den Sprachgebrauch dieser Lebensform aneignen muß. Der Priester ist Moore zufolge der „Grammatikexperte“, der weiß, wie die Sprache der Kirche zu benutzen ist. Der Konvertit muß in der neuen Sprache unterwiesen bzw. in sie initiiert werden. Der katholische Ritus für die Initiation Erwachsener würde aus dieser Sicht die Mitteilung der Wahrheiten des katholischen Sprachspiels beinhalten, die Unterweisung in den Grammatikregeln der katholischen Lebensform. Innerhalb dieser Lebensform können bestimmte Dinge gesagt werden, andere dagegen nicht. Katholiken müssen bestimmte Überzeugungen akzeptieren, zum Beispiel die Lehre von der Himmelfahrt der Jungfrau Maria und von der Unfehlbarkeit des Papstes. Diese Behauptungen sind wahr, weil sie in einem stimmigen Zusammenhang mit anderen katholischen Wahrheiten stehen, und wer ihnen nicht zustimmen kann, kann nicht Katholik sein.

Es muß hier nun nachdrücklich betont werden, daß nach dieser Denkweise Gott existiert. Gott existiert wirklich und wahrhaftig. Aber er existiert nicht als ein Schöpfer, der von der Welt unterschieden wäre; er ist kein Wesen, das unabhängig von der Welt existiert, das diese erhält und in ihr handelt. Gott ist vielmehr eine Wirklichkeit innerhalb der gläubigen Gemeinde.

Nehmen wir hier wiederum das Beispiel der Primzahlen zu Hilfe. Für den Nichtmathematiker sind Primzahlen nicht wirklich; sie existieren nicht. Der Mathematiker dagegen zweifelt nicht im geringsten an ihrer Existenz. Wenn man sich mit Mathematik befaßt, erfährt man etwas über Primzahlen; man lernt, wie die Sprache der Primzahlen benutzt wird. Für den Betreffenden werden Primzahlen zu einer Wirklichkeit, die sie davor nicht waren. Wer einmal die Wirklichkeit von Primzahlen eingesehen hat, für den können sie nie wieder unwirklich werden. Frei nach den Worten des Psalmisten könnte der Betreffende sagen: „Nehme ich die Flügel des Morgenrots und lasse mich nieder am äußersten Meer, werden auch dort Primzahlen bei mir sein“, oder auch „Nichts kann mich von der Wirklichkeit der Primzahlen trennen“.

Zweifellos existieren Primzahlen – aber nicht in derselben Weise wie Stühle. Zweifellos existiert, nach dieser Auffassung, Gott – aber nicht in derselben Weise wie irgendein Wesen oder Individuum. Gott ist eine existierende Wirklichkeit, die in der Lebensform der Gemeinschaft der Gläubigen zu finden ist, in der Reden von Gott Sinn und Wert hat. Reden über Gott ist wahr, weil es stimmig zu der übrigen vom Gläubigen benutzten Sprache paßt.

Für diese Sichtweise spielt die Gemeinschaft eine wichtige Rolle. Der revisionistische Realismus ist eine individuelle Haltung gegenüber dem Christentum und dürfte daher vor allem für Protestanten Anziehungskraft haben, besagt er doch, daß Christentum das Streben des Einzelnen nach einem Leben *sub specie aeternitatis* ist. Der revisionistische Anti-Realismus dagegen ist viel stärker an der Gemeinschaft orientiert, weil er behauptet, daß die Wirklichkeit Gottes in der Sprache gefunden und ausgedrückt wird – und nicht unabhängig von Sprache ist. Seit dem Zweiten Vatikanischen Konzil betont die katholische Kirche den Gedanken der Gemeinschaft nachdrücklich. Katholisch zu sein heißt immer mehr, der katholischen Gemeinschaft anzugehören. Die Gemeinschaft steht im Mittelpunkt. Das gleiche gilt auch für die anti-realistische Haltung. Innerhalb der Gemeinschaft wird die Wirklichkeit Gottes gefunden, und die Sprache der Gemeinschaft verleiht dieser Wirklichkeit Ausdruck.

In gewisser Weise könnte man eine solche Auffassung als eine Entwicklung betrachten, die über die Idee eines zeitlosen Gottes hinausführt. Sie ist das Ergebnis eines fortschreitenden Abstraktionsprozesses, der im Denken der Menschheit über Gott stattgefunden hat. Nach dieser Auffassung kann man sich Gott nicht mehr als geistiges Wesen oder zeitlose Substanz vorstellen. Statt dessen findet man die existierende Wirklichkeit Gottes innerhalb der Gemeinschaft der Gläubigen. Jesus sagte: „Wo zwei oder drei in meinem Namen beisammen sind, bin ich unter ihnen." Wenn der Gläubige einmal verstanden hat, was der Begriff „Gott" bedeutet, kann ihn nichts mehr von dieser Wirklichkeit trennen.

Rational betrachtet hat diese Sichtweise viele Stärken. Andererseits haften ihr aber auch große Schwächen an. Sie nimmt Behauptungen einer mystischen und religiösen Erfahrung eines liebenden Schöpfergottes nicht ernst. Sie ist außerdem präskriptiv, weil sie festlegen will, was Gläubige tun. Dieser Ansatz beruft sich auf Wittgenstein, und doch steht er zu dessen Forderung in krassem Widerspruch, daß Philosophie „alles so lassen sollte, wie es ist". Fast alle Christen glauben an einen Schöpfergott, der in einer Interaktion mit der Welt steht, und sie benutzen diese Sprache in einem realistischen Sinne – auch dann, wenn sie sich dessen nicht bewußt sind.

In den nächsten Kapiteln werden wir uns damit befassen, welchen Sinn diese (anti-realistische) Sichtweise dem Reden über das Gebet, über Wunder, über das ewige Leben und andere religiöse Themen gibt. Wenn Gott keine Wirkkraft außerhalb der Welt ist, dann wird unser Verständnis religiöser Rede irgendwie revidiert werden müssen – aber es handelt sich ja auch, insgesamt, um eine revisionistische Position.

Zusammenfassung

Gott existiert dieser Auffassung zufolge wirklich. Die Aussage „Gott existiert" und die damit einhergehende religiöse Sprache sind wahr. Diese Wahrheit beruht jedoch auf einer Kohärenz innerhalb einer bestimmten Gemeinschaft oder Lebensform. Das Wort „Gott" bezieht sich nicht auf einen immerwährenden Geist oder eine zeitlose Substanz; Gott ist kein Individuum. Unterschiedliche Lebensformen bekräftigen unterschiedliche Wahrheiten.
Eine Lebensform kann nicht über eine andere urteilen – die Sprache der Naturwissenschaft kann nicht über diejenige der Religion und diejenige der Religion nicht über diejenige der Naturwissenschaft urteilen. Hinduistische Wahrheiten, muslimische Wahrheiten und christliche Wahrheiten sind sämtlich wahr, das heißt, es gibt nicht eine einzige absolute Wahrheit. Wahrheit ist relativ. Wenn ein Nichtgläubiger zu einem Gläubigen wird, findet er oder sie Verwendung für eine Sprache von Gott, wo zuvor eine solche Sprache keinen Platz in seinem/ihrem Leben hatte. Wenn der/die Betreffende den Wert religiöser Sprache entdeckt, findet er oder sie Gott. Gläubige entdecken keine religiösen Wahrheiten – sie schaffen sie.

KAPITEL 8

Das kosmologische Argument

Es dürfte inzwischen klar geworden sein, daß das Wort „Gott“ viele Bedeutungen hat. Diejenigen, die an einen zeitlosen oder immerwährenden Gott glauben, behaupten, daß Aussagen über ihn wahr sind, weil sie der Wirklichkeit Gottes entsprechen, der unabhängig von der Welt existiert. Natürlich ist ihnen dann daran gelegen zu zeigen, daß der Schöpfergott existiert – schließlich leugnen viele Menschen, daß es einen solchen Gott gibt.

Wenn man beweisen will, daß etwas existiert, muß man zunächst einmal wissen, was es ist. Wenn ich Sie bitten würde, einen Plumplori zu suchen, dann werden Sie mit Recht zuerst wissen wollen, was ein Plumplori ist – andernfalls wäre es doch wohl zu schwierig, einen zu finden. Deshalb würde es für die Erörterung von Argumenten für Gottes Existenz sehr sinnvoll erscheinen, zunächst noch einmal einen Blick auf die verschiedenen bisher behandelten Auffassungen von Gott zu werfen.

Und doch werden wir die umgekehrte Vorgehensweise wählen. Der Grund hierfür ist, daß die Argumente für die Existenz Gottes gut definiert und in philosophischen Kreisen gut bekannt sind. Wir werden also bei den Argumenten beginnen und jeweils überlegen, auf welche Auffassung von Gott sie verweisen. Man muß sich darüber im klaren sein, daß unterschiedliche Argumente auf verschiedene Auffassungen von Gott verweisen.

In diesem Kapitel soll das kosmologische Argument betrachtet werden; die nachfolgenden Kapitel sind dem ontologischen Argument, dem teleologischen Argument und schließlich dem Argument aus der religiösen Erfahrung gewidmet.

Das Wort „kosmologisch“ geht auf „Kosmos“ zurück, was „Welt“ oder „Universum“ bedeutet. Das kosmologische Argument setzt bei der Existenz der Welt an und versucht, hieraus den Beweis für Gottes Existenz abzuleiten. Dieses Argument hängt davon ab, ob man bereit ist, die Frage zu stellen: „Warum gibt es eine Welt?" Schließlich gibt es die Welt, aber es müßte sie ja nicht geben. Wenn uns jedoch die Frage nicht interessiert, wenn wir einfach sagen: „Nun, die Welt ist einfach da, und damit hat es sich", dann ist diesem Argument der Boden entzogen.

Das kosmologische Argument besitzt einen großen Vorzug: Es beginnt mit einer unumstößlichen Voraussetzung, die wir alle akzeptieren, nämlich der Existenz der Welt. Dies ist ein *Argument a posteriori*, ein Argument, das sich auf etwas stützt, das man erfahren kann, in diesem Fall die Welt. Die Schritte des kosmologischen Arguments mögen angreifbar sein, nicht aber sein Ausgangspunkt.

Gottfried Wilhelm Leibniz formuliert das kosmologische Argument wie folgt:

> Stellen wir uns vor, das Buch über die Elemente der Geometrie sei ewig gewesen, immer sei eines vom anderen abgeschrieben worden, so leuchtet ein, daß – wenn auch der Grund für das gegenwärtige Buch in dem früheren, von dem es abgeschrieben ist, aufgezeigt werden kann – man doch, wenn man auch auf noch so viele Bücher zurückgeht, nirgends zu einem vollen Grunde gelangen wird, da man sich immer wundern kann, weshalb es seit aller Zeit solche Bücher gegeben hat, weshalb Bücher überhaupt und weshalb in dieser Weise geschriebene. Was von den Büchern gilt, gilt auch für die verschiedenen Zustände der Welt, denn der folgende ist gewissermaßen aus dem vorhergehenden abgeschrieben (wenn auch nach gewissen Gesetzen des Wechsels). Man wird daher, wie weit man auch auf frühere Zustände zurückgeht, niemals in den Zuständen einen vollen Grund finden, warum überhaupt eine Welt und warum eine solche besteht.[3]

Leibniz sagt, daß das „große Prinzip" des kosmologischen Arguments darin besteht, daß „nichts ohne zureichenden Grund geschieht". Dies ist der sogenannte *Satz vom zureichenden Grund*. Mit „zureichendem Grund" meint Leibniz eine vollständige Erklärung. Wenn man also die Existenz eines Buches damit erklären will, daß es von einem anderen Buch abgeschrieben ist, oder die eigene Existenz damit, daß man sich als Kind seiner Eltern beschreibt, dann ist dies nur eine Teilerklärung. Wenn es einen vollständigen oder zureichenden

---

[3] G. W. Leibniz, Über den ersten Ursprung der Dinge, in: Ders., Fünf Schriften zur Logik und Metaphysik, übers. und hrsg. von H. Herring, Stuttgart 1987, S. 39.

Grund für das Buch oder das eigene Dasein geben soll, dann muß man auf etwas zurückgehen, das von nichts anderem abhängt – und dies ist Gott.

Leibniz meint nun folgendes: Wenn wir annehmen, daß die Welt immerwährend ist, und immer weiter, ohne Ende, in die Vergangenheit zurückschreiten, dann kommen wir auf diesem Weg niemals zu einer vollständigen oder zureichenden Erklärung für ihre Existenz. Wir dürfen uns ihm zufolge nicht mit einem solchen endlosen Regreß zufrieden geben, sondern müssen vielmehr anerkennen, daß die ganze Welt von Gott abhängt, der unverursacht ist und von nichts anderem mehr abhängt.

Die Frage ist natürlich, ob man den Satz vom zureichenden Grund akzeptieren muß. Ist es weniger wahrscheinlich, daß die Welt in einem unendlichen Fortschreiten aus einem jeweils früheren Zustand erklärt werden könnte, als daß die Welt von einem unverursachten Gott abhängt? Die Wissenschaft weiß heute, daß die Zeit mit dem Urknall aufhört, wenn man immer weiter zurück bis zum Anfang der Welt geht. Die Welt und die Zeit selbst begannen mit dem Urknall. Dies macht möglicherweise die Annahme weniger plausibel, daß jeder Zustand der Welt durch einen vorangehenden erklärt werden könnte. Wenn, wie die Kritiker des kosmologischen Arguments behaupten, Gott nicht die Ursache des Urknalls war, dann müssen sie etwas anderes vorschlagen.

Das kosmologische Argument wurde von dem führenden jesuitischen Philosophen *F. Copleston* neu formuliert und in eine moderne Form gebracht. Er legte seine Version in einer Diskussion mit *Bertrand Russell* im Rundfunksender BBC im Jahre 1947 vor. Sein Argument ist kürzer als das von *Thomas von Aquin* im dritten seiner „fünf Wege" der Darlegung der Existenz Gottes konstruierte, wiewohl der Gedankengang unter Weglassung einiger nicht notwendiger Schritte ganz demjenigen von Thomas ähnelt[4]. Coplestons Version läßt sich kurz wie folgt zusammenfassen:

1. Wir wissen, daß es Dinge in der Welt gibt, die den Grund für ihre Existenz nicht in sich selbst haben.

Mit anderen Worten, es gibt Dinge in der Welt, die kontingent sind bzw. die sich nicht durch sich selbst erklären. Sie sind also Dinge, die ebensogut auch nicht existieren könnten, wie zum Beispiel wir selbst, wenn unsere Eltern einander nicht begegnet wären.

---

[4] Thomas' dritter Weg wird ausführlich erörtert im Postkriptum, S. 185ff.

2. Die Welt ist einfach die wirkliche oder vorgestellte Gesamtheit individueller Objekte, die den Grund für ihr eigenes Dasein nicht in sich selbst haben.

Copleston sagt hier, daß alles in der Welt nicht selbsterklärend ist. Er erweitert das obige erste Argument, mit dem er behauptet, daß einige Dinge von anderen abhängen, dahingehend, daß alle Dinge in der Welt von anderen Dingen abhängen. Alle Dinge in der Welt können nur durch eine außerhalb von ihnen selbst liegende Ursache erklärt werden.

3. Daher muß die Erklärung für die Existenz von allen Dingen in der Welt außerhalb der Welt liegen.

Wenn man die zweite Prämisse akzeptiert, dann folgt daraus, sofern man Leibniz' Satz vom zureichenden Grund akzeptiert, demzufolge es eine vollständige Erklärung geben muß, daß es außerhalb der Welt eine Ursache für alles in der Welt geben muß.

4. Diese Erklärung muß die Existenz eines selbsterklärenden Wesens sein, mit anderen Worten, eines Wesens, das den Grund für seine Existenz in sich selbst trägt. Dies bezeichnet Copleston als notwendiges Wesen.

Wenn alles in der Welt kontingent oder abhängig ist, dann ist, wenn man den dritten Satz akzeptiert, eine solche endgültige Erklärung notwendig, das heißt, diese endgültige Erklärung könnte nicht nicht existieren. Sie muß existieren, und sie ist von nichts anderem abhängig. Diese endgültige Erklärung ist für Copleston Gott.

Copleston definierte ein notwendiges Wesen als „ein Wesen, das existieren muß und nicht nicht existieren kann“. Bertrand Russell antwortete Copleston hauptsächlich damit, daß er seine Terminologie verwarf. Wenn man die Terminologie akzeptiert, insbesondere die Behauptung, daß alles in der Welt kontingent oder abhängig ist, dann gewinnt das Argument erheblich an Überzeugungskraft. Wenn man akzeptiert, daß alles von etwas anderem abhängig ist, dann folgt daraus, daß es etwas geben muß, das notwendig bzw. nicht-abhängig ist. Russell umging dies, indem er die Verwendung des Begriffs „kontingent“ bzw. den Begriff der Abhängigkeit verwarf. Er antwortete Copleston: „Ich würde sagen, daß die Welt einfach da ist, und damit hat es sich.“

Hierauf gab Copleston eine signifikante Antwort:

> Wenn man den Weg nicht gehen will, der zur Bekräftigung eines transzendenten Wesens führt, wie auch immer man dieses beschreiben will, dann muß man die Realität des Problems leugnen und behaupten, daß Dinge „einfach da sind“ und daß das in Rede stehende Existenzproblem nur ein Pseudoproblem ist. Wenn man sich weigert, sich überhaupt an das Schachbrett zu setzen und einen Zug zu machen, dann kann man natürlich auch nicht Matt gesetzt werden.

Wie ich zu Beginn dieses Kapitels sagte, hängt das kosmologische Argument von der Bereitschaft ab, die Frage zu stellen: „Warum ist die Welt da?“ Wenn man sich damit zufrieden gibt, daß die Welt einfach eine nackte Tatsache ist, dann wird die Frage nicht gestellt, und man braucht auch die Antwort „Gott“ nicht.

David Hume argumentierte, daß es unzulässig sei, aus der Behauptung, daß jedes Ereignis in der Welt eine Ursache hat, darauf zu schließen, daß deshalb auch die Welt eine Ursache haben müsse. Ähnlich argumentierte Bertrand Russell, indem er sagte, daß man dann auch aus der Tatsache, daß jeder Mensch eine Mutter hat, schließen könne, daß die Menschheit als ganze eine Mutter habe. Es ist durchaus richtig zu behaupten, daß alle Menschen eine Mutter haben (oder daß sie zumindest von einer weiblichen Eizelle stammen – die Fortschritte der künstlichen Befruchtung und der Embryonenforschung könnten bald dazu führen, daß demnächst eine Frau ein Baby nicht mehr in ihrem Schoß zu tragen braucht und dieses sich statt dessen über neun Monate in einem Inkubator entwickeln kann), aber es ist sicher nicht richtig zu behaupten, daß die Menschheit als ganze eine Mutter hat. Man kann aus individuellen Ursachen nicht schließen, daß das Ganze eine Ursache hätte.

Copleston ist der Meinung, daß man nach einer Erklärung für die Welt fragen müsse, während Russell anderer Meinung ist. Wenn wir nun Russell zusetzen wollten, indem wir sagen: „Aber alles verlangt eine Erklärung, weshalb auch die Welt eine Erklärung verlangen muß“, und wenn uns Russell dann zustimmen würde (was angesichts seines Arguments im vorigen Absatz eher unwahrscheinlich ist), dann käme Gott als die Erklärung für die Existenz der Welt in Frage. Allerdings könnte Russell dann den Spieß umdrehen und sagen: „Wenn alles eine Erklärung erfordert, was ist dann die Erklärung für Gott?“ Wir könnten uns schwerlich weigern, eine Erklärung für Gott zu suchen, wenn wir Russell das Recht abgestritten haben, auf eine Erklärung für die Welt zu verzichten. Warum sollte Gott selbsterklärend sein, wenn die Welt es nicht ist? Dies ist das

Problem, mit dem sich die Vertreter des kosmologischen Arguments auseinandersetzen müssen.

Martin Lee[5] verwirft das kosmologische Argument mit der Begründung, daß Gott entweder etwas oder nichts sein müsse. Wenn Gott etwas sei, dann könne man nach Gründen fragen, warum dieses Etwas existiert, weshalb die Frage nach dem letzten „Warum“ nicht durch die Behauptung der Existenz Gottes gelöst wäre. Wenn Gott nichts sei, dann könne Gott keine Wirkkraft sein, die die Welt erschuf. Lee wirft Thomas von Aquin vor, sagen zu wollen, daß Gott weder etwas noch nichts ist, sondern vielmehr eine besondere Kategorie irgendwo dazwischen. Dies ist für Lee eine unhaltbare Position. Lees Angriff ist gut, aber er widerlegt nicht unbedingt Thomas von Aquin. Lee benutzt die Begriffe „etwas“ und „nichts“ univok, und Thomas von Aquin lehnt einen solchen Sprachgebrauch gerade ab. Thomas von Aquin hätte nichts gegen die Aussage einzuwenden, daß Gott die Unterscheidung zwischen etwas und nichts transzendiert – und genau dies sagt er ja auch. Ob dies eine gültige Haltung ist, ist eine offene Frage.

Viel hängt hier von der persönlichen Meinung ab, und an diesem Punkt müssen Argumente scheitern. Man kann dieses Dilemma anhand zweier Zitate von führenden Religionsphilosophen der Gegenwart illustrieren. *John Hick* sagt in seinem Buch „Arguments for the Existence of God“: „Die atheistische Option, daß die Welt ‚einfach da ist‘, ist die ökonomischere Option.“ *Richard Swinburne* sagt in seinem Buch „Die Existenz Gottes“: „Gott ist einfacher als alles, was wir uns vorstellen können, und liefert eine einfache Erklärung für das System.“ Ob man das kosmologische Argument überzeugend findet oder nicht, hängt davon ab, welcher dieser beiden Auffassungen man zuneigt.

Wenn das kosmologische Argument stichhaltig ist, dann ist die unverursachte Ursache, der unbewegte Beweger, das Wesen, das seine eigene Notwendigkeit in sich trägt, zweifellos der thomistische zeitlose Gott. Dieser Gott unterscheidet sich radikal von allem in der Welt, denn nichts in der Welt ist die Ursache von sich selbst und von nichts anderem abhängig. Wie wir schon gesehen haben, ist es sehr schwierig, mit Sprache etwas über diesen zeitlosen Gott auszusagen, weil dieser Gott so sehr von uns verschieden ist. Gott ist so transzendent und unerkennbar, daß wir zwar mit Sprache etwas über Gott aussagen können, aber letztlich nicht wissen, was diese Sprache bedeutet. Dies ist

---

[5] M. Lee, Warum gibt es etwas und nicht nichts?, in: Heythrop Journal 1985.

eine notwendige Konsequenz der Annahme eines zeitlosen Gottes, und dies ist der Preis, den die Verfechter des zeitlosen Gottes für die Behauptung von dessen Transzendenz und seinem völligen Verschieden-Sein von allem anderen bezahlen müssen.

Zusammenfassung

Der Erfolg des kosmologischen Arguments hängt vor allen Dingen davon ab, ob man die Frage stellen will: „Warum gibt es eine Welt?" Wenn man sich damit zufrieden geben will, daß die Welt einfach da ist und keine Erklärung braucht, oder daß sie sich durch einen unendlichen Regreß erklären läßt, dann scheitert das kosmologische Argument. Weiterhin muß gezeigt werden, daß Gott eine einfachere oder bessere endgültige Erklärung darstellt als die nackte Tatsache der Existenz der Welt, und es muß weiterhin gezeigt werden, daß die Vorstellung einer unverursachten Ursache, die die Unterscheidung zwischen „etwas" und „nichts" transzendiert, glaubwürdig ist.

KAPITEL 9

Das ontologische Argument

Im vorigen Kapitel haben wir gesehen, daß das kosmologische Argument die Existenz der Welt zum Ausgangspunkt nimmt und daher auf einer Erfahrung beruht – der Erfahrung der Welt.

Das ontologische Argument ist ganz anders aufgebaut. Sein Ausgangspunkt ist die Definition Gottes. Es versucht die Existenz Gottes durch die Untersuchung der Definition Gottes zu beweisen. Damit ist das ontologische Argument ein *apriorisches Argument.* (*Apriorische* Argumente sind solche, die von der Erfahrung unabhängig sind – sie stützen sich in keiner Weise auf die Erfahrung als Ausgangspunkt, sondern auf die Analyse einer Idee. So müssen wir zum Beispiel keiner wirklichen Jungfer begegnen, um zu wissen, daß es sich um ein weibliches Wesen handelt.) Wenn man die Definition Gottes verstanden hat, dann kann man diesem Argument zufolge zu der Einsicht kommen, daß Gott existiert.

Der Gebrauch von Worten liefert uns Informationen, wenn wir wissen, was die Worte bedeuten. Wenn man verstanden hat, was Reden über eine Jungfer bedeutet, dann weiß man, daß Jungfern immer weiblich und unverheiratet sind. Dies ist die Bedeutung von „Jungfer". Wenn man den Gegenstand des Satzes „eine Jungfer ist weiblich und unverheiratet" untersucht, stellt man fest, daß der Satz wahr ist. Die Prädikate (oder Beschreibungen) „weiblich" und „unverheiratet" sind schon in der Definition des Wortes „Jungfer" enthalten.

Philosophen unterscheiden zwischen *synthetischen* und *analytischen* Urteilen. Ein Urteil ist synthetisch, wenn das Prädikat nicht im Subjekt enthalten ist. Es ist analytisch, wenn das Prädikat im Subjekt enthalten ist. Nehmen wir die folgenden Beispiele:

1. a) Jungfern sind unverheiratet und weiblich.
   b) Dreiecke haben drei Ecken und drei Seiten.

2. a) Jungfern sind glücklich.
   b) Dreiecke sind die häufigsten in der Geometrie verwendeten Figuren.

Die beiden Aussagen 1 a) und 1 b) sind analytische Aussagen. Wir wissen, daß sie wahr sind, weil die Prädikate (in a) „unverheiratet und weiblich" und in b) „drei Ecken und drei Seiten") schon in der Bedeutung des Subjekts (in a) „Jungfern" und b) „Dreiecke") enthalten sind.

Ob jedoch die Aussagen 2 a) und 2 b) wahr sind, können wir ohne Nachforschungen nicht wissen. Jungfern könnten glücklich sein oder auch nicht – wir müßten viele Jungfern interviewen, um dies herauszufinden. Dreiecke könnten die häufigste Figur in der Geometrie sein oder auch nicht – wir müßten hierfür Belege sammeln. Beides sind daher synthetische Urteile – ihre Wahrheit oder Falschheit läßt sich aus dem Verständnis der Worte allein nicht beweisen.

Damit können wir die zentrale Frage stellen: *Ist die Aussage „Gott existiert" ein synthetisches oder ein analytisches Urteil?*

Das ontologische Argument behauptet, daß „Gott existiert" analytisch wahr ist. Man kann feststellen, ob Gott existiert, indem man sich über das Wort „Gott" Klarheit verschafft. Gott muß notwendigerweise existieren.

Das kosmologische Argument behauptet, daß „Gott existiert" synthetisch wahr ist. Gott kann existieren oder auch nicht – man muß mittels eines Arguments, das von Fakten in der von uns erfahrenen Welt ausgeht, feststellen, ob er existiert oder nicht. Diesen Ansatz wählte Thomas von Aquin, und er verwarf das ontologische Argument. Thomas glaubte auch, daß man das Wesen Gottes an sich nicht erkennen könne, und er sagte, daß die Menschen höchst unterschiedliche Vorstellungen von Gott hätten – und beides mache es unmöglich, die Existenz Gottes durch die Analyse der Definition Gottes nachzuweisen.

Anselm, Erzbischof von Canterbury von 1093 bis 1109, hielt das ontologische Argument für gültig. Er glaubte, daß man die Existenz Gottes sehr wohl durch die Analyse der Bedeutung des Redens über Gott beweisen könne.

Anselms Argument erscheint in seinem Buch *Proslogion,* das als Gebet zu Gott abgefaßt ist. Dies ist wichtig, denn viele Kommentatoren sehen heute über den Zusammenhang hinweg, in dem Anselm sein Argument vorbrachte. Anselm glaubte an Gott und dachte darüber nach, wie selbstverständlich für ihn die Existenz Gottes war – es war nicht sein Anliegen, die Existenz Gottes jemandem zu beweisen, der keinen solchen Glauben hatte.

Wenn Gottes Existenz durch die Betrachtung der Definition Gottes bewiesen werden soll, dann kommt es natürlich entscheidend auf diese Definition an. Anselm definierte Gott als „das, worüber hinaus Größeres nicht gedacht werden kann". Er behauptete nun, daß etwas vollkommener oder großartiger ist, wenn es in der Wirklichkeit existiert und nicht nur in unserem Geist allein. Ein Briefumschlag mit einem Tausendmarkschein wäre in der Tat großartiger, wenn er sich in meiner Jackentasche befände und nicht nur in meiner Phantasie! Wenn nun Gott als das definiert ist, über das hinaus Größeres nicht gedacht werden kann, muß er sowohl in der Wirklichkeit als auch im Geiste existieren.

Auf den ersten Blick wirkt dieses Argument überzeugend. Wenn man auf der Grundlage seines Wissens davon, was eine Jungfer ist, sagen kann, daß sie unverheiratet ist, warum soll man dann nicht in ähnlicher Weise sagen können, daß Gott existieren muß, wenn man verstanden hat, was Gott ist?

Der Mönch *Gaunilo* antwortete Anselm in seiner Streitschrift *„pro insipiente"*. Er bittet uns darin, uns eine Insel von solcher Vollkommenheit vorzustellen, daß man sich keine vollkommenere Insel vorstellen könne. Wenn diese Insel wirklich vollkommen ist, muß diese Vollkommenheit auch die Existenz einschließen, weil eine existierende Insel vollkommener wäre als die bloße Vorstellung der Insel in unseren Gedanken. Deshalb, so Gaunilo, muß es nach Anselms Logik eine solche Insel irgendwo geben. Gaunilo sagt hier, daß man Dinge nicht ins Dasein definieren kann und daß man die Existenz der Insel oder Gottes nicht dadurch nachweisen kann, daß man einfach eine Idee analysiert. Anselms Antwort an Gaunilo ist bedeutsam, denn er sagt letztlich: „Aber Gott ist ein besonderer Fall." Die Frage, warum Gott ein besonderer Fall ist, macht das Argument heute noch interessant, und wir werden uns diesem Punkt gleich nochmals zuwenden.

René Descartes legte das ontologische Argument in etwas anderer Form vor. Descartes behauptete wie Anselm, daß sich das Dasein nicht von der Idee „Gott" abtrennen ließe. Wie man versteht, daß ein Dreieck notwendigerweise drei Seiten hat, wenn man verstanden hat, was ein Dreieck ist, und wie man versteht, daß ein Berg notwendigerweise ein Tal hat, wenn man verstanden hat, was ein Berg ist, so versteht man notwendigerweise auch, daß Gott existiert, wenn man verstanden hat, was Gott ist. Man kann sich kein Dreieck ohne drei Seiten vorstellen – ebenso kann man nicht verstehen, was Gott ist, ohne sein Dasein zu akzeptieren.

David Hume antwortete hierauf, daß man sich alles, was man sich als existent vorstellt, auch als nicht existent vorstellen könne. Alle Behauptungen, die sich auf die Existenz von etwas beziehen („Gott existiert", „Einhörner existieren", „Tische existieren") können wahr oder nicht wahr sein – mit anderen Worten, es sind synthetische Urteile. Man könne die Wahrheit einer (Existenz-)Behauptung bezüglich eines Objekts X nicht durch Analyse von X ermitteln – und genau dies versucht das ontologische Argument. X mag existieren oder nicht existieren, aber dies könne nicht durch Analyse von X festgestellt werden.

Immanuel Kant wies das ontologische Argument in ähnlicher Weise zurück. Er verwarf jegliche Metaphysik und den Versuch, über die Welt der *Phänomene* (die phänomenale Welt ist die Welt, wie wir sie erfahren) hinauszugelangen. Er behauptete, daß es nicht möglich sei, etwas über die Welt auf eine Weise zu erkennen, die unabhängig davon ist, wie wir die Welt erfahren. Kant behauptete weiterhin, daß Existenz kein Prädikat sei. Es ist nicht möglich, eine lange Liste von Attributen zu erstellen und dann am Ende die Existenz hinzuzufügen, um das Ganze in die Wirklichkeit zu befördern. So könnte zum Beispiel das vollkommene Auto die nachfolgenden Merkmale haben:

1	2
Wirtschaftlich	*Wirtschaftlich*
Komfortabel	*Komfortabel*
Billig	*Billig*
Hohe Motorleistung	*Hohe Motorleistung*
Sicher	*Sicher*
Stereoanlage	*Stereoanlage*
Zentralverriegelung	*Zentralverriegelung*
Wartungsfreundlich	*Wartungsfreundlich*
Klimaanlage	*Klimaanlage*
ABS	*ABS*
Hervorragendes Styling	*Hervorragendes Styling*
Windschnittig	*Windschnittig*
Großes Ladevolumen	*Großes Ladevolumen*
	+ Existenz

Kant sagte also, daß wir das theoretisch ideale Auto nicht einfach dadurch zu einem vorhandenen idealen Auto machen könnten, indem wir den Ausstattungsmerkmalen das Wort „existiert" oder „Existenz" hinzufügen. Es wäre natürlich phantastisch, wenn dies möglich wäre – man könnte seine eigene Beschreibung des perfekten Ehepartners

zusammenstellen, „und existiert" hinzufügen und sich dann in der sicheren Gewißheit, daß es ihn oder sie geben muß, auf die Suche nach ihm oder ihr machen. Wenn man eine Beschreibung von irgend etwas hat, muß man über diese Beschreibung hinausgehen, um feststellen zu können, ob es existiert oder nicht. Kant sagt: „Unser Begriff von einem Gegenstande mag also enthalten, was und wieviel er wolle, so müssen wir doch aus ihm herausgehen, um diesem die Existenz zu erteilen."
Letztlich bringen Descartes und Anselm zwei Argumente vor:

1. Das erste Argument besagt, daß Existenz eine Vollkommenheit oder ein Merkmal ist. Auf dieser Grundlage könnte man das ideale Auto oder die ideale Insel ins Dasein definieren. Wie die Weiblichkeit ein Merkmal einer Jungfer ist, so wäre Existenz ein Merkmal Gottes.
   Dies ist einfach nicht möglich – die Argumente von Gaunilo, Hume und Kant gegen diese Position sind schlagend.
2. Gott ist ein besonderer Fall. Gott ist einzigartig und muß existieren. In seiner Antwort an Gaunilo sagt Anselm: „Wenn mir jemand außer dem, über das hinaus Größeres nicht gedacht werden kann, etwas ausfindig macht, das entweder der Wirklichkeit selbst oder allein dem Denken nach existiert und auf das er die Gedankenverknüpfung dieses meines Beweisganges treffend applizieren könnte, würde ich die verschwundene Insel finden und sie ihm schenken, auf daß sie nicht mehr verschwinde."[6]
   Nur Gott besitzt alle Vollkommenheiten, und das Argument bezieht sich nur auf Gott.

Norman Malcolm[7] machte auf diese Unterscheidung aufmerksam, die sehr wichtig ist. Der Psalmist spricht vom Narren, der in seinem Herzen sagt, daß es keinen Gott gebe. In der Tat hat der Tor nicht verstanden, was es heißt, über Gott zu reden – wie derjenige, der nicht akzeptiert, daß ein Dreieck drei Winkel hat, nicht verstanden hat, was es bedeutet, von einem Dreieck zu reden.
Wenn jemand verstanden hat, was ein Dreieck ist, wird er einsehen, daß Dreiecke drei Seiten und drei Winkel haben müssen. Wenn jemand verstanden hat, was eine Jungfer ist, wird er einsehen, daß Jungfern weiblich sein müssen. Wenn jemand verstanden hat, was das Reden

[6] Kann Gottes Nicht-Sein gedacht werden? Die Kontroverse zwischen Anselm von Canterbury und Gaunilo von Marmoutiers – Lateinisch-Deutsch, hrsg. von B. Mojsisch, Mainz 1989, S. 95 und 97.
[7] N. Malcolm, Anselm's Ontological Argument, in: The Philosophical Review, 1960.

über Primzahlen bedeutet, wird er einsehen, daß es Primzahlen geben muß. Ebenso muß jemand, der verstanden hat, was die Rede von Gott bedeutet, einsehen, daß Gott existieren muß.

Die entscheidende Frage ist hier, was mit Existenz gemeint sein soll. Nehmen wir den Fall der Primzahlen, mit dem wir uns in Kapitel 7 beschäftigten. Wenn jemand verstanden hat, was Primzahlen sind, dann existieren Primzahlen für ihn. Eine Primzahl ist eine Zahl, die nur durch sich selbst und eins teilbar ist. So sind Primzahlen beschaffen. Wer dies verstanden hat, der versteht, daß es Primzahlen gibt. Es wäre dann absurd zu fragen: „Wo ist denn die Primzahl sieben?", wie wenn die vollkommene Zahl sieben irgendwo im Raum schweben würde. Der bloße Gedanke ist Unsinn. Wer eine solche Frage stellt, zeigt damit nur, daß er nicht verstanden hat, was eine Primzahl ist. Primzahlen existieren zweifellos, aber sie existieren deshalb, weil wir mit der Idee „Primzahl" etwas anfangen können und weil wir verstehen, in welcher Weise Sprache über Primzahlen gebraucht wird. Die Aussage „Primzahlen existieren" ist wahr – und ihre Wahrheit hängt einfach davon ab, daß man das Reden über Primzahlen verstanden hat und etwas damit anfangen kann.

Das nämliche gilt in der anti-realistischen Sichtweise für den Fall Gott, und dies behauptet der zweite Teil des ontologischen Arguments. Wer einmal verstanden hat, was „Gott" bedeutet, für den existiert Gott. Das Wort „Gott" hat einen Sinn und einen Wert in der Lebensform des religiös Gläubigen. Wenn man Christ, Muslim oder Jude ist, hat das Reden über Gott eine große Bedeutung und einen großen Wert. Für den Betreffenden und seine Gemeinschaft ist es wahr, daß Gott wirklich existiert.

Dies bedeutet aber *nicht*, daß das Wort „Gott" sich auf einen zeitlosen oder raumlosen Schöpfer der Welt bezöge. So zu denken ist – in dieser Sichtweise – ein Irrtum. Wie die Rede von Primzahlen hat auch die Rede von Gott Sinn und Wert. Die Wahrheit der Behauptung, daß Gott existiert, hängt aber nur von ihrem stimmigen Zusammenhang mit anderen wahren Aussagen religiös Gläubiger ab; sie hängt *nicht* von einem Bezug zu einem Schöpfergott ab, der von der Welt unabhängig ist.

Hier wird nun klar, warum Thomas von Aquin nicht vom ontologischen Argument überzeugt sein konnte. Er wollte sagen können, daß es tatsächlich einen zeitlosen Schöpfergott gibt und daß die Aussage „Gott existiert" wahr ist, weil das Wort „Gott" auf diesen Schöpfer verweist. Dies kann das ontologische Argument nicht leisten. Es kann höchstens zeigen, daß „Gott existiert" innerhalb der Lebensform der gläubigen Gemeinschaft wahr ist. Thomas von

Aquin mußte daher bei seiner Argumentation von Tatsachen bezüglich der Welt ausgehen.

Zusammenfassung

1. Wenn das ontologische Argument beweisen will, daß Gott als der Schöpfer und Erhalter der Welt existiert – sei es als zeitlose Substanz oder als immerwährender Geist – dann scheitert es aus den von Gaunilo, Thomas von Aquin, Hume und Kant angegebenen Gründen.
2. Wenn das ontologische Argument beweisen will, daß Gott in einer anti-realistischen revisionistischen Sichtweise notwendigerweise existiert, sobald ein Gläubiger einmal verstanden hat, was das Wort „Gott" bedeutet, dann bekommt das Argument erhebliches Gewicht. Wenn der Gläubige verstanden hat, was Reden über Gott bedeutet, dann existiert Gott für ihn. Gott ist eine Realität innerhalb der Lebensform Gläubiger. Der Tor kann nur deshalb in seinem Herzen sagen, daß es keinen Gott gibt, weil er nicht verstanden hat, was Reden über Gott bedeutet. Wenn er oder sie einmal verstanden hat, was dieses Reden bedeutet, wird er oder sie einsehen, daß Gott notwendigerweise existiert, weil das Reden über Gott für ihn oder sie Sinn und Wert hat. Die Wahrheit der Aussage „Gott existiert" hängt *nicht* davon ab, daß sie ihre Entsprechung in einem Wesen oder Geist namens Gott hat, sondern beruht vielmehr auf der Rolle, die diese Aussage in der Lebensweise des Betreffenden in der Welt und seiner Betrachtungsweise dieser Welt spielt.

KAPITEL 10

Das teleologische Argument

Die nachfolgenden Zeilen stammen aus einem Kirchenlied von *Paul Booth*[8]:

> *Wer gab dem Regenbogen seine Farben?*
> *Wer gab dem Meer sein Salz?*
> *Wer gab der Schneeflocke ihre Kühle?*
> *Wer hat dich und mich geschaffen? …*
>
> *Wer gab der Rose ihren Duft?*
> *Wer lehrte die Honigbiene ihren Tanz?*
> *Wer setzte den Baum in die Eichel?*
> *Es kann kein Zufall sein.*

Der Gedanke, daß die Welt „kein Zufall sein kann", bildet den Kern des teleologischen Arguments für die Existenz Gottes. Im achtzehnten Jahrhundert schienen die Entdeckungen der Naturwissenschaft die Existenz Gottes immer deutlicher zu beweisen. Die Komplexität der natürlichen Welt und die Art, wie das ganze System der Natur ineinander paßte, sprachen immer mehr für die Annahme eines großen Planers, der Bäume, Blumen, Tiere, Mikroben und Fische so angelegt hatte, daß sie zusammen mit der Erde als ganzheitliches Selbsterhaltungssystem leben konnten. Dies war ein attraktiver Gedanke, der jedoch bereits dreiundzwanzig Jahre bevor William Paley dieses Argument in seiner klassischen Form vorlegte, von David Hume vernichtend kritisiert wurde.

Das teleologische Argument ist nicht spezifisch christlich. Es wurde schon 390 v. Chr. von *Xenophon* aufgezeichnet, der Sokrates wie folgt zitiert: „Wenn soviel Voraussicht im Plan lebender Geschöpfe anzu-

[8] Aus dem Gesangbuch *Come and Praise* der BBC.

treffen ist, wie könnte man daran zweifeln, daß sie das Werk einer Entscheidung oder eines Plans sind?“

William Paley, Erzdiakon von Carlisle, baute das Argument weiter aus. Er sagte, daß jemand, der über die Heide wanderte und eine Uhr finden und ihre Funktion untersuchen würde, höchstwahrscheinlich zu dem Schluß neigen würde, daß es einen Uhrmacher gebe, der sie geschaffen habe. Dies wäre auch dann der Fall, wenn der Betreffende sich über den Zweck der Uhr nicht völlig im klaren wäre. Er würde sie jedenfalls für einen komplizierten Mechanismus halten, den ein intelligentes Wesen geschaffen hätte. Paley zog nun die Parallele zwischen der Uhr und Gott und sagte, daß die Welt und insbesondere der Körper des Menschen all die Komplexität eines geschaffenen Ganzen aufwiese und daß wir daher berechtigt seien, auf einen Schöpfer zu schließen.

David Hume kritisierte in Teil XI seiner (1779 postum erschienenen) *Dialoge über natürliche Religion* dieses Argument mit Nachdruck. Er läßt in diesem Werk drei Gestalten auftreten, Cleanthes, Demea und Philo, um verschiedene Positionen zu charakterisieren. Philo, dessen Haltung derjenigen Humes am nächsten steht, betrachtet das teleologische Argument äußerst kritisch, und seine wichtigsten Einwände lassen sich wie folgt zusammenfassen:

1. Wenn man behauptet, daß die Ordnung der Schöpfung das Werk eines göttlichen Geistes ist, dann muß dieser Geist selbst komplex sein, und man kann sich fragen, wer diesen komplexen Geist schuf. Warum sollte man, anders ausgedrückt, auf der Suche nach Erklärungen bei Gott aufhören?
2. In der Welt gibt es viele Übel. Wenn man aus den Tatsachen in der Welt auf die Existenz eines Gottes schließen will, dann gelangt man, wenn man die Fakten ernst nehmen will, zu einem Gott, der zumindest nicht vollständig gut ist oder, wenn er dies ist, nicht genügend Macht hat, seine Absichten zu verwirklichen.
3. Warum sollte man nur einen Gott als Schöpfer postulieren und nicht viele? Viele Menschen tun sich zum Bau eines Schiffes zusammen. Warum sollten sich nicht ebensoviele Götter zum Bau der Welt zusammentun? Darüber hinaus kann ein Mensch, der etwas geschaffen hat, sich von seinem Werk abwenden. Vielleicht hat Gott eben dies getan, und diese Welt war nur ein (noch dazu schlechtes) Probestück eines göttlichen Azubi. Hume legt dies wie folgt dar:

> Nach allem, was er (der Vertreter des teleologischen Arguments, Anm. d. Übers.) weiß, ist diese Welt, sofern man einen höheren Maßstab anlegt, sehr fehlerhaft und unvollkommen: Vielleicht war sie bloß der erste, noch ungeübte Versuch einer Gottheit im Kindesalter, die später, beschämt über ihre schwache Vorstellung, die Flinte ins Korn warf; oder sie ist nur das Werk einer unselbständigen und untergeordneten Gottheit, das den Vorgesetzten dieser Gottheit zum Spott dient; oder sie ist das kindische Greisenwerk einer schon altersschwachen Gottheit, das sich seit deren Tode von dem ersten empfangenen Antrieb und der dabei mitbekommenen Energie aufs Geratewohl weiterbewegt.
>
> (*Dialoge über natürliche Religion,* S. 60)

Des weiteren gibt es in der Menschheit zwei Geschlechter; wenn man also argumentieren will, daß ähnliche Wirkungen auf ähnliche Ursachen verweisen, muß man dann nicht auf einen männlichen und einen weiblichen Gott schließen, die sich fortpflanzten? Wenn man wirklich ernsthaft Analogien zwischen der Verfertigung von Dingen in der Welt und der Erschaffung der Welt ziehen will, muß man dann nicht auf Götter schließen, die ähnlich wie wir selbst sich vermehren und sterben?

4. Durch dieses Argument würde Gott sehr einem vergrößerten Menschen ähneln; er wäre so etwas wie eine großartigere Version von „Superman“.
5. Wir haben keine Erfahrung von der Erschaffung von Welten. Man kann nicht von in der Welt wirksamen Ursachen auf die Ursache der ganzen Welt schließen.

Selbst wenn sich diese Probleme überwinden ließen, müßten wir uns immer noch fragen, warum Gott so lange brauchte, um seine angeblichen Ziele zu verwirklichen. Er sagt:

> Blick dich um in diesem Universum: Welch ein enormer Reichtum an Wesen … Du bewunderst diese ungeheure Vielfalt und Produktivität. Doch betrachte diese lebenden Wesen … etwas näher. Wie feindlich und zerstörerisch verhalten sie sich zueinander! Wie unzureichend sind sie alle für ihr eigenes Glück! … Das Ganze bietet nichts anderes als das Bild einer blinden Natur, die, von einem gewaltigen lebenspendenden Prinzip befruchtet, ihre verkrüppelten und lebensuntüchtigen Kinder ohne Überlegung oder elterliche Fürsorge aus ihrem Schoß entläßt. (S. 118)

Philo faßt Humes Auffassung wie folgt zusammen:

> Zugegebenermaßen sind alle religiösen Systeme großen und unüberwindlichen Schwierigkeiten ausgesetzt. An jeden der Streitenden kommt die Reihe zu triumphieren, nämlich wenn er sich in der Offensive befindet und die widersinnigen, grobschlächtigen und fatalen Auffassungen seines Gegners bloßstellt. Doch sie alle zusammen bereiten aufs Ganze gesehen den Boden für einen vollständigen Triumph des Skeptikers: ... Eine vollständige Enthaltung des Urteils ist hier unser einziger vernünftiger Ausweg. (S. 84)

John Stuart Mill stellte ebenfalls das christliche teleologische Argument in Frage. Mill gestand zu, daß das Argument auf einen Gott verweisen könnte, aber er bestritt, daß es auf den christlichen Gott verweise. Zumindest müßte man bezüglich der Merkmale Gottes Kompromisse schließen. Wenn Gott allmächtig sei, dann könne er nicht allgütig sein. Wenn er allgütig sei, könne er nicht allmächtig sein. In *Three Essays on Religion* sagt Mill:

> Der Großartigkeit der kosmischen Kräfte steht ihre vollkommene und absolute Rücksichtslosigkeit gegenüber. Sie gehen unbeirrt auf ihr Ziel zu, ohne Rücksicht darauf, was oder wen sie auf ihrem Weg zermalmen. Fast alles, wofür Menschen gehängt oder ins Gefängnis geworfen werden, gehört in der Natur zum Alltag. Die Natur tötet nach Belieben und fügt in scheinbarer Willkür Folterqualen zu. Ein Hurrikan macht die Hoffnungen eines Erntejahres zunichte, Heuschreckenschwärme und Fluten verwüsten ganze Landstriche.
>
> Wenn der Schöpfer der Welt alles tun kann, was er will, dann will er das Elend, und an dieser Schlußfolgerung führt kein Weg vorbei. Auch die gewundenste und abstruseste Theorie des Guten, die religiöser und philosophischer Fanatismus jemals hervorgebracht hat, kann das Wirken der Natur nicht als das Werk eines guten und allmächtigen Gottes erscheinen lassen.

Die Angriffe Humes und Mills sind massiv und gewichtig. In Kapitel 6 haben wir gesehen, daß *Stewart Sutherland* den Gedanken eines Schöpfergottes wegen des Problems des Übels, des Theodizee-Problems, zurückwies und daß er den Gläubigen vorwarf, nicht von den Fakten auszugehen. Damit liegt Sutherland ganz auf der Linie von Hume und Mill. Sie alle argumentieren, daß, wenn wir die Welt so betrachten wie sie ist – also ohne irgendwelche vorgefaßten und ungerechtfertigten Annahmen –, wir zwangsläufig bei einem unvollkommenen, beschränkten oder sogar bei einem teilweise bösen Gott enden werden. Dies braucht nicht unbedingt ein Problem zu sein. Eine ganze Reihe moderner Theologen geht davon aus, daß Gott beschränkt sein muß, wenn auch natürlich nicht böse. Sie sprechen von einem Gott, der mit und durch die Welt leidet. Diese Theologen haben offensichtlich einen zeitlichen Gott im Auge. Es ist ein Gott, mit dem man sich relativ einfach identifizieren kann, auch wenn manche sagen mögen, daß ein solcher Gott zu beschränkt sei, um der Verehrung würdig zu sein.

Ein wichtiges Ereignis in der Diskussion über das teleologische Argument waren die Entdeckungen *Charles Darwins.* Darwins Originalität bestand allerdings nicht in der Evolutionstheorie, sondern darin, daß er mit seinem Gedanken der *natürlichen Auslese* einen Mechanismus vorschlug, wie neue Arten sich aus den bestehenden Arten entwickeln konnten, ohne daß es hierzu eines göttlichen Eingreifens bedürfte. Das Gelenk einer zweischaligen Muschel brauchte Darwin zufolge nicht von einem intelligenten Wesen geschaffen werden, etwa so wie ein Mensch ein Türgelenk herstellt, sondern es konnte sich auf natürliche Weise zu einem bestimmten Zweck entwickeln.

Die Befürworter des teleologischen Arguments hatten die Komplexität der Natur als das Werk Gottes betrachtet. Darwin zeigte, daß die natürliche Auslese, das Überleben der Tüchtigsten, diese ganze Komplexität erklären konnte. Die natürliche Auslese stand in vier wichtigen Punkten im Widerspruch zum Christentum:

1. Die Wahrheit der Bibel war in Frage gestellt, da es in der Schöpfungsgeschichte heißt, daß der Mensch unmittelbar von Gott geschaffen wurde. Die Enzyklika *Humani generis* (August 1950) verurteilte die Leugnung Adams als geschichtliche Person, die Leugnung, daß die Erbsünde durch direkte Abstammung von ihm auf uns gekommen sei, und die Leugnung, daß die Seele unmittelbar von Gott geschaffen sei.
2. Nach dem Buch Genesis fiel der Mensch aus dem Zustand der Gnade in einen Zustand der Sünde. Darwin zeichnet ein Bild vom Menschen, wonach dieser sich erst allmählich zu einem vernunftbegabten Wesen entwickelte.
3. Nach dem Buch Genesis hat Gott den Menschen nach seinem eigenen Bildnis geschaffen, während das Prinzip der natürlichen

Auslese behauptet, daß sich die höheren Fähigkeiten des Menschen in natürlicher Weise entwickelt haben.
4. Insgesamt wurde die natürliche Auslese als Bedrohung des teleologischen Arguments angesehen, weil ein solcher Mechanismus Dinge erklären konnte, die bisher dem Wirken Gottes zugeschrieben wurden.

Nachdem Darwin seine Entdeckungen veröffentlicht hatte, traten Zehntausende von Christen aus der Kirche aus, weil sie nicht mehr an Gott glauben konnten. Heute akzeptieren praktisch alle Christen die natürliche Auslese, ohne hierin einen Widerspruch zu ihrem Glauben an Gott zu erblicken. Man könnte argumentieren, daß die natürliche Auslese eben der Mechanismus ist, den Gott für seine Ziele einsetzt. Darwin war klar, daß die natürliche Auslese nicht alles erklärte. So scheinen zum Beispiel die moralischen Fähigkeiten des Menschen, die Fürsorge der Menschen für schwache Angehörige ihrer Art und ihre Bereitschaft, ihr Leben für andere zu opfern, schwer zu erklären zu sein, wenn die natürliche Auslese der einzige wirksame Mechanismus ist. Darwin selbst sagte: „Es ist höchst zweifelhaft, ob die Nachkommenschaft mildtätigerer Eltern in größerer Zahl aufgezogen werden würde als die Kinder selbstsüchtiger Eltern.“[9]
Wenn das Überleben der Tüchtigsten wirklich die treibende Kraft für die Entwicklung der menschlichen Moral sein sollte, dann ist es kaum zu erklären, warum wir uns um geistig und körperlich Behinderte kümmern und warum wir es zulassen, daß Menschen mit genetischen Defekten Kinder bekommen. Eine Haltung, die nur auf das Überleben der Tüchtigsten zielt, müßte sagen, daß solche Menschen die Qualität des menschlichen Gen-Pools verschlechtern und daher eliminiert werden sollten. Tatsache aber ist, daß sich die Gesellschaft im großen und ganzen um ihre Schwachen kümmert. Der Vorschlag, Menschen mit einem IQ unter einhundert zwangsweise zu sterilisieren (wodurch theoretisch der Intelligenzquotient der Bevölkerung im Laufe einiger Generationen zunehmen müßte), wäre für die meisten Menschen ein Alptraum.
F. R. Tennant hat das teleologische Argument in einer geänderten Form vorgelegt. Er sagt, daß der Theismus die wahrscheinlichste Hypothese über die Welt ist, und bedient sich eines erweiterten teleologischen Arguments, das Darwin einbezieht. Für ihn steht die Tatsache der natürlichen Auslese im großen Maßstab völlig im Einklang

[9] Zitiert in: David Lack, Evolutionary Theory and Christian Belief.

mit den göttlichen Absichten. Der ganze Evolutionsprozeß kann als das Werk Gottes betrachtet werden:

> Daß sich die Welt als Heimat von Lebewesen eignet, hängt von gewissen primären Bedingungen ab, astronomischen, thermischen, chemischen und so weiter, sowie vom Zusammentreffen von Eigenschaften, die offensichtlich in keinem kausalen Zusammenhang stehen. Das einzigartige Zusammentreffen von solch speziellen Eigenschaften in so großem Umfang macht die organische Welt mit einem Organismus vergleichbar. Dies läßt an ein gestaltendes Prinzip denken.
>
> Die Welt ist mit dem einmaligen Wurf von Würfeln vergleichbar, und der gesunde Menschenverstand ist nicht töricht, wenn er annimmt, daß die Würfel präpariert waren.

Tennant sagt also, daß Gott die ganze Welt so einrichtete, daß sie die Bedingungen enthielt, die notwendig waren, damit sich das Leben entwickeln konnte. Folglich kann man die Evolution als Teil von Gottes Plan betrachten. Weiterhin entwickelt Tennant ein *ästhetisches Argument* auf der Grundlage des Vorhandenseins von Schönheit in der Welt. Der Schönheit, der Musik und der Wertschätzung der Kunst können ihm zufolge keine zweckdienliche Rolle in der Evolution oder für das Überleben des Tüchtigsten zugewiesen werden. Er sagt:

> Die Natur ist nicht einfach nur stellenweise schön, sie ist von Schönheit durchtränkt, und zwar im makroskopischen ebenso wie im mikroskopischen Maßstab. All unser naturwissenschaftliches Wissen bringt uns dem Verständnis der Schönheit der Musik nicht näher. Von einem Standpunkt der Zweckmäßigkeit aus scheint Schönheit überflüssig zu sein und wenig Überlebenswert zu haben …

Beide Argumente Tennants haben etwas für sich, aber wir müssen auch das furchtbare Leiden in den Todeslagern Stalins, Hitlers und Pol Pots in Betracht ziehen, den Hunger der Menschen, die von Mißernten in der Dritten Welt betroffen sind, die von Krebs verursachten Schmerzen, Naturkatastrophen wie Erdbeben, Flutwellen und Vulkanausbrüche, das von Einsamkeit verursachte Leid und das Elend, das Menschen in aller Welt ertragen müssen. Gewiß kann man manches davon dem Menschen zur Last legen, aber nicht alles. Ein allmächtiger und allgütiger Gott hätte eine Welt schaffen können, in

der es kein Erdbeben und keine Pocken gibt. Die Pocken sind heute ausgerottet, aber warum mußte es sie überhaupt geben?
Basil Mitchell[10] legt ein kumulatives Argument für den Glauben an Gott vor. *Richard Swinburne* vertritt in *Die Existenz Gottes*[11] eine Wahrscheinlichkeitsthese. Beide arbeiten mit modifizierten Versionen des teleologischen Arguments und versuchen zu zeigen, daß der *Theismus* (Glaube an Gott) angesichts aller vorliegender Evidenz plausibler ist als jede Alternative. Nach Swinburne gibt es zwei Typen von teleologischen Argumenten:

1. *Teleologische Argumente im engeren Sinne*: Argumente, die von allgemeinen Ordnungsstrukturen in der Welt ausgehen, und
2. *Argumente aus der Vorsehung*: Argumente, in deren Prämissen von Vorkehrungen für die Bedürfnisse von Lebewesen (Tiere, Menschen und so weiter) die Rede ist.

Swinburne konzentriert sich auf erstere. Dabei ist ihm die räumliche Ordnung weniger wichtig, wie sie sich zum Beispiel in der Anpassung von Vögeln und Bienen an die Luft, von Fischen an das Meer und des Menschen an die Welt ausdrückt. Das große Gewicht des teleologischen Arguments ergibt sich für ihn aus der *zeitlichen Ordnung* der Welt. Für ihn ist das Bemerkenswerte die Geordnetheit der Welt, die Tatsache, daß sie einfachen naturwissenschaftlichen Gesetzen gehorcht, die die notwendigen Bedingungen für das Leben schaffen:

1. Dieselbe universelle Ordnung herrscht über Entfernungen von Milliarden von Lichtjahren, und die Naturwissenschaft kann nicht erklären, warum alle Körper dieselben Kräfte haben und denselben Gesetzen gehorchen. Eine solche Erklärung überschreitet die Kompetenz der Naturwissenschaft, die die Existenz von Naturgesetzen annehmen und mit ihnen arbeiten muß.
2. Die Welt könnte chaotisch sein, aber sie ist in der Tat sehr geordnet.

Die Welt gleicht für Swinburne einer Maschinen konstruierenden Maschine. Dies könne man erfahren. Gott hat Swinburne zufolge eine Welt geschaffen, die mit einem „Do-it-yourself-Satz“ ausgestattet ist, eine Welt, die Menschen innerhalb enger Grenzen verbessern oder

[10] B. Mitchell, The Justification for Religious Belief, London-New York 1973.
[11] R. Swinburne, Die Existenz Gottes, Stuttgart 1987 (Orig.: The Existence of God, Oxford 1979).

schädigen können. Die Existenz von Geordnetheit und gleichförmigen Naturgesetzen lege den Schluß nahe, daß die Welt zu diesem Zweck geschaffen wurde. Die Annahme, daß die Naturgesetze geplant waren, sei wahrscheinlicher als das Gegenteil, weshalb mehr für Gottes Existenz als für das Gegenteil spräche.
Swinburne nimmt ohne weiteres an, daß Menschen die höchste Hervorbringung der Schöpfung und der Grund dafür sind, daß die Welt so ist, wie sie ist. Diese Annahme könnte allerdings auf schwachen Füßen stehen. Die Dinosaurier wurden ausgelöscht (wobei wir immer noch nicht genau wissen, wie und warum), und ihre Existenz scheint zur Entwicklung des Menschen wenig oder nichts beigetragen zu haben. Vielleicht wird der Mensch ebenso ausgelöscht, so daß sich aus den Ruinen, die wir hinterlassen, eine neue Form von Leben entwickeln kann.
J. C. A. Gaskin drückt dies so aus:

> Wir selbst könnten ebensogut eine entbehrliche Stufe auf dem Weg zu irgendeinem anderen göttlichen Zweck sein ... in Anbetracht der natürlichen Fakten der Evolution ist es nichts als ein Vorurteil, daß wir *unsere* Intelligenz als derjenigen Gottes ähnlich darstellen; Gottes Intelligenz könnte ebensogut etwas anderem – das wir nicht kennen – ähneln, das sich als das endgültige Ziel und Ergebnis der göttlichen Absichten in der Evolution herausstellen wird.[12]

Swinburnes Argument enthält also – wie alle Formen des teleologischen Arguments – eine versteckte Annahme.
Den Verfechtern der Meinung, daß es in der Welt zuviel Leid gebe, als daß man den Glauben an einen allmächtigen und allgütigen Gott rechtfertigen könne, hält Swinburne entgegen, daß sie eine „Spielzeugwelt" wollten, eine Welt, in der nichts wirklich wichtig ist. Wenn wir höhere Tugenden erlangen wollen, wenn wir unsere mit einem Do-it-yourself-Satz ausgestattete Welt kennenlernen und weiterentwickeln wollen, dann müssen Leid und Schmerz sein. Wenn es keinen Tod gäbe, gäbe es keinen Mord, aber es gäbe auch keine Geburt und keine höchste Selbstaufopferung. Außerdem sagt Swinburne, daß Gott dem Maß des menschlichen Leidens Grenzen gesetzt hat. Menschen fallen in Ohnmacht, wenn der Schmerz eine bestimmte Intensität überschreitet, und der Tod bildet das sichere

---

[12] J. C. A. Gaskin, The Quest for Eternity, New York 1984, S. 72.

Ende allen Leidens. Dies sei ein Hinweis auf das Mitgefühl eines Schöpfergottes.

Wenn ich an die grausame Folter denke, der manche Regierungen ihre Gegner unterwerfen, an die Schmerzen eines Kindes, das an Kehlkopfkrebs stirbt, oder an die Qual einer Mutter, die zusehen muß, wie ihr Kind verhungert, dann muß ich sagen, daß mich dieses letztere Argument mehr oder weniger sprachlos macht! Aber vielleicht bin ich nur zu zartfühlend. Der Leser möge hier sein eigenes Urteil fällen.

Kritiker könnten dem grundsätzlichen Argument Swinburnes entgegenhalten, daß auch die Existenz der rohen Materie und die grundlegenden Gesetze, die für diese Materie gelten, die letzte unerklärbare Tatsache sein könnten, so wie für den Theisten Gott die letzte unerklärbare Tatsache ist. Darüber hinaus enthält das Argument aus der natürlichen Ordnung kein Anzeichen für Wohlwollen oder Güte, sondern führt lediglich zu einem geschickten Planer, der (angesichts des Ausmaßes von Schmerz und Leid in der Welt) nicht besonders am Menschen interessiert ist, und dies bringt uns natürlich wieder zurück zu den Einwänden von Hume und Mill.

Der Herzog von Argyle berichtet von einem Gespräch mit Darwin, das er während des letzten Lebensjahres dieses Wissenschaftlers mit ihm führte. Der Herzog sagte zu Darwin, daß es unmöglich sei, aus dem Wirken der Natur nicht auf einen Planer zu schließen. Darwin blickte ihn durchdringend an und sagte: „Ja, manchmal überkommt mich dies auch mit überwältigender Kraft, aber ein andermal" – und er schüttelte leise den Kopf – „scheint es wieder zu verschwinden."

Der jesuitische Dichter Gerard Manley Hopkins läßt sein Gedicht *God's Grandeur* mit der Zeile beginnen: „Die Welt ist von der Größe Gottes erfüllt." Dies sagt uns aber vielleicht mehr darüber, wie Hopkins die Welt betrachtete, als darüber, ob Gott in irgendeinem Sinne als Wirkkraft existiert, die die Welt erschuf und erhält.

Wenn das teleologische Argument zutrifft, verweist es auf einen Gott, der in gewisser Weise einem Übermenschen ähnelt. Das Argument beruht darauf, daß es Parallelen zwischen menschlicher Planung innerhalb der Welt und dem göttlichen Plan der Welt als ganzer gebe. Der in diesem Argument implizierte Gott kommt dem Modell des immerwährenden Gottes am nächsten. Ein solcher Gott könnte beschränkt sein und mit und an der Schöpfung leiden, wie manche moderne Theologen (wie zum Beispiel Jürgen Moltmann) behaupten. Dies ist natürlich eine realistische Sichtweise: Ihr zufolge wird angenommen, daß Aussagen über Gott tatsächlich jenem Planer-Gott entsprechen, der die Welt erschuf. Das Argument könnte auch auf den zeitlosen Gott verweisen, doch gäbe es hier weniger Parallelen zwischen einem solchen Gott und menschlichen Planern, wodurch das Argument an Gewicht verlöre.

Zusammenfassung

1. Wenn das teleologische Argument ernst genommen werden soll, muß es die Tatsachen bezüglich der Welt anerkennen, von der es ausgeht. Zu diesen Tatsachen gehören natürliche Auslese, das Vorhandensein großer Schönheit, die höheren menschlichen Fähigkeiten wie zum Beispiel Liebe, Selbstlosigkeit und Moral, der Schmerz und das Leid, die Menschen einander zufügen, das Leiden von Tieren und das Leiden aufgrund von Naturkatastrophen, die nicht der Kontrolle des Menschen unterliegen.
2. Wenn das Argument stichhaltig sein soll, müssen diese Tatsachen auf einen Gott verweisen, der, wenn er der traditionelle christliche, jüdische oder muslimische Gott ist, *allmächtig, allwissend* und *allgütig* ist. Wir werden diese Begriffe später noch genauer definieren. Einige moderne Theologen treten für die Vorstellung eines beschränkten und leidenden Gottes ein, und eine solche Haltung könnte vom teleologischen Argument gestützt werden. Im Augenblick muß der Leser selbst entscheiden, ob die Tatsachen, die uns über die Welt bekannt sind, die Existenz eines solchen Gottes wahrscheinlicher machen oder nicht.
3. Das Argument beruht auf Wahrscheinlichkeit und individuellem Urteil. Es ist daher nicht zwingend und hängt weitgehend von der individuellen Haltung ab. Philosophisch sind Werturteile dieser Art nicht leicht zu rechtfertigen, und das Argument verdankt vielleicht mehr seiner Anziehungskraft als seiner Logik.

KAPITEL 11

Das Argument aus der religiösen Erfahrung

Am Abend dieses ersten Tages der Woche, als die Jünger aus Furcht vor den Juden die Türen verschlossen hatten, kam Jesus, trat in ihre Mitte und sagte zu ihnen: Friede sei mit euch! Nach diesen Worten zeigte er ihnen seine Hände und seine Seite …
Thomas, genannt Didymus (Zwilling), einer der Zwölf, war nicht bei ihnen, als Jesus kam. Die anderen Jünger sagten zu ihm: Wir haben den Herrn gesehen. Er entgegnete ihnen: Wenn ich nicht die Male der Nägel an seinen Händen sehe und wenn ich meinen Finger nicht in die Male der Nägel und nicht meine Hand in seine Seite lege, glaube ich nicht.

(Johannes 20,19–25)

Wir haben es hier mit der klassischen religiösen Erfahrung und der mit ihr typischerweise einhergehenden Reaktion zu tun. Eine kleine Gruppe von Menschen hat eine religiöse Erfahrung, aber ihren Berichten wird nicht geglaubt. Wie es zu Thomas' Zeiten war, so ist es nun schon seit fast zweitausend Jahren. Viele einzelne und Gruppen haben viele verschiedene Formen religiöser Erfahrung für sich in Anspruch genommen, und einige Menschen haben ihren Berichten geglaubt, während andere skeptisch waren. Wir haben daher zu prüfen, ob religiöse Erfahrungen ein Quell des Glaubens oder die Grundlage für ein Argument für die Existenz Gottes sein können.

Man neigt oft dazu, von religiöser Erfahrung schlechthin zu sprechen, doch gibt es hier viele verschiedene Formen. *Richard Swinburne* gibt in *Die Existenz Gottes* eine hilfreiche Analyse. Er definiert fünf verschiedene Arten religiöser Erfahrung, von denen zwei öffentlich sind, insofern die Geschehnisse von jedem beobachtet werden können, der zugegen ist, während drei von individueller und privater Natur sind.

Öffentliche Erfahrungen

1. Jemand nimmt Gott oder Gottes Wirken an einem allgemein zugänglichen Objekt oder Schauplatz wahr. Die behauptete religiöse Erfahrung läßt sich aber ohne weiteres in anderer Weise erklären.
   So mag der Gläubige zum Beispiel den abendlichen Himmel betrachten und die Hand Gottes sehen, während der Nichtgläubige einfach einen prächtigen Sonnenuntergang sieht. In diesem Fall hängt sehr viel von der persönlichen Interpretation ab.
2. Es tritt ein außergewöhnliches öffentliches Ereignis auf, das eine Verletzung der Naturgesetze bedeutet.
   Beispiele hierfür könnten sein, daß jemand auf Wasser geht, daß eine Person in einem verschlossenen Raum erscheint, oder daß Wasser in Wein verwandelt wird. Hier kommt es weniger auf die persönliche Interpretation an, doch könnte der Skeptiker immer noch behaupten, daß zwar etwas Unerklärliches geschehen ist, daß man dies aber nicht Gott zuschreiben müsse. Vor einhundert Jahren hätte man vielleicht eine Videokamera als ein Wunder betrachtet, während sie heute einfach ein Beispiel für moderne Technik ist.

Private Erfahrungen

Diese lassen sich aufgrund ihrer Eigenart weniger leicht verifizieren als öffentliche Erfahrungen.

3. Erfahrungen, die sich in normaler Sprache beschreiben lassen.
   Beispiele hierfür könnten Jakobs Vision der Himmelsleiter oder das Erscheinen des Erzengels Gabriel bei Maria sein. Natürlich stellt die Interpretation von Träumen immer ein Problem dar – viele Menschen würden hier eher nach einer psychologischen als nach einer göttlichen Erklärung suchen.
4. Erfahrungen, die nicht in normaler Sprache beschrieben werden können, die aber für diejenigen, die sie haben, trotzdem sehr real sind.
   Das bekannteste Beispiel für diese Kategorie sind mystische Erfahrungen. Der Mystiker wird wohl als erster zugeben, daß normale Sprache für die Beschreibung des Ereignisses nicht angemessen ist. Solche Erfahrungen können sehr intensiv sein und in unterschiedlichen Formen auftreten. Oft nimmt der Mystiker

seine Zuflucht zu Paradoxa, um sich auszudrücken. Zum Beispiel: „Schwarz hörte nicht auf, schwarz zu sein, und Weiß hörte nicht auf, weiß zu sein, aber Schwarz wurde weiß und Weiß wurde schwarz."

5. Die letzte Art betrifft keine bestimmte Erfahrung, sondern die allgemeine Empfindung des Betreffenden, daß Gott in seinem Leben wirkt. In der Rückschau auf Ereignisse sagt der Betreffende vielleicht: „Gottes Hand hat mich geführt" – doch würde er auf genauere Nachfrage vielleicht zugeben, daß man dies nicht im einzelnen beweisen könne.

Swinburnes Analyse leidet unter dem Mangel, daß sie religiöse Erfahrungen den gewöhnlichen Erfahrungen sehr ähnlich erscheinen läßt. Er hat wenig Gespür für dasjenige, was R. Otto als „das Numinose" oder „die Wahrnehmung des ganz Anderen" bezeichnete. Trotzdem ist seine Analyse insoweit hilfreich, als sie uns zu einer klaren Aussage darüber zwingt, welche Art von Erfahrung gemeint sein soll, wenn wir uns mit dem Argument aus der religiösen Erfahrung auseinandersetzen.
Swinburne ist der Meinung, daß wir aufgrund zweier zentraler Prinzipien, die, wie er sagt, grundlegende Aspekte der Rationalität sind, Berichte über religiöse Erfahrungen als verläßlich betrachten sollten.

Das Prinzip der Verläßlichkeit

> Wie die Dinge zu sein scheinen, ist ein guter Grund für die Annahme, daß sie tatsächlich auch so sind. Daraus scheint zu folgen, daß, solange nichts dagegenspricht, alle religiösen Erfahrungen von denen, die sie machen, als echt betrachtet werden sollten und daher für sie selbst als ein wesentlicher Grund für die Annahme gelten dürfen, daß die Gegenstände dieser Erfahrungen tatsächlich existieren – handle es sich nun um Gott, um Maria, um die letzte Wirklichkeit oder um Poseidon ...
> Wenn es einem Subjekt ... scheint, x sei gegeben, so ist dies ein guter Grund ... anzunehmen, daß es sich auch so verhält ...
> (*The Existence of God*, S. 270, dt. S. 350 und 359)

Auf den ersten Blick scheint dies vernünftig zu sein: Wenn keine Anhaltspunkte für das Gegenteil vorliegen, sollten wir darauf vertrauen, daß etwas so ist, wie es zu sein scheint. Im Falle der religiösen Erfahrung ist dies jedoch durchaus nicht unumstritten.

Das Prinzip des Zeugnisses

Swinburnes zweites Prinzip besagt, daß man sich, solange nichts dagegen spricht, auf die Berichte von Erfahrungen verlassen sollte, von denen wir hören:

> Wenn nichts Besonderes dagegen spricht, sind die Erfahrungen anderer (wahrscheinlich) so, wie sie berichten ... In der Regel sind Zweifel an der Wahrheit dessen, was jemand über seine religiösen Erfahrungen berichtet, unbegründet.
>
> (S. 272; dt. S. 378)

Swinburne behauptet hier, daß die Annahme vernünftig ist, daß andere Menschen normalerweise die Wahrheit sagen. Sofern also nichts Besonderes dagegen spräche, sei es sinnvoll, den Berichten derjenigen zu glauben, die behaupten, religiöse Erfahrungen gehabt zu haben.

Swinburnes Argumente wurden in hilfreicher Weise von *Caroline Davis*[13] übernommen und ausgebaut. Ich werde die Ansätze beider hier zusammenführen, wiewohl ich natürlich ihre Argumente, insbesondere diejenigen von Davis, auf dem hier verfügbaren Raum nicht angemessen würdigen kann.

Die beiden Prinzipien Swinburnes scheinen viel für sich zu haben, aber ich glaube doch, daß seine Position längst nicht so selbstverständlich ist, wie sie erscheinen mag. Nehmen wir die Parallele zu der behaupteten Beobachtung von Ufos zu Hilfe. Sehr viele Menschen behaupten, Ufos gesehen zu haben. Viele Menschen in vielen verschiedenen Ländern behaupten, fliegende Untertassen, kleine grüne Männchen, Raumschiffe, seltsame Ereignisse, Kreise am Boden und so weiter gesehen zu haben. Und doch sind die meisten von uns mit Recht bezüglich solcher Behauptungen skeptisch.

Wenn ich glauben würde, eine fliegende Untertasse am Himmel gesehen zu haben, dann hätte ich hieran erhebliche Zweifel. Ich würde versuchen, andere mögliche Erklärungen zu finden. Vielleicht ist es ein Wetterballon, ein Versuchsflugzeug oder ein Hängegleiter aus einem ungewöhnlichen Winkel, so daß mich das Licht täuscht. Vielleicht war ich auch auf einer besonders lustigen Party, oder etwas ist mit meinen Augen nicht in Ordnung. Außerdem würde ich mich bei der Flugsicherung oder bei anderen Menschen erkundigen, die dies

[13] C. Davis, The Evidential Force of Religious Experience, Oxford 1989.

ebenfalls gesehen haben könnten. All dies würde ich unternehmen, bevor ich akzeptieren würde, daß das, was ich gesehen habe, wirklich eine fliegende Untertasse war. Ich gestehe zu, daß ich diese Deutung akzeptieren müßte, wenn die Beweise erdrückend wären. Wenn ich die fliegende Untertasse in meinem Garten landen sähe, wenn ich hinausginge und sie berühren würde, wenn ich den kleinen grünen Männchen begegnen würde, die aussteigen, und sie mich zu einer Tasse Kaffee einladen würden, dann müßte ich akzeptieren, daß ich in der Tat eine fliegende Untertasse gesehen habe. Die Erfahrung ungewöhnlicher Objekte kann wahr sein, aber ich müßte mir dieser Erfahrung schon sehr gewiß sein, bevor ich akzeptieren würde, daß sie tatsächlich dasjenige war, als was sie mir erschien. Ich glaube nicht, daß ich damit ungebührlich skeptisch wäre – ich würde einfach die gebotene Vorsicht bezüglich einer eigenartigen Erfahrung walten lassen.

Dasselbe würde zutreffen, wenn ich nach Loch Ness fahren würde und glauben würde, das Ungeheuer gesehen zu haben. Ich weiß, daß viele Menschen behaupten, Nessy gesehen zu haben, aber oft erwiesen sich ihre Berichte als unglaubwürdig, weil sie sich auf gefälschte Fotografien stützten. Manchmal irrten sie sich auch wirklich. Aufwendige Suchexpeditionen mit Hilfe modernster Geräte haben nichts ergeben. Ich bin daher skeptisch, was Beobachtungen des Ungeheuers betrifft – auch wenn es meine eigenen wären – solange man mir nicht einen unumstößlichen Beweis liefert. Diesbezüglich nehme ich eine ganz ähnliche Haltung ein wie der ungläubige Jünger Thomas.

Ich würde sagen, daß es Parallelen gibt zwischen der Behauptung religiöser Erfahrung, der Behauptung von Ufo-Beobachtungen und der Behauptung, das Ungeheuer von Loch Ness gesehen zu haben. Die Wahrscheinlichkeit aller solcher Erfahrungen ist anscheinend gering, weshalb die Qualität der behaupteten Erfahrungen entsprechend hoch sein muß. Theoretisch läßt sich die Existenz außerirdischer Zivilisationen mit guten Gründen behaupten. Es gibt Billionen von Sternen, und die Wahrscheinlichkeit ist groß, daß einige von ihnen über Planetensysteme verfügen, auf denen sich Leben entwickelt haben könnte. Es ist durchaus möglich, daß solche Zivilisationen viel älter und fortgeschrittener sind als unsere eigene und daß sie uns vielleicht schon besucht haben. Aber die Tatsache, daß ich diese theoretische Möglichkeit akzeptiere, hindert mich nicht daran, bezüglich angeblicher Ufo-Beobachtungen skeptisch zu sein.

Davis stellt meine Skepsis bezüglich der Anwendung des Prinzips der Verläßlichkeit auf religiöse Erfahrungen in Frage. Sie untersucht eine ganze Reihe möglicher Einwände gegen die Richtigkeit solcher Erfahrungen. Sie behauptet, daß manche Einwände zwar Gewicht haben könnten, doch läge die höhere Wahrscheinlichkeit insgesamt auf Seiten religiöser Erfahrungen. Diese verweisen über sich selbst hinaus auf etwas, das tatsächlich erfahren wurde. Sie zieht psychologische, philosophische, theologische und religiöse Studien heran, um einen kumulativen Beweis zu führen, der ihres Erachtens überzeugend ist und durchaus die offensichtlichsten Einwände berücksichtigt: daß zum Beispiel religiöse Erfahrungen auf psychologischen Zuständen beruhen, oder daß sie deshalb zu verwerfen seien, weil sie kulturspezifisch sind (so erfahren zum Beispiel Katholiken eher die Jungfrau Maria und evangelische Christen den „auferstandenen Herrn Jesus“, während Hindus, Muslime und Buddhisten eher Erfahrungen aus ihren eigenen Traditionen haben).

Ich habe hier nicht den Raum, um Davis' Argumente im einzelnen zu untersuchen, doch scheinen sie durchaus überzeugend zu sein, *wenn* – und dahinter steht ein großes Fragezeichen – die Wahrscheinlichkeit für Gottes Existenz einigermaßen groß ist. Davis hätte für ihr Argument auch die Forschungsarbeiten von David Hay am Oxford Centre for Religious Experience heranziehen können. Hay hat in ganz Großbritannien viele Interviews unter sorgfältig kontrollierten Bedingungen durchgeführt und festgestellt (wie er in seinem Buch *Inner Space* darlegt), daß ein sehr hoher Anteil der Bevölkerung für sich in Anspruch nimmt, Erfahrungen einer Macht oder Gegenwart jenseits ihrer selbst gemacht zu haben.

Wenn man ein unparteiischer Beobachter ohne vorgefaßte Meinung ist, dann wird man meiner Ansicht nach Behauptungen religiöser Erfahrungen nicht anders als Behauptungen, Ufos oder das Ungeheuer von Loch Ness gesehen zu haben, mit Skepsis betrachten. Wenn ich natürlich schon gläubig bin, dann neige ich viel eher dazu, Erfahrungen zu akzeptieren, die meine Überzeugungen bestätigen, aber in diesem Fall liefern nicht die Erfahrungen die Grundlage für den Glauben, sondern der Glaube geht der Erfahrung voraus.

Swinburne und Davis behaupten, daß das Argument aus der religiösen Erfahrung für die Existenz Gottes nur im Rahmen einer allgemeinen Wahrscheinlichkeitsargumentation gelingen kann. Hier stimme ich ihnen zu.

Swinburne geht in seinem Buch so vor, daß er die verschiedenen Argumente für die Existenz Gottes untersucht und dabei zu dem Schluß kommt, daß Gottes Existenz nicht unwahrscheinlich ist. In seinem letzten Kapitel legt er dann das ganze Gewicht auf das Argument aus der religiösen Erfahrung. Es macht seines Erachtens die Existenz eines personalen Gottes mit unendlichen Fähigkeiten zu einer einfacheren Erklärung für die Existenz der Welt als jede konkurrierende Hypothese. Swinburne entwickelt jedoch das Argument aus der religiösen Erfahrung nicht zu Ende, und hier setzt Davis an. Davis akzeptiert die allgemeine Struktur von Swinburnes Argument und sagt:

> Wenn andere als religiöse Erfahrungen den Theismus nicht als unwahrscheinlich erweisen, dann reicht die Evidenz der vielen religiösen Erfahrungen, die nicht aus pathologischen oder anderen Gründen entwertet werden können, aus, um gewisse relativ einfache theistische Behauptungen wahrscheinlich zu machen. (S. 235)

Davis argumentiert, daß weder die widersprüchlichen Behauptungen verschiedener religiöser Erfahrungen in unterschiedlichen religiösen Traditionen noch die Einwände derjenigen, die religiöse Erfahrungen psychologisch oder sonstwie in einer natürlichen Weise erklären wollen, ausreichen, um die Authentizitätsbehauptungen Gläubiger zu untergraben. Sie sagt:

> Insbesondere besitzen numinose und mystische Erfahrungen und Empfindungen einer „Gegenwart" erhebliche Beweiskraft für im weiteren Sinn theistische Überzeugungen. Hierzu gehört unter anderem die Behauptung, daß der Mensch ein „wahres Selbst" jenseits seines alltäglichen „phänomenalen Ichs" habe und daß dieses wahre Selbst eng mit der göttlichen Natur verknüpft sei, und die Behauptung, daß es eine heilige Macht jenseits der Welt der Sinne gebe ... und daß der Mensch in einer harmonischen Beziehung zu dieser heiligen Macht seine tiefste Befriedigung finden könne. (S. 238)

Diese Behauptungen sind sehr substantiell, und wenn sie sich als berechtigt erweisen ließen, dann könnten sich religiös Gläubige in der Tat auf religiöse Erfahrung (als Teil eines kumulativen Arguments) als Grundlage für den Glauben an Gott verlassen.

Allerdings ist der Ausgangspunkt von Swinburne wie von Davis anfechtbar. So nehmen zum Beispiel beide Denker das Problem des Übels nicht genügend ernst. Davis behauptet, daß es viele vernünftige Erklärungen für die Existenz von Leid und Übel gibt, auch wenn sie nicht den Raum hat, diese zu untersuchen. Ich glaube, daß sie hier zu optimistisch ist. Die von Hume und Mill vorgebrachten Einwände (die im vorigen Kapitel behandelt wurden) sind sehr konkret. Ich bin mir bei weitem nicht sicher, ob irgendeine der möglichen Erklärungen überzeugend ist.

Das Problem liegt darin, daß eine Bewertung der Wahrscheinlichkeit eine individuelle Angelegenheit ist und auf individuellen Werturteilen beruht. Jemand kann alle Hinweise abwägen und zu der Schlußfolgerung kommen, daß der Glaube an Gott durchaus nicht wahrscheinlich ist, während ein anderer dieselben Hinweise abwägt und zu dem Schluß kommt, daß er wahrscheinlich ist. Es ist schwierig, einen unparteiischen Ausgangspunkt zu finden, der eine Entscheidung zuließe, wer Recht hat.

Es bestehen zwei Hauptschwierigkeiten. Wie will man erstens im Falle eines Menschen, der eine Erfahrung hat, folgendes voneinander unterscheiden:

1. „Heute Nacht erschien mir Gott" und
2. „Es schien mir, daß mir heute Nacht Gott erschien"?

Und wie will man zweitens im Falle eines Menschen, dem von der Erfahrung berichtet wird, folgendes voneinander unterscheiden:

1. „Heute Nacht erschien ihm Gott" und
2. „Er glaubte, daß ihm heute Nacht Gott erschienen sei"?

Auch wenn derjenige, der die Erfahrung hatte, von ihrer Echtheit überzeugt ist, müssen andere noch nicht davon überzeugt sein. Zahllose Menschen in der ganzen Welt berichten über viele eigentümliche Erfahrungen – sie erfahren Götter, Außerirdische, Ungeheuer, Hexen, Vampire, Dämonen, Teufel, Geister, Gespenster und Heilige. Wem soll der Beobachter glauben, der sich nicht von vornherein festlegt?

Das Argument aus der religiösen Erfahrung hängt, wie ich meine, sehr weitgehend von den persönlichen Voraussetzungen ab. Wenn man aufgrund dieser Voraussetzungen bestimmten Formen von Erfahrungen zugeneigt ist, dann läßt man sich eher von entsprechenden Berichten überzeugen. Ist man hingegen ein Skeptiker, dann wird man sich schwerlich hiervon überzeugen lassen.

Wenn wir als Beispiel die Erfahrung des Paulus auf der Straße nach Damaskus nehmen (die sicher die bekannteste aller religiösen Erfahrungen ist), dann fällt auf, daß sich die drei Berichte hierüber in der Apostelgeschichte ganz erheblich unterscheiden (Kapitel 9, 22 und

26). Millionen hielten den Bericht des Paulus für überzeugend – aber Millionen anderer nicht. Natürlich gibt es gewisse Tests, die man auf Behauptungen einer religiösen Erfahrung anwenden kann. So kann man zum Beispiel die Frage stellen, ob die Erfahrung einen wesentlichen Einfluß auf das Leben des Betreffenden hatte. Oder man kann fragen, ob sie mit anderen Dingen zusammenstimmt, die wir in unserer Tradition zu wissen glauben – wobei man aber durch die Bezugnahme auf die eigene Tradition bereits seine eigenen vorgefaßten Meinungen ins Spiel bringt.

Religiöse Erfahrungen treten normalerweise bei Menschen auf, die schon glauben; seltener sind sie Anlaß des Glaubens. Ich gestehe zu, daß für einen einzelnen Menschen eine besonders eindrückliche Erfahrung zu einem Wendepunkt in seinem Leben werden kann. Dies war zweifellos bei Paulus der Fall. Viele andere aber sahen Jesus und ignorierten seine Botschaft trotzdem. Der Behauptung eines Menschen, eine religiöse Erfahrung gehabt zu haben, sollte man billigerweise mit erheblich mehr Skepsis begegnen, als Swinburne und Davis zulassen wollen. Der Schöpfergott mag durchaus existieren, und einige Menschen mögen sehr wohl seine liebevolle Gegenwart erfahren, aber es scheint keinen überzeugenden Grund dafür zu geben, daß andere die Berichte dieser Menschen akzeptieren sollten. Ein wirksameres Zeugnis als der Bericht über eine Erfahrung wäre die Veränderung, die im Leben des Betreffenden auftreten müßte, wenn seine Erfahrung echt war. Eine solche Veränderung kann in der Tat inspirierend sein und für andere zum Anlaß werden, ihr eigenes Leben einer Neubewertung zu unterziehen und künftig anders zu leben und zu handeln. Aber eine Veränderung im Leben eines Menschen beweist immer noch nicht die Existenz Gottes, sondern höchstens, wie Kierkegaard zu Recht sagte, daß die Menschen frei sind und uns immer überraschen können.

Gott mag existieren oder auch nicht. Man muß diese Frage für sich selbst entscheiden, und man muß sich ebenfalls entscheiden, in welchem Sinn man eine solche Behauptung verstehen will. Zweifellos können Menschen durch religiöse Erfahrungen überzeugt werden, andere wiederum nicht. Es wäre ungerecht zu sagen, daß die eine Gruppe weniger rational oder weniger empfindsam sei als die andere. Möglicherweise gehen beide einfach von unterschiedlichen Voraussetzungen aus.

Wenn es aber einen Gott gibt, der Menschen direkt oder indirekt erscheint, dann muß dies natürlich entweder der zeitlose oder aber der immerwährende Gott sein. Es ist interessant, daß *Nicholas Lash* in seinem Buch *Easter in ordinary*[14] zwar die Existenz eines Schöpfergottes bekräftigt, aber dennoch die Möglichkeit verwirft, daß dieser Gott den Menschen in irgendeiner außergewöhnlichen Weise erscheinen könnte. Statt dessen wird Gott nach Ansicht von Lash in den gewöhnlichen Dingen des Lebens gefunden. Wenn Lash recht hat – und ich bin mir durchaus nicht sicher, ob er recht hat – dann verleiht dies der individuellen Interpretation der jeweiligen Erfahrung und damit wiederum den individuellen Voraussetzungen ein noch größeres Gewicht.

Ich bin daher nicht überzeugt, daß Berichte über religiöse Erfahrungen (im Gegensatz zu religiösen Erfahrungen, die man persönlich haben kann) eine sichere Grundlage für den Glauben bilden. Dies mögen Sie anders sehen. Hierin liegt das Problem – die individuellen Voraussetzungen sind unterschiedlich.

Zusammenfassung

Berichte über religiöse Erfahrungen können auf die Existenz eines Schöpfergottes verweisen, wenn die Existenz eines solchen Gottes auch ohne solche Berichte nicht unwahrscheinlich ist. Ob man sie für unwahrscheinlich hält oder nicht, hängt sehr weitgehend von den individuell vorhandenen Voraussetzungen ab.

[14] N. Lash, Easter in ordinary, London 1988.

KAPITEL 12

Allmacht

Gottes Allmacht ist eine der Facetten des Zauberwürfels Gott. Man muß sich Klarheit darüber verschaffen, welche Bedeutung das Wort „Allmacht“ in den verschiedenen Modellen von Gott jeweils haben kann. Wir müssen hier zwischen den realistischen Auffassungen von Gott, denen zufolge Gott der Schöpfer und Erhalter der Welt ist, und den revisionistischen Auffassungen unterscheiden, die Gott nicht in diesem Sinn verstehen.

Die realistische Sichtweise: der immerwährende und der zeitlose Gott

Religiös gläubige Menschen sagen, daß Gott allmächtig ist. Damit meinen sie, daß Gott alles tun kann. Gläubigen Menschen ist offensichtlich sehr daran gelegen, die über ihnen waltende göttliche Vorsehung nicht durch einen Mangel an Macht einzuschränken. Einige der Wunder Jesu dienten speziell dem Zweck zu zeigen, daß er wie Gott Macht über die physische Welt hatte: Er verwandelte Wasser in Wein, und „selbst der Wind und die Wellen gehorchten ihm“.

Sobald man aber die Behauptung, daß Gott alles tun kann, näher untersucht, trifft man auf einige Schwierigkeiten. Diese Schwierigkeiten bestehen nicht nur für Philosophen, die am religiösen Glauben kritteln wollen – fast jeder Teenager, der sich nur ein wenig für Religion interessiert, kennt sie. Einige Beispiele zeigen, um welche Probleme es hierbei geht. Die meisten werden dem Leser noch aus der Schulzeit vertraut sein:

1. Wenn Gott alles tun kann, kann er dann auch Selbstmord begehen?
2. Kann Gott schwimmen? Meine sechsjährige Tochter kann schwimmen; wenn Gott dies nicht kann, dann ist seine Macht offensichtlich begrenzt.

3. Kann Gott sündigen? Viele von uns tun dies die ganze Zeit; wenn Gott alles kann, dann sollte er auch sündigen können.
4. Kann Gott einen Gegenstand erschaffen, der so schwer ist, daß er ihn selbst nicht heben kann? Ich kann dies mit einem Betonmischer, ein wenig Sand und Zement. Doch jede Antwort, die man im Hinblick auf Gott geben könnte, begrenzt unvermeidlich seine Macht. Wenn er keinen solchen Gegenstand erschaffen kann, dann kann er etwas nicht, was ein Mensch kann. Aber wenn er dies kann, dann gibt es etwas, was er nicht kann, nämlich diesen Gegenstand heben.
5. Kann Gott einen Gegenstand machen, der ganz schwarz und gleichzeitig ganz weiß ist? Oder: kann Gott einen viereckigen Kreis machen?

Diese Anfragen an die Vorstellung, daß Gott alles tun kann, sind überaus bedeutsam, vor allem für die Realisten, denen zufolge es einen Gott gibt, der die Welt erschuf und in einer Interaktion mit ihr steht. Wir müssen also eine Definition von Allmacht entwickeln, die diesen Problemen Rechnung trägt. Dabei wollen wir verschiedene Möglichkeiten betrachten:

Definition 1: Gott kann absolut alles tun – auch das logisch Unmögliche.

Nach dieser Sichtweise kann Gott all die obigen Dinge tun. Er kann Dinge tun, die widersprüchlich sind, er kann Unsinniges tun. Er kann quadratische Kreise erschaffen, Selbstmord begehen und schwimmen. Er kann sogar einen Stein erschaffen, der so schwer ist, daß er ihn nicht heben kann – *und ihn dann doch heben!* Gott wird nicht durch die Gesetze der Logik beschränkt, weil er diese Gesetze schuf und sie abschaffen könnte, wenn er dies wollte.
Dies ist die Position, die *René Descartes* vertrat, und es handelt sich hierbei um die stärkste Bekräftigung von Gottes Macht. Descartes meinte, daß Gott, wenn er an die Gesetze der Logik und der Widerspruchsfreiheit gebunden wäre, keine absolute Macht hätte. Dies ist auch die Haltung mancher Gläubiger, die die hieraus sich ergebenden Probleme niemals wirklich durchdacht haben. Diese Leute müssen sich der Tatsache stellen, daß selbst die Bibel akzeptiert, daß es Dinge gibt, die Gott nicht tun kann, wenn sie zum Beispiel sagt, daß Gott nicht lügen und nicht bei einem Wesen schwören kann, das höher ist als er selbst (Hebräer 6,13.18).
Die Auffassung, daß Gott das logisch Unmögliche tun könne, ist inkohärent, und wenn sie wahr wäre, dann könnte Gott auch grund-

legend böse sein. Ein solcher Gott könnte lügen und betrügen, er könnte schwören, die Tugendhaften zu belohnen, und sie dann der ewigen Qual überantworten. Falschheit würde zum Wesen Gottes gehören. Selbst wenn eine solche Auffassung möglich wäre, könnte dies kein Gott sein, der verehrungswürdig wäre.

Logik und die Gesetze des Widerspruchs bilden die Grenzen für sinnvolle Aussagen. Es ist sinnlos, von viereckigen Kreisen zu reden. Nichts könnte ein viereckiger Kreis sein – wenn es ein Viereck ist, wäre es kein Kreis und wenn es ein Kreis ist, wäre es kein Viereck. Natürlich könnte Gott irgendeine seltsame geometrische Figur bilden und diese einen viereckigen Kreis nennen, aber dann würde er seine ganz persönliche private Sprache schaffen und gewiß hätte er nicht etwas erschaffen, was wir unter einem viereckigen Kreis verstehen könnten. Aber dies stellt keine Beschränkung einer Macht dar.

Noch gewichtiger allerdings ist die Tatsache, daß ein Gott, der das logisch Unmögliche tun könnte, grundlegend böse wäre. Dies läßt sich anhand des folgenden Arguments zeigen.

Eines der schlagkräftigsten Argumente zur Rechtfertigung des Glaubens an einen allgütigen und allmächtigen Gott im Angesicht von so vielen Übeln und Leid in der Welt ist die *Verteidigung auf der Grundlage des freien Willens (free will defence)*. Dieses Argument behauptet, daß Gott dem Menschen einen freien Willen gegeben hat, damit er ihn aus freien Stücken lieben und seinem Nächsten Liebe erweisen kann. Liebe setzt Freiheit voraus; Liebe ist nur möglich in Freiheit. Wer nicht frei ist, kann nicht lieben. Ein Roboter könnte das Handeln der Liebe nachahmen, aber dies wäre nicht dasselbe wie echte Liebe.

Wenn Menschen also zur Liebe fähig sein sollen, dann müssen sie frei sein, und wenn sie frei sind, muß es auch in ihrer Macht stehen, furchtbare Dinge zu tun. Ereignisse wie die Vernichtung der Polen, Zigeuner und Juden in den Konzentrationslagern der Nazis, das Morden in den Todeslagern Stalins und die vom Pol Pot-Regime in Kambodscha begangenen Massaker sind Beispiele dafür, wie der freie Wille des Menschen benutzt wird, um furchtbares Leid hervorzurufen. Die *free will defence* behauptet, daß Gott in diese Tragödien nicht eingreifen könne, ohne die Freiheit des Menschen aufzuheben. Die Freiheit des Menschen wird als ein so wichtiges Geschenk Gottes betrachtet, daß sie den Preis des Leidens wert ist. Denn nur dann, wenn wir frei sind, können wir in eine Liebesbeziehung zueinander und zu Gott treten.

Wenn aber Gott das logisch Unmögliche tun könnte, wie Descartes behauptete, dann könnte er zwei widersprüchliche Sachverhalte zuwege bringen. Gott hätte eine Welt dergestalt erschaffen können, daß

1. der Mensch den wirklich freien Willen besitzt, den er jetzt hat, *und*
2. diese freien Wesen könnten in einer Weise gesteuert werden, daß sie nur gerecht, gütig und richtig handeln würden.

Diese beiden Positionen widersprechen aber einander. Man kann nicht völlig frei sein zu handeln, wie man will, und gleichzeitig gesteuert werden, so daß man immer richtig handelt. Beides gleichzeitig ist nicht möglich – dies wäre logisch unsinnig. Wenn aber Gott das logisch Unmögliche tun kann, dann wäre es für ihn keine Schwierigkeit, das logisch Unsinnige zu tun. Nach dieser Auffassung von Allmacht *hätte* Gott diesen idealen Zustand hervorbringen können (Ninian Smart nennt dies „die utopische These"), in der völlige Freiheit und Gutheit miteinander verbunden wären. Daß Gott diesen Zustand nicht hervorgebracht hat, zeigt, daß er böse sein muß und letztlich mit den Menschen spielt. All das Böse, das Menschen anderen Menschen zugefügt haben, hätte sich ohne weiteres vermeiden lassen.
Weil aber Gott das logisch Unmögliche nicht tun kann, ist dieser Zustand nicht möglich. Gott könnte uns *entweder* steuern, so daß wir richtig handeln würden, aber in diesem Fall wären wir nicht frei, *oder* er könnte uns die Freiheit schenken, aber dann muß er auch das von Menschen verübte Böse zulassen. Wir brauchen also eine andere Definition von Allmacht.

Definition 2: Gott kann alles tun, was logisch möglich ist.

Dies scheint eine attraktive Definition von Allmacht zu sein, aber auch sie ist nicht angemessen. Die am Anfang des Kapitels gegebenen Beispiele illustrieren die Probleme. Es ist zweifellos logisch möglich, daß meine sechsjährige Tochter schwimmen kann, aber wenn Gott zeitlos ist und keinen Körper hat, ist dies für ihn wohl unmöglich – auch wenn natürlich Jesus als Kind im See geschwommen sein könnte. (Was die Frage aufwirft, ob es logisch möglich ist, daß ein im wörtlichen Sinn zeitloser Gott Mensch werden kann. Solche Fragen führen allerdings in eine Diskussion der Christologie, für die hier kein Raum ist.) Für einen Menschen ist es auch zweifellos logisch möglich, Selbstmord zu begehen oder zu sündigen, wie es logisch möglich ist, ein Ding herzustellen, das man nicht heben kann.

Wenn man also Allmacht als die Macht definiert, alles logisch Mögliche tun zu können, dann muß Gott Dinge tun können, die er nach Auffassung vieler Gläubiger nicht tun kann (wie zum Beispiel Böses tun, lügen, Selbstmord oder auch Ehebruch begehen). Es ist also eine weitere Modifikation der Definition notwendig.

Definition 3: Gott kann alles tun, was für ihn logisch möglich ist.

Auf den ersten Blick scheint dies dasselbe zu sein wie die zweite Definition. Aber sie ist durch eine wesentliche Ergänzung verändert: Hier wird gesagt, daß Gott alles tun kann, was für ihn, also im Hinblick auf seine Wesensnatur, logisch möglich ist.
Anthony Kenny faßt in seinem Buch *The God of the Philosophers*[15] diese Definition von Allmacht noch schärfer:

> Wenn göttliche Allmacht also ein stimmiger Begriff sein soll, dann muß sie etwas weniger sein als die vollständige Allmacht, die der Besitz aller logisch möglichen Fähigkeiten ist. Es muß eine begrenztere Allmacht sein, die im Besitz all jener logisch möglichen Fähigkeiten besteht, die ein Wesen mit den Merkmalen Gottes logischerweise besitzen kann. (S. 98)

Dies ist eine sehr attraktive Möglichkeit. Hierbei kommt es allerdings darauf an, was man unter Gottes Natur versteht. Wenn Gott zeitlose Substanz ist, wird seine Natur eine andere sein, als wenn er ein immerwährender Geist ist. Nach dieser Sichtweise kann Gott also alles tun, was 1. logisch möglich ist und 2. im Einklang mit seiner Wesensnatur steht.
Wenn Gott zeitlose Substanz ist, dann kann er, wie wir gesehen haben, nie anders sein, als er ist. Zeit vergeht für Gott nicht, und Gott ist metaphysisch vollkommen, so daß keine Veränderung möglich ist. Daraus folgt, daß es logisch unmöglich wäre, daß ein solcher Gott Selbstmord begehen könnte, da dies seine Existenz beenden würde. Da dies Gott verändern würde, wäre dieser Sachverhalt logisch unmöglich. Selbstmord wäre also für Gott (aber nicht für einen Menschen) logisch unmöglich, da damit eine Änderung verbunden wäre, die Gottes Natur widerspricht. Ebenso kann man sagen, daß es für Gott logisch unmöglich wäre zu schwimmen (aber nicht für meine sechsjährige Tochter), weil Schwimmen eine zeitliche Aktivität ist und Gott zeitlos ist.

---

[15] A. Kenny, The God of Philosophers, Oxford 1979.

Ob ein zeitloser Gott sündigen kann, hängt davon ab, wie man Sünde definiert. Protestanten fassen Sünde eher als Bruch der Beziehung des Gläubigen zu Gott auf. Und Gott könnte natürlich nicht eine Beziehung zu sich selbst brechen. Dagegen hätte ein immerwährender Gott die Möglichkeit, in einer Weise zu handeln, die wir als böse betrachten würden, wiewohl man dann entweder sagen könnte, daß Gott niemals etwas Derartiges tun würde, oder daß solche Handlungen, wenn Gott sie beginge, nicht böse wären. Beide Auffassungen würden der Behauptung nicht widersprechen, daß Gott allmächtig ist.

Die katholische Kirche definiert mit Thomas von Aquin Sünde eher als mangelnde Gutheit. Dies läuft letztlich auf die Aussage hinaus, daß wir als Menschen sündigen, wenn wir unserer wahren Menschennatur nicht gerecht werden. Wenn man diese Definition akzeptiert, wird Sünde für einen zeitlosen Gott logisch unmöglich – er kann nicht anders sein, als er ist. Für diesen Gott ist es logisch unmöglich, der wahren Vollendung seiner Natur nicht gerecht zu werden, da hiermit eine Veränderung verbunden wäre, und ein zeitloser Gott kann sich nicht ändern.

Wenn Gott ein immerwährender Geist ist, dann vergeht die Zeit für ihn. Deshalb *könnte* sich ein solcher Gott ändern. Auf dieser Grundlage wäre es logisch für ihn möglich, daß er Selbstmord beginge, und ebenso wäre es logisch für ihn möglich, daß er sündigte. Beide Aussagen implizieren aber nicht, daß Gott sündigen *würde* oder Selbstmord begehen *würde;* es wäre vielmehr eine Sache seiner freien Entscheidung und nicht durch seine Natur festgelegt. Ein immerwährender Geist hat keinen Körper, weshalb ein solcher Gott nicht schwimmen könnte – es sei denn, er würde einen Leib annehmen, was, wie Vertreter dieser Auffassung sagen könnten, in Jesus wirklich geschah.

Diese Definition von Allmacht ist stimmig und plausibel, doch haftet ihr ein Mangel an: Sie beinhaltet möglicherweise recht wenig. Stellen wir uns einen Menschen vor, der an einer bestimmten Krankheit leidet, so daß er nur mit den Augen zwinkern kann und ansonsten zu keiner willentlichen Handlung fähig ist. Stellen wir uns vor, daß die körperlichen Mängel, die andere Handlungen verhindern, irreversibel sind und daß das ganze Wesen dieses Menschen auf diese eine Handlung beschränkt ist. Auf der Grundlage der in diesem Abschnitt gegebenen Definition wäre der Betreffende allmächtig, weil er alles tun könnte, was für einen Menschen seiner Natur logisch möglich ist. Weil das einzige, was ihm seine Natur erlaubt, das Zwinkern mit den Augen ist, wäre er allmächtig, weil er eben dies tun könnte. Bei dieser Auffassung hängt viel davon ab, wie man die Natur eines Menschen definiert, und Kritiker meines Beispiels könnten einwenden, daß die Natur eines Menschen niemals so beschränkt sein könnte, daß er nur zwinkern kann. Irgendwelche anderen menschlichen Fähigkeiten wären immer noch vorhanden.

Die Definition „Gott kann alles tun, was er logischerweise tun kann" ist also die stimmigste und plausibelste der Alternativen. Andererseits legen dann die der Natur Gottes auferlegten Beschränkungen fest, was er aufgrund seiner Allmacht vermag und was nicht.

Revisionistische Ansätze des Redens über Gott

In den vorderen Kapiteln haben wir vier verschiedene Auffassungen von Gott betrachtet. Zwei dieser Auffassungen sind realistische Auffassungen, insofern sie behaupten, daß Gott unabhängig von der von ihm geschaffenen Welt existiert. Die eine dieser Auffassungen besagt, daß Gott zeitlose Substanz ist, die andere, daß Gott ein immerwährender Geist ist. In beiden Fällen bedeutet das Reden über Gottes Allmacht ein Reden über die Fähigkeit des jeweiligen Gottes zu handeln, und in der vorangegangenen Diskussion haben wir nach einem überzeugenden Weg gesucht, wie sich diese Allmacht verstehen läßt.

Es gibt jedoch noch zwei andere Auffassungen von Gott. Die erste ist die von *Sutherland* vorgebrachte realistische Behauptung, daß Reden über Gott ein Reden über eine mögliche Art und Weise ist, sein Leben zu führen, während die zweite die anti-realistische Behauptung ist, die Gott als Realität innerhalb der Lebensform religiös Gläubiger betrachtet. Beide bestreiten, daß Gott in irgendeinem Sinn eine Wirkkraft ist. Es scheint daher, daß diese beiden Auffassungen kein Reden über Gottes Allmacht zulassen würden, doch ist dem nicht so.

Reden über Gottes Allmacht ist nach diesen beiden Auffassungen der Nachweis, daß eine andere Lebensweise möglich ist und daß ein solches Leben über Widrigkeiten jeglicher Art zu triumphieren vermag. Es ist möglich, in einer Weise zu leben, in der jeder Mensch die Trivialisierung seines Lebens überwinden kann.

Den, der das Gute liebt, kann nach dieser Auffassung kein Unglück treffen. Damit ist gemeint, daß ihm nichts die innere Orientierung auf Güte, Liebe und Tugend nehmen kann, die der wichtigste Aspekt seines Lebens ist. Natürlich können solche Menschen ihr Hab und

Gut verlieren, Schmerzen erleiden und sogar sterben, aber weil das Wichtigste in ihrem Leben ihre Lebensweise und der Pfad der Heiligkeit ist, dem sie folgen, kann ihnen in dieser Hinsicht nichts wirklich etwas anhaben.

Ein gutes Beispiel hierfür, auch wenn Sutherland es nicht erwähnt, wäre etwa Gandhi. Gandhi zeigte, daß der Pfad des Friedens, der Verzicht auf Gewalt, ein Weg ist, der alle Widerstände überwinden kann. Gandhi selbst wurde getötet, aber sein Mörder konnte dem Leben und Beispiel, das er der Menschheit gab, nichts anhaben. Der anglikanische Erzbischof von Uganda, den Idi Amin umbringen ließ, trug schließlich durch sein Beispiel und die Inspiration, die er Christen im Lande gab, zum Sturz des Diktators bei. Nelson Mandela, den die südafrikanische Regierung über fünfundzwanzig Jahre lang auf Robbin Island inhaftierte, kam 1990 frei und wurde zu einer anerkannten internationalen Gestalt und einem Schlüsselelement für die Zukunft seines Landes, obwohl er keine Macht hatte und ganz in der Hand der südafrikanischen Behörden war. Ebenso wurde die Macht und Gewalt des Warschauer Pakts und die Kontrolle, die der stalinistische Kommunismus über viele Millionen Menschen in Osteuropa ausübte, nicht durch Waffengewalt, sondern durch weitgehend friedliche Bewegungen aus dem Volk überwunden.

Stalin soll einmal gesagt haben: „Wieviele Divisionen hat der Papst?", um sich über die Machtlosigkeit der Kirche lustig zu machen. Und doch ist die Kirche in so vielen Ländern der ganzen Welt den Armen und Schwachen eine Quelle der Inspiration und trägt dadurch zur Schaffung einer gerechteren Gesellschaft bei. Sutherland hat vielleicht deshalb solche Beispiele nicht benutzt, weil für ihn die wirkliche Allmacht, die mit einem Leben der Heiligkeit einhergeht, eine innere Orientierung ist, die nicht vom Gang der Dinge in der Welt abhängt. Der Tod kann überwunden werden, denn wenn man dem Pfad der Heiligkeit folgt, kann er unser Leben nicht mehr trivialisieren. Sutherland würde wohl zögern, Allmacht äußerlich zu bemessen. Dies ist eine akzeptable Haltung, und möglicherweise sind beide Arten eines Verständnisses von Allmacht in ihrer je unterschiedlichen Weise legitim.

In diesem Sinn kann der Pfad der Heiligkeit der Pfad der Allmacht sein. Selbst wenn Menschen für eine gerechte Sache sterben, haben sie den Tod überwunden, weil ihr Leben durch ihren Tod nicht sinnlos gemacht wurde.

Allmacht muß daher nach der revisionistischen Darstellung des Christentums, sowohl in ihrer realistischen als auch in ihrer antirealistischen Form, nicht die Macht eines Gottes sein, der die Welt erschuf und sie immer noch steuert. Reden über Allmacht versucht vielmehr, Menschen zur unbesiegbaren Kraft der Liebe hinzuführen, die in Schwäche, in Bescheidenheit und in Selbstlosigkeit zu finden ist. Einer solchen Allmacht können sich die Ärmsten der Armen erfreuen, nicht aber die Reichen – sie haben zuviel zu verlieren. Ihr Besitz steht zwischen ihnen und dem Königreich Gottes, wie auch der Besitz des reichen jungen Mannes im christlichen Evangelium ihn daran hindert, Jesus nachzufolgen. Das Königreich Gottes muß auf Erden errichtet werden, und seine Erbauer sind diejenigen, die in einer Welt, die sich in weiten Bereichen dem Materialismus und Eigennutz ergeben hat, ein Leben der Liebe führen wollen.

Natürlich ist dies eine revisionistische Auffassung von Allmacht, aber sie ist trotzdem plausibel. Die Erkenntnis der Macht der Heiligkeit, der Friedfertigkeit und der selbstaufopfernden Liebe, zu der sie hinführt, ist gültig. Wer behauptet, daß Reden über Allmacht Reden über einen allmächtigen, zeitlosen oder immerwährenden Gott ist, muß sich die Frage stellen, was durch solches Reden gewonnen wird.

Zusammenfassung

Was Reden über Gottes Allmacht bedeutet, hängt zum einen davon ab, ob mit „Gott“ 1. ein immerwährender Geist oder eine zeitlose Substanz gemeint ist, und zum anderen davon, ob es 2. im Sinn einer realistischen oder anti-realistischen revisionistischen Auffassung des Redens über Gott verstanden werden soll, wie sie in Kapitel 6 und 7 dargelegt wurden.

1. Wenn Gott zeitlos oder immerwährend ist, ist die plausibelste Definition von Gottes Allmacht die Fähigkeit dieses Gottes, alles zu tun, was für Gott logisch möglich ist. Dabei hängt viel von der Definition der Wesensnatur Gottes ab. Descartes’ Auffassung, daß Gott alles tun könne, auch das logisch Unmögliche, ist mit schweren grundsätzlichen Mängeln behaftet.
2. Es ist auch ein revisionistisches Verständnis von Allmacht möglich, das sie als die Macht der Liebe und Heiligkeit betrachtet. Nach dieser Sichtweise ist mit Allmacht nicht die Macht eines Schöpfergottes gemeint, sondern eine Macht, die in jedem von uns liegt, wenn wir darauf verzichten, nur für uns selbst zu leben, und statt dessen unser Leben dem Dienst am Nächsten widmen.

KAPITEL 13

Allwissenheit

Ich habe eine Bekannte, die als kleines Mädchen ungern auf die Toilette ging, weil sie glaubte, daß Gott ihr zusähe. Nietzsche spricht von der „*Unanständigkeit*" des christlichen Gottes, der alle Dinge sieht und weiß und damit in unsere Privatsphäre eindringt.

Wenn Allmacht einer der wichtigsten Aspekte des Zauberwürfels Gott ist, dann gilt dies für seine Allwissenheit nicht minder. Viele Gläubige behaupten, daß Gott alles weiß. Er ist *allgegenwärtig* (in seiner ganzen Schöpfung gegenwärtig, aber auch außerhalb davon), und nichts kann ihm verborgen bleiben. Gott hat jedes Haar auf unserem Haupt gezählt und kennt jeden Sperling, der vom Dach fällt. Gottes Wissen gibt dem Gläubigen die Gewißheit, daß, wie Juliana von Norwich sagte, „alles gut sein wird, und alle Dinge werden gut sein". Juliana vermochte nicht selbst zu erkennen, wie dies geschehen wird, aber sie vertraute auf Gott, und sie konnte dies zumindest teilweise auch deshalb, weil Gottes Wissen in keiner Weise beschränkt ist.

Doch sobald man ernsthaft darüber nachzudenken beginnt, was das Reden von Gottes Allwissenheit bedeuten soll, treten auch hier Schwierigkeiten und Probleme auf, und viel hängt davon ab, welche Auffassung von Gott man vertritt. Betrachten wir daher die Möglichkeiten der Reihe nach.

Der zeitlose allwissende Gott

Vereinfacht ausgedrückt besteht hier das Problem darin, wie ein Gott, der außerhalb der Zeit ist, wissen kann, was innerhalb der Zeit geschieht.

Ein zeitloser Gott weiß. „Wissen" bedeutet jedoch im Zusammenhang mit einem zeitlosen Gott etwas anderes als im Zusammenhang mit dem Menschen oder anderen Lebewesen. Unser Wissen ist seinem Wesen nach zeitlich, während Gottes Wissen zeitlos ist. Falsch ist es, wie wir gesehen haben, Wörter wie „wissen" univok auf Gott anzuwenden. Gott weiß zeitlos. Das Wort „wissen" läßt sich nur im analogen Sinne auf Gott anwenden. Es ist etwas anderes, wenn Gott weiß, als wenn der Mensch weiß. Dessen ungeachtet kann es wahr sein, daß Gott Wahrheiten über die zeitliche Welt weiß.

Ein zeitloser Gott, der buchstäblich außerhalb der Zeit ist, sieht Vergangenheit, Gegenwart und Zukunft gleichzeitig. Dieser Gott gleicht, wie wir gesehen haben, einem Beobachter auf einem Berg, der auf die Straße der Zeit hinabblickt und jede Stelle dieser Straße zugleich sieht. Zeit vergeht nicht für Gott, aber alle Zeit ist Gott präsent. Daraus folgt, daß jedes Ereignis, das jemals eingetreten ist, für Gott gleichzeitig präsent ist. Das Zeitalter der Dinosaurier, das Reich Alexanders des Großen, der Bürgerkrieg in Nordamerika, die Leiden der vietnamesischen Boat People und das Ende der Welt sind dem zeitlosen Gott sämtlich gleichermaßen präsent.

Befürworter des zeitlosen Gottes treten damit für eine sehr starke Version der Allwissenheit ein. Der zeitlose Gott kennt alles: Vergangenheit, Gegenwart und Zukunft. Dabei gibt es für Gott natürlich keine Vergangenheit, Gegenwart und Zukunft, weil ihm alle zeitlichen Ereignisse gleichzeitig präsent sind. Er weiß aber, an welchem Punkt der Straße der Zeit unser Leben liegt. Ein solcher Gott kennt unsere Zukunft absolut und in jedem Detail.

Dies ist eine attraktive Auffassung, aber sie wirft ein erhebliches Problem auf. Wenn Gott Ereignisse kennt, die für uns in der Zukunft liegen – wenn auch nicht für ihn, weil sie ihm zeitlos präsent sind –, in welchem Sinn können wir dann frei sein? Wenn Gott zeitlos weiß, daß meine elfjährige Tochter Catherine an ihrem siebenundzwanzigsten Geburtstag einen Mann namens David heiraten wird, hat dann Catherine (oder David) hier noch eine Entscheidungsfreiheit?

Oder anders ausgedrückt: Wenn Gott unsere Zukunft kennt, ist dann unsere Zukunft vollständig determiniert, und sind wir nur Marionetten in der Hand des Puppenspielers? Die christliche Tradition hat dies teilweise bejaht. Der Gedanke der Prädestination, demzufolge unser Leben von Gott festgelegt ist, kann als Widerspruch zur menschlichen Freiheit gesehen werden. Doch andererseits wird auch bekräftigt, daß Gott uns Menschen das Geschenk der Freiheit gemacht hat, so daß wir frei wählen können, ob wir uns ihm zuwenden oder von ihm abwenden? Liebe bedingt, daß wir frei sind, und wenn unser Handeln ganz von Gott determiniert und kontrolliert ist, dann können wir nicht frei sein. *Anthony Kenny* gibt eine hilfreiche Erläuterung von Luthers Verständnis der Prädestination: „Der menschliche Wille ist wie ein Lasttier. Wenn Gott auf ihm reitet, will es und geht es, wohin Gott will; wenn es der Satan reitet, will es und geht es, wohin der Satan will. Es muß dorthin gehen, wohin ihm sein Reiter befiehlt, und es hat nicht die Freiheit, sich seinen Reiter auszusuchen." Kenny interpretiert Luther wie folgt: „Gute und böse Menschen tun, was sie wollen; was ihnen fehlt, ist die Fähigkeit, ihr Wollen zu ändern. Der menschliche Wille ist in dem Sinne nicht frei, daß er sich nicht von einem guten Willen in einen bösen Willen verwandeln kann; eine solche Änderung ist nur passiv durch die Hand Gottes möglich" (*The God of the Philosophers*, S. 73).

Wenn dies wirklich wahr ist, dann kann Gott unsere künftigen Handlungen zeitlos wissen, und es besteht kein Problem, weil der Mensch nicht wirklich frei ist. Er hat keine echte Freiheit. Allerdings ist es durchaus die Frage, ob Luthers Auffassung von Prädestination richtig ist. Die menschliche Freiheit ist größer, als er meint. Der Mensch kann Entscheidungen treffen und sein Leben auf Gott ausrichten oder sich von ihm wegwenden. Gott steuert uns nicht so, wie Luther meint – wenn dies der Fall wäre, dann wäre unsere Liebe nicht frei. Wir wären Marionetten an Gottes Fäden.

Aber wenn wir wirklich frei sind und nicht von Gott gesteuert werden – wie läßt sich dies dann mit dem Gedanken vereinbaren, daß Gott unsere Zukunft kennt? Und wenn umgekehrt der zeitlose Gott unsere künftigen Handlungen kennt, welchen Sinn hätte dann die Überzeugung, daß wir frei sind? *Boethius,* Konsul im alten Rom, befaßte sich mit diesem Problem. Sein Buch *Trost der Philosophie* entstand im Gefängnis, in das er wegen einer falschen Anklage geworfen wurde. Es ist ein Dialog zwischen ihm und seiner „gütigen Amme Philosophie", in deren Gesellschaft er seit seiner Jugend gelebt hatte. Er klagt der „Dame Philosophie", daß er ein gerechter und tugendhafter Mann gewesen sei, der den römischen Staat gerecht regieren wollte. Er verweist auf Platons Forderung (im *Staat*), daß der ideale Staat von Philosophen regiert werden sollte, die weise genug seien, um wirklich das Wohl des Staates im Auge zu haben. Boethius war Philosoph und hatte sich nach Kräften bemüht, den Staat gut zu regieren, und doch war sein Lohn dafür, daß man ihn seiner Güter beraubte und ins Gefängnis warf. Mit diesem Buch unternahm er den Versuch, seinem Leiden einen Sinn abzugewinnen.

Boethius sagt also zur Dame Philosophie, daß Gott alles weiß. Gott kennt daher die künftigen Handlungen der Menschen, und dies könne nur bedeuten, daß die Menschen nicht frei sind. Aber die Dame Philosophie antwortet ihm, daß dies ein Irrtum sei. Gott wisse in der

Tat zeitlos alles, was wir in der Zukunft tun werden, aber sein Wissen sei *nicht kausal.* Gott sieht zeitlos unsere künftigen freien Handlungen, aber was er sieht, ist das Ergebnis unserer Freiheit – Gott bewirkt nicht, daß wir uns in einer bestimmten Weise verhalten.
Auf dieser Grundlage könne Gott zeitlos alle vergangenen, gegenwärtigen und zukünftigen Taten des Menschen wissen, ohne in seine Freiheit einzugreifen. Was Gott sieht, sind unsere freien Handlungen, und die Tatsache, daß er sie sieht, beeinflußt uns in keiner Weise. Gott weiß zeitlos, daß meine Tochter Catherine in sechzehn Jahren einen gewissen David heiraten wird, aber Catherine und David werden selbst beschließen, daß sie heiraten wollen – Gott wird sie nicht dazu veranlassen.
Diejenigen, die an einen zeitlosen Gott glauben, sind Realisten bezüglich der Zukunft. Sie sagen, mit anderen Worten, daß Aussagen über die Zukunft entweder wahr oder falsch sind. Es ist also heute wahr oder falsch, daß Catherine in sechzehn Jahren David heiraten wird. Natürlich wissen wir nicht, ob dies wahr ist, und da Catherine heute noch nicht einmal einen Mann namens David kennt, mag dies sehr unwahrscheinlich erscheinen, aber hierauf kommt es nicht an. Realisten treten für eine Korrespondenztheorie der Wahrheit ein, und nach ihrer Sichtweise ist eine Aussage über die Zukunft wahr, wenn sie mit dem wahren Sachverhalt im Einklang steht, der Gott zeitlos gegenwärtig ist. Es gibt also grundsätzlich erkennbare, zukünftige Sachverhalte, und Realismus bezüglich der Zukunft ist eine vertretbare Position.

Der immerwährende allwissende Gott

Ein zeitloser Gott kennt vollständig Vergangenheit, Gegenwart und Zukunft, weil ihm alle Zeit gegenwärtig ist. Anders verhält es sich dagegen beim immerwährenden Gott, der in der Zeit ist. Für den immerwährenden Gott ist die Zukunft Zukunft und die Vergangenheit Vergangenheit. Ein solcher Gott kann die Vergangenheit und die Gegenwart vollständig kennen. Schwierigkeiten bereitet aber die Frage nach seiner Kenntnis der Zukunft.
Man kann ohne weiteres behaupten, daß der immerwährende Gott künftige Ereignisse, die von der gegenwärtigen Situation der Welt abhängen, wissen könne. Der immerwährende Gott kann heute wissen, daß morgen die Sonne aufgehen wird, und er kann das Datum kennen, zu dem der Halleysche Komet in das Sonnensystem zurückkehrt. Diese Informationen sind auch Menschen zugänglich, weil die

Himmelsmechanik bekannten Gesetzen gehorcht. Die Frage ist aber, ob der immerwährende Gott auch künftige Handlungen freier Menschen wissen kann.
Hierbei gibt es zwei grundlegende Möglichkeiten, die von der Definition menschlicher Freiheit abhängen:

1. Echte Freiheit

Echte Freiheit (philosophisch „Freiheit der Indifferenz") ist die Freiheit, nach eigener Entscheidung in einer Weise zu handeln, die nicht vollständig durch die Gene oder durch Erziehung und Hintergrund bestimmt ist. Auf dieser Grundlage hat der Mensch ein Maß an echter Freiheit, die nicht durch seine Natur festgelegt ist. Andererseits ist diese Freiheit beschränkt – ich habe nicht die Freiheit, aus meinem Fenster zu schweben oder mich unsichtbar zu machen. Aber ich habe die Freiheit zu moralischen Entscheidungen, und diese Entscheidungen sind nicht vollständig durch meine Natur determiniert.
Nach dieser Sichtweise kann Gott die künftigen freien Handlungen von Menschen nicht wissen, weil es diesbezüglich keine wißbare Wahrheit gibt. Wir können selbst entscheiden, was wir aus unserem Leben machen wollen, und Gott kann nicht *wissen,* welche Entscheidungen getroffen werden. Gott kann natürlich die künftigen freien Entscheidungen von Menschen mit erheblicher Genauigkeit vorhersagen, aber zu sagen, daß Gott die Zukunft weiß, bedeutet notwendigerweise, daß er sich nicht irren kann. Wenn daher der Mensch in der hier definierten Weise frei ist, dann kann sich Gottes Allwissenheit nicht auf die künftigen Handlungen von Menschen erstrecken.
Auf dieser Grundlage könnte man einen immerwährenden Gott trotzdem als allwissend betrachten: Ein solcher Gott wüßte alles, was man logischerweise wissen kann. Er würde daher alle wahren Aussagen über die Vergangenheit und die Gegenwart kennen, während die Zukunft einfach noch nicht vorhanden und daher auch nicht wißbar ist. Es würde demgemäß keine Einschränkung von Gottes Allwissenheit bedeuten, ihm das Wissen über die künftigen Handlungen von Menschen abzusprechen, weil die Zukunft offen und voller Möglichkeiten ist, die erst dann festgelegt sein werden, wenn der Mensch eine freie Entscheidung getroffen hat.
Das Problem bei dieser attraktiven Auffassung besteht darin, daß Gottes Wissen in Wirklichkeit doch eingeschränkt wird. Er hätte damit 1900 nicht wissen können, daß die Greuel von Auschwitz

stattfinden würden, er hätte 1950 nicht wissen können, daß Osteuropa sich vom Kommunismus lösen würde, und er wüßte jetzt nicht, was die Zukunft bringen wird, höchstens insoweit, als die Zukunft nicht der menschlichen Kontrolle unterliegt. Eine solche Beschränkung Gottes könnte für manche inakzeptabel sein.

2. Die Freiheit, gemäß unserer Natur zu handeln

Wenn Freiheit die Freiheit ist, gemäß unserer Natur zu handeln (philosophisch „Freiheit der Spontaneität"), dann ist der Mensch frei zu tun, was immer er oder sie tun will, aber was er oder sie tun will, ist durch seine/ihre Natur, seinen/ihren Hintergrund und seine/ihre Erziehung determiniert.

Wenn man einen Menschen hypnotisieren würde, so daß er dem Zwang unterläge, in einer bestimmten Weise zu handeln, dann würde man nach dieser Sichtweise von ihm immer noch sagen, daß er nach seiner eigenen Natur handelt, weil er so handelt, wie er handeln will, auch wenn dieses Wollen vom Hypnotiseur bestimmt wird. Er mag die Freiheit haben, gemäß seiner Natur zu handeln, aber diese Natur kann vollständig determiniert sein. Diese Auffassung von menschlicher Freiheit könnte daher mit der Auffassung verträglich sein, daß das menschliche Handeln von Gott gesteuert und determiniert wird. Der Mensch könnte sich daher für frei halten, aber seine Freiheit, sich zwischen verschiedenen Vorgehensweisen zu entscheiden, wäre immer durch seine Natur determiniert.

Wenn wir diese Art von Freiheit hätten (und es ist grundsätzlich nicht zu beweisen, welche Art von Freiheit wir haben), dann könnte der ewige Gott in der Gegenwart künftige freie Handlungen wissen, weil diese Handlungen ganz von unserer Natur determiniert wären.

Die meisten Theologen und Philosophen neigen dazu, uns echte Freiheit zuzusprechen, und insofern sie mit dem Modell eines immerwährenden Gottes arbeiten, sind sie bereit, Gottes Kenntnis der Zukunft zu beschränken, soweit diese Zukunft von freien Handlungen des Menschen beeinflußt wird. *Peter Geach* hat einen hilfreichen Vergleich aufgezeigt, wie wir Gottes Wissen hinsichtlich unserer zukünftigen freien Handlungen betrachten können. Geach vergleicht Gott mit einem Schachgroßmeister. Wenn wir mit einem Großmeister Schach spielen würden, wären wir vollkommen frei, jeglichen beliebigen Zug zu machen. Wir unterlägen keinerlei äußerem Zwang, aber es gäbe auch keinen Zweifel daran, daß wir verlieren würden. Geach drückt dies wie folgt aus:

> Gott ist der höchste Großmeister, der alles unter seiner Kontrolle hat. Einige Spieler unterstützen bewußt seine Absichten, während andere versuchen, sie zu behindern; aber was immer die endlichen Spieler tun, es wird doch Gottes Plan ausgeführt, auch wenn Gott sein Spiel entsprechend den Zügen der endlichen Spieler variiert. Gott kann man nicht überraschen, überlisten, betrügen oder enttäuschen. Gott kann wie ein Schachgroßmeister seine Pläne ausführen, selbst wenn er sie vorher schon offengelegt hat. „Auf diesem Feld", spricht der Großmeister, „werde ich meinen Bauern in eine Dame umwandeln und meinen Gegner matt setzen" – und genau so kommt es.
>
> (*Providence and Evil,* S. 58)

Der Vergleich Gottes mit einem Großmeister ist meiner Ansicht nach hilfreich, wenn auch nicht in der Weise, wie Geach sie präsentiert. Seiner Auffassung nach kann der Großmeister jeden Zug vorhersagen, den der endliche Gegner machen wird, aber dies steht im Widerspruch zur menschlichen Freiheit. Selbst ich als sehr mäßiger Schachspieler könnte einen Großmeister daran hindern, seinen Bauern in eine Dame umzuwandeln und mich Schachmatt zu setzen, wenn er sein Vorhaben vorab offenlegen würde.

Aber man kann Geachs Bild des Großmeisters anpassen. Gestehen wir zu, daß uns ein Schachgroßmeister schlagen wird. Ebenso kann es sich mit Gott verhalten. Der immerwährende Gott kennt alle uns offenstehenden künftigen Möglichkeiten, auch wenn er nicht im Einzelfall weiß, welche Entscheidung wir treffen werden. Aber weil Gott Gott ist und wir nur Menschen, können wir Gottes langfristige Absichten nicht durchkreuzen. Ich behaupte also, daß der ewige Gott unsere künftigen Handlungen nicht im einzelnen und mit absoluter Sicherheit vorhersagen kann. Er kann allerdings vorhersagen, daß seine Absichten letztlich verwirklicht werden, wie der Großmeister vorhersagen kann, daß er das Spiel gewinnen wird.

Auf diesem Modell läßt sich gut aufbauen. Der immerwährende Gott könnte uns die Freiheit lassen, uns innerhalb der durch unser Menschsein vorgegebenen Grenzen zu entscheiden, wie wir wollen. Wir können tun, was wir wollen, und Gott kann uns die freie Entscheidung lassen, was für ein Mensch wir werden wollen. Wir haben die freie Entscheidung, Menschen zu werden, die zu Liebe und Selbstaufopferung fähig sind, oder solche, die den Ansprüchen des Selbst die Oberhand gewähren, so daß wir anderen gegenüber kalt und gleichgültig werden. Die Entscheidung liegt bei uns – und wir müssen auch ihre Folgen tragen. Gottes allgemeine Absichten kön-

nen wir jedoch nicht durchkreuzen. Gott könnte zum Beispiel sicherstellen, daß wir nicht andere mit herabziehen. Wir können Gott nicht besiegen, aber wir können trotzdem unseren Weg selbst wählen.
Was genau Gottes Absichten sind, wissen wir vielleicht nicht, aber insgesamt hat dieses Bild viel für sich. Es betont Gottes Personalität und garantiert zugleich, daß trotz seines Nichtwissens hinsichtlich unserer künftigen freien Handlungen die Welt unter seiner Kontrolle bleibt. Gott interagiert mit der Welt. So muß Gott im Alten Testament immer wieder handeln, um sein auserwähltes Volk zum Gehorsam ihm gegenüber zurückzurufen. Seine äußerste Handlung war, daß er aus Liebe zu den Menschen seinen Sohn sandte, um die Menschen zur Einsicht darüber zu bewegen, welche Fehler sie in ihrem Leben begingen. Und doch lag selbst in dieser Handlung kein Zwang – es blieb den Menschen freigestellt, sie zu ignorieren, und diejenigen, die am Palmsonntag „Hosianna" riefen, schrien sechs Tage später „Kreuzige ihn". Gott konnte hieran nichts ändern, ohne die menschliche Freiheit zu zerstören, und wenn diese Freiheit zerstört worden wäre, dann wäre damit auch die Möglichkeit zunichte gemacht gewesen, die Menschen zur Gottesliebe zu bewegen.
Das Verständnis Gottes als immerwährend – wobei seine Allwissenheit auf die Kenntnis vergangener und gegenwärtiger Wahrheiten sowie auf jene künftige wahre Aussagen beschränkt wird, die unmittelbar auf gegenwärtigen Ereignissen beruhen (zum Beispiel künftige Zustände der physischen Welt) – betont die Personalität Gottes und ist leicht zu verstehen. Gott kennt alle künftigen Möglichkeiten. Er kannte die Möglichkeit von Auschwitz und Stalins Todeslagern, aber er hätte sie nicht verhindern können, ohne die menschliche Freiheit zu zerstören. Doch handelt er nach Auffassung der Gläubigen in der Welt, um sicherzustellen, daß seine langfristigen Absichten verwirklicht werden. Der Nachteil dieser Sichtweise liegt darin, daß Gott in der Welt handeln muß, um sicherzustellen, daß die freien Handlungen des Menschen seine Absichten nicht durchkreuzen, und mancher wird sagen, daß dies eine zu anthropomorphe Auffassung von Gott ist.
Diejenigen, die an einen immerwährenden Gott glauben, werden hinsichtlich jener Aussagen, die die Zukunft betreffen, Anti-Realisten sein, wenn und insofern sich diese Aussagen auf das künftige Handeln von Menschen beziehen. Solange die entsprechende Handlung nicht erfolgt ist, gibt es in ihren Augen auch keine diesbezügliche Wahrheit, die überhaupt gewußt werden könnte.

Revisionistische Auffassungen von Allwissenheit

Die beiden oben betrachteten Auffassungen von Allwissenheit beziehen sich auf einen Gott, der die Welt erschuf und Dinge von der Welt weiß. Zeitloser und immerwährender Gott kennen vergangene und gegenwärtige Tatsachen. Der zeitlose Gott kennt künftige Tatsachen, während die Frage, ob der immerwährende Gott die Zukunft kennt, problematisch ist. Wenn man sich jedoch eine der beiden schon erörterten revisionistischen Auffassungen von Gott zu eigen macht, dann gibt es keinen Gott, der in einem konventionellen Sinn etwas wissen könnte. Welche Bedeutung kann dann Reden von Allwissenheit haben?

Sowohl nach Sutherlands realistischer revisionistischer Auffassung von Religion als auch nach der anti-realistischen Auffassung handelt die religiöse Redeweise eigentlich von der Situation des Menschen. Sie sagt uns etwas darüber, was es bedeutet, daß der Mensch in der Welt lebt. Reden von Allwissenheit ist Reden über die Unmöglichkeit, jener Wirklichkeit zu entgehen, an der unser Leben gemessen werden muß. Wir kennen uns, und wir können unserem eigenen Urteil über uns selbst nicht entgehen.

Bei der Erörterung von Sutherlands Auffassungen habe ich auf eine Stelle verwiesen, an der sich Sutherland auf Thomas More bezieht. In Robert Bolts Stück *A Man for All Seasons* erklärt Thomas More, der Lordkanzler Englands, dem jungen und ehrgeizigen Höfling Rich, der mit seiner Hilfe Karriere zu machen hofft, daß sein Ehrgeiz ein Irrtum ist. More rät ihm statt dessen, Lehrer zu werden. Wenn er ein guter Lehrer wird, sagt More, dann wird er es wissen, seine Schüler werden es wissen und Gott wird es wissen. Sutherland meint, daß More mit seiner Aussage „Gott wird es wissen“ nicht einen himmlischen CIA *(„Celestial Intelligence Agency“)* gemeint zu haben braucht, der das Tun und Lassen aller Menschen überwacht und jedes Wort beurteilt und verurteilt, das gegen den Willen jener Machtgestalt gesprochen wird, die die Welt kontrolliert. Eine solche Auffassung wäre zu grobschlächtig.

Vielmehr gehe es bei dem Reden von Gottes Allwissenheit darum, daß man der Möglichkeit einer alternativen Lebensweise nicht ausweichen kann. Es steht uns zwar frei, ein Leben in Heiligkeit und selbstaufopfernder Liebe zu führen oder abzulehnen. Aber wir könnten unser Tun nicht wirklich verbergen, denn durch unser Handeln werden wir zu demjenigen, der wir sind. Und davon hängt es ab, ob wir die Trivialisierung überwinden können, die mit Tod und Alter einhergehen kann.

Aristoteles sagte, daß der Mensch am Anfang die Wahl hat, den Pfad der Tugend oder denjenigen des Lasters einzuschlagen. Im weiteren Leben aber wird der einmal eingeschlagene Pfad immer bequemer. Wir werden „festgefahren", und schließlich gewinnt die Tugend oder das Laster Macht über uns. Wir selbst haben uns dann zu einem Menschen eines bestimmten Typs gemacht. Unsere sündigen Handlungen sind nach dieser Auffassung also nicht etwas, das wir vergeblich vor einem allwissenden Wesen zu verbergen versuchen. Das Reden von Allwissenheit erinnert uns vielmehr daran, daß nichts verborgen ist, insofern alle unsere verborgenen Sünden bestimmen, was für ein Mensch wir werden. Ihren Wirkungen können wir nicht ohne weiteres entgehen, und ebensowenig unserem eigenen Wissen davon, was wir getan haben. Unsere Sünden wissen uns zu finden.

Zusammenfassung

Der zeitlose Gott hat alle Zeit gleichzeitig gegenwärtig, so daß Ereignisse, die für uns vergangen, gegenwärtig oder zukünftig sind, für ihn sämtlich gleichzeitig vorhanden sind.
Der immerwährende Gott kennt Vergangenheit und Gegenwart. Ein solcher Gott kann die Zukunft nur insofern kennen, als sie durch die gegenwärtigen Verhältnisse in der Welt bestimmt ist. Falls daher der Mensch nur jene Freiheit hat, bei der er gemäß seiner determinierten Natur handelt, kann der immerwährende Gott die Zukunft kennen.
Wenn dagegen der Mensch die echte Freiheit besitzt, sich zwischen Alternativen zu entscheiden, dann kann der immerwährende Gott die Zukunft insoweit nicht wissen, wie sie vom freien Willen des Menschen beeinflußt werden kann. Einen solchen Gott könnte man trotzdem als allwissend betrachten, weil er alles wissen würde, was man logischerweise wissen kann.
Wenn man schließlich eine der revisionistischen Auffassungen zur Erklärung theologischer Rede heranzieht, dann bezieht sich das Reden von Allwissenheit darauf, daß man den Wirkungen seines Tuns nicht entgehen kann. Man wird zu dem Menschen, zu dem man durch seine Handlungen gemacht wird, und in diesem Sinn kommt alles Verborgene ans Licht.

KAPITEL 14

Gottes Handeln in der Welt

Kann Gott handeln? Und warum sollte man diese Frage überhaupt stellen?

Viele religiös Gläubige sind der Meinung, daß die erste Frage geradezu absurd ist. Ist schließlich Gott nicht allmächtig? Kann Gott nicht alles tun? Handelt Gott nicht, wenn Wunder geschehen? Bittet der Gläubige nicht im Gebet darum, daß Gott handelt? Man könnte also sagen, daß schon das Stellen dieser Frage zeigt, daß der Philosoph nicht im mindesten verstanden hat, was der Gläubige überhaupt glaubt. Die zweite Frage beantwortet sich durch diese Einwände gegen die erste: Unsere Auffassung davon, was es bedeutet, von Gebet, Wundern oder der Schöpfung zu reden, hängt direkt davon ab, ob Gott in der Welt handeln kann.

Ob Gott handeln kann, und wenn ja, wie? – Dies sind zentrale Fragen der Theologie und Philosophie. Die Probleme liegen nicht so einfach, wie viele Gläubige annehmen. Es gibt zwei grundlegende Positionen, die man einander gegenüberstellen muß:

1. Ein *Theist* ist jemand, der an einen zeitlosen oder einen immerwährenden Gott glaubt, der von der Welt, die er geschaffen hat, unabhängig ist, aber sich trotzdem beständig und eng mit ihr befaßt. Ein solcher Gott ist in der Welt transzendent und immanent zugleich. Christentum, Islam und Judentum sind in ihrem traditionellen Verständnis theistische Religionen.
2. Ein *Deist* ist jemand, der an einen zeitlosen oder einen immerwährenden Gott glaubt, der von der Welt, die er geschaffen hat, unabhängig ist und sich mit ihr in keiner Weise befaßt. Der Deismus neigt zu einer betont rationalen Auffassung vom religiösen Glauben. Er hat heute nur geringen Einfluß, hatte jedoch im siebzehnten und achtzehnten Jahrhundert in Großbritannien viele Anhänger. In diesem Kapitel soll die deistische Position unberücksichtigt bleiben.

Grenzen wir zunächst die bisher erkundeten verschiedenen Auffassungen von Gott gegeneinander ab und klären wir die verschiedenen Auffassungen von göttlichem Handeln, die ihre jeweiligen Vertreter haben.

Zeitloses Handeln

Nehmen wir an, daß ein Kind in Lourdes von einer Krebserkrankung geheilt wird, die die Ärzte für unheilbar erklärt haben und die sich Röntgenaufnahmen zufolge schon über den ganzen Körper ausgebreitet hatte. Wenn das Kind nun vor einer Woche geheilt wurde und wenn die Heilung durch ein Eingreifen Gottes zustande kam, bedeutet dies dann nicht, daß Gott vor einer Woche gehandelt haben muß? Wenn aber Gott letzte Woche handelte, dann muß Gott selbst in der Zeit sein.

Nehmen wir wiederum an, daß ein Ehemann heute um die Freilassung seiner Frau betet, die in die Hände terroristischer Geiselnehmer gefallen ist. Drei Stunden nach seinem Gebet hört er in den Nachrichten, daß seine Frau zum Zeichen der „Güte und Solidarität mit den friedliebenden Menschen der Welt" als einzige der Geiseln von den Geiselnehmern freigelassen wurde und wohlbehalten und in Sicherheit ist. Der Ehemann dankt Gott, der sein Gebet erhört hat. Wenn Gott auf das Gebet des Ehemanns reagiert hat, dann muß sein Handeln der Bitte gefolgt sein. Wenn das Gebet vor dem Handeln Gottes war, das die Freilassung seiner Frau bewirkte, bedeutet dies dann nicht, daß Gott zeitlich sein muß?

Die beiden obigen Argumente verwerfen die Möglichkeit eines *zeitlosen Handelns.* Mit anderen Worten, sie behaupten beide, daß Gott, wenn er wirklich außerhalb der Zeit ist, in keiner Weise in der Welt wirken könne. Wenn es möglich sein soll, daß Gott in einer zeitlichen Welt wirkt, dann muß er selbst zeitlich sein. Diese Argumente wurden an verschiedener Stelle von verschiedenen Autoren vorgebracht, doch nirgendwo ist die Ablehnung eines zeitlosen Handelns klarer ausgearbeitet als in dem Buch *God and Timelessness* von *Nelson Pike.*

Pikes Argument hat breite Zustimmung gefunden, und es ist erstaunlich, wieviele Philosophen und Theologen seinetwegen den Glauben an einen zeitlosen Gott verworfen haben. Dabei beruht das ganze Argument auf einem grundlegenden Mißverständnis. Auf dieses Mißverständnis weist ein Artikel von Stump und Kretzmann[16] folgendermaßen hin:

---

[16] In: T. V. Morris (Hrsg.), The Concept of God, Oxford 1987.

1. Gott brachte eine Wirkung in der Zeit hervor, und hieraus folgt, daß
2. Gott in der Zeit handelte, um diese Wirkung hervorzubringen.

Nun besteht aber überhaupt keine Notwendigkeit, eine solche Verknüpfung herzustellen. Augustinus, Thomas von Aquin und viele andere bedeutende christliche Autoren, die Gott im wörtlichen Sinn für zeitlos halten, betrachten vielmehr folgendes als die richtige Position:

1. Gott brachte eine Wirkung in der Zeit hervor, woraus folgt:
2. Weil Gott zeitlos ist, muß Gott zeitlos gehandelt haben, um diese Wirkung hervorzubringen.

Sie sagen also, daß zeitloses Handeln eine Wirkung in der Zeit hervorbringen kann. Alle Zeit ist dem zeitlosen Gott gleichzeitig gegenwärtig, der zeitlos beschließen kann, daß bestimmte Ereignisse zu bestimmten Zeiten eintreten sollen. Gott könnte demzufolge zeitlos das Gebet des Ehemannes in obigem Beispiel um acht Uhr hören und zeitlos um elf Uhr die Freilassung seiner Frau bewirken. Die Tatsache, daß das Ergebnis von Gottes Handeln in unserer zeitlichen Welt auftritt, bedeutet nicht notwendigerweise, daß das Handeln selbst zeitlich ist. Gott, die Ursache der zeitlichen Wirkung, kann selbst zeitlos sein.

Gott ist allmächtig, und dies bedeutet, wie wir gesehen haben, daß er alles tun kann, was für ihn logisch möglich ist. Es ist, so wird behauptet, für einen zeitlosen Gott nicht logisch unmöglich, zeitlos zu handeln, um eine zeitliche Wirkung hervorzubringen. Weil aber Gott alles tun kann, was logisch möglich ist, kann er auch dies tun.

Die Kritiker des zeitlosen Handelns versuchen zu zeigen, daß Handlungen notwendigerweise in der Zeit geschehen müssen. Schließlich geschieht alles menschliche Handeln in der Zeit. Jede Handlung und ihre Wirkung erfolgen zu einem bestimmten Zeitpunkt, und man könnte argumentieren, daß dies auch für Gott gilt. Damit aber ignoriert man einen wesentlichen Punkt in der Philosophie des Thomas von Aquin, daß man nämlich nicht in univoker Sprache über Gott reden kann (dies wurde auf S. 32–37 erklärt, wo ich verdeutlicht habe, daß der zeitlose Gott von uns völlig verschieden ist, weshalb die Sprache, mit der wir über zeitliche Wesen in der Welt sprechen, nicht dieselbe Bedeutung haben kann, wenn wir sie auf den zeit- und raumlosen Gott beziehen).

Thomas vertrat die Auffassung, daß Reden über Gott nicht univok sein kann, sondern analog sein muß. Zwar kann man wissen, daß

Reden von Gott wahr ist, aber man kann nicht wissen, was es für diese Aussagen bedeutet, wenn sie wirklich auf Gott bezogen werden. Es ist *wahr*, daß Gott zeitlos handelt, aber wir wissen nicht, was es *bedeutet*, daß dies wahr ist, weil wir nicht erkennen können, wie der raum- und zeitlose Gott an sich ist. Dies impliziert selbstverständlich, daß wir bezüglich der Bedeutung von zeitlosem Handeln agnostisch sind – wir können es nicht verstehen. Aber wie sollte dies auch anders möglich sein? Der Befürworter eines zeitlosen Gottes nimmt das völlige Anderssein Gottes ernst und hat keine Scheu zuzugeben, daß wir von Gottes grundlegender Natur nur sehr wenig wissen.

Man kann also ohne weiteres sagen, daß der zeitlose Gott zeitlos handeln kann, um in der Welt Wirkungen hervorzurufen, auch wenn wir vielleicht nicht verstehen, wie dies geschieht.

Dennoch meine ich, daß man denjenigen, die die Idee eines zeitlosen Handelns vertreten, noch weitere Fragen stellen kann, die schwerwiegender sind als die oben dargelegten. Die obige Verteidigung des zeitlosen Handelns stützt sich darauf, daß es für einen zeitlosen Gott nicht logisch unmöglich ist zu handeln. Ich bin mir allerdings nicht sicher, daß dies so selbstverständlich richtig ist, wie es scheinen mag. Wittgenstein fragte, ob eine Rose Zähne haben könne. Wäre, mit anderen Worten, eine Rose noch eine Rose, wenn sie Zähne hätte? Oder, um ein anderes Beispiel zu geben: Wenn jemand sagen würde, daß er ein Auto besitzt, und daß dieses Auto zwar in perfektem Zustand sei, aber es habe keine Räder, keinen Motor, keine Sitze, könne sich weder auf dem Erdboden, noch unter dem Erdboden noch über dem Erdboden bewegen, sei dauerhaft an seinem Platz verwurzelt und bestünde hauptsächlich aus grünen Blättern – könnte dies dann noch ein Auto sein? Diese beiden Beispiele zeigen, daß es Grenzen des Sprachgebrauchs gibt. Sprache ist natürlich dynamisch, und die Bedeutung von Wörtern kann sich im Laufe der Zeit verändern, aber zu einer bestimmten Zeit ist die Bedeutung von Wörtern in einer öffentlichen Sprache weitgehend festgelegt.

Wenn man nun sagt, daß die Aussage „Gott handelt zeitlos“ logisch möglich ist, dann behauptet man, daß es keinen Widerspruch gibt zwischen „Gott“ (hier als zeitloser Gott verstanden) und „Handeln“ (analog verstanden). Eine Aussage wie „diese Jungfer ist männlich“ ist logisch unmöglich, weil man nur eine Jungfer sein kann, wenn man weiblich ist. Wenn ich also sagen würde „Peter Vardy handelt zeitlos“, dann wäre dies ein logischer Widerspruch, weil Peter Vardy ein Mensch und fraglos zeitlich ist.

Es ist allerdings sehr schwierig aufzuzeigen, daß die Aussage „Gott handelt zeitlos“ logisch unmöglich ist. Wir wissen, daß Gott in diesem Zusammenhang als zeitlos gedacht wird. Wenn man also sagt, daß ein zeitloser Gott etwas zeitlos tut, dann scheint dies völlig vernünftig zu sein. Aber eben hiervon bin ich nicht überzeugt. Das Problem liegt darin, welchen Inhalt man Begriffen wie „handeln" und „tun" gibt. Es ist sehr schwierig, die Verfechter des zeitlosen Gottes an diesem Punkt festzunageln, weil sowohl das Subjekt als auch das Prädikat in dieser Behauptung weitgehend unbekannt sind. Gehen wir also der Reihe nach vor.

Nehmen wir die Behauptung: „Gott handelt zeitlos."

1. „Gott" meint hier den raum- und zeitlosen Gott. Wir können nicht wissen, was die Natur dieses Gottes ist. Wir können uns keine Vorstellung davon machen, was es heißt, daß ein zeitloser, raumloser, metaphysisch vollkommener und äußerst einfacher Gott existiert. Dies ergibt sich zwangsläufig aus der Tatsache, daß Gott so ganz anders ist als wir. Gott ist der Schöpfer; wir sind Geschöpfe. Wir können nicht erwarten, mit unserem beschränkten Verstand den Schöpfer zu verstehen.
2. „Handeln" ist hier in einem analogen Sinne gemeint. Wir können sagen, daß das Wort nicht univok benutzt wird. Es hat nicht dieselbe Bedeutung, die es in der zeitlichen Welt hat. Wir können sagen, daß zeitloses Handeln möglich ist, aber wir wissen nicht, was dies bedeutet.

Hieraus ergibt sich, daß wir *weder* verstehen, was Reden von einem zeitlosen Gott, *noch*, was Reden von einem zeitlosen Handeln bedeuten soll. Daher ist es praktisch unmöglich zu sagen, daß ein logischer Widerspruch vorliegt. Wenn man *weder* das Subjekt *noch* das Prädikat eines Satzes versteht, wie könnte man dann behaupten, daß ein Widerspruch vorliegt? Thomas' Position scheint unangreifbar zu sein.

Ich glaube nicht, daß man in irgendeiner stichhaltigen Weise zeigen kann, daß der Begriff eines zeitlosen Handelns unstimmig oder logisch unmöglich ist, aber ich glaube um so mehr, daß man sich über das Ausmaß des in dieser Behauptung implizierten Agnostizismus im klaren sein muß. Wenn man das Zeit-Wort „handeln" benutzt, läßt man sich nicht nur am Rande mit Zeit ein: Alles an diesem Wort impliziert Zeit. Handlungen werden von Menschen ausgeführt, und Menschen sind zeitlich. Kann man sich nun alle zeitlichen Elemente einfach wegdenken, ohne daß „zeitloses Handeln" oder „zeitlose Person" jeglichen signifikanten Inhalt einbüßen?

Nehmen wir eine Parallele. Stellen wir die Frage: „Kann Gott Zähne haben?" Auf den ersten Blick ist diese Frage absurd. Wenn Gott zeitlos und raumlos, äußerst einfach und ohne Körper und Körperteile ist, kann er unmöglich Zähne haben. Zähne zu haben würde Gottes Raumlosigkeit schlicht widersprechen. Aber das Nämliche könnte man von „zeitlosem Handeln" sagen. Wir könnten quasi mit Thomas von Aquin sagen, daß das Wort „Zähne" im Zusammenhang mit Gott nicht univok benutzt werden kann. Gott kann nicht in dem Sinne Zähne haben, wie wir Zähne haben, aber vielleicht könnte Gott in einem analogen oder metaphorischen Sinne Zähne haben. Wenn jedoch Gott keinen Körper besitzt und in höchstem Maße zeitlos ist, könnte man argumentieren, daß selbst analoges Reden von Zähnen am Rande der Absurdität liegt. Es wäre wohl immer noch besser zu sagen, daß Gott keine Zähne hat, als „Zähne" so verwaschen zu qualifizieren, daß das Wort keinen sinnvollen Gehalt mehr hat.

Dasselbe könnte man von zeitlosem Handeln sagen. Wenn man das Wort „handeln" hier nicht in einer Weise verstehen darf, wie es üblicherweise verstanden wird, dann wäre es wohl besser zu sagen, daß Gott nicht handeln kann. Auf dieser Grundlage könnte man sagen, daß Reden über zeitloses Handeln nicht logisch unmöglich, aber in hohem Maße irreführend ist und an Unstimmigkeit grenzt. Es wäre besser, den Begriff nicht zu benutzen, als sich so weit hinter Mysterium und Agnostizismus zurückzuziehen, bis das Wort „handeln" keinen Inhalt mehr hat.

Bevor wir dieses Thema verlassen, sollten wir noch die Schwierigkeiten einer speziellen zeitlosen Handlung betrachten. Der zeitlose Gott soll die Welt erschaffen haben. Thomas von Aquin glaubte interessanterweise, daß sich dies philosophisch nicht beweisen ließe und nahm an, daß die Schöpfung eine geoffenbarte Wahrheit sei. Aber damit ist die Sache nicht erledigt.

Augustinus beschäftigte sich mit der Frage: „Was tat Gott vor der Schöpfung der Welt?" und kam zu dem Schluß, daß die Frage absurd sei. Die Zeit ist mit der Schöpfung ins Dasein getreten (wenn man damit nicht nur die Schöpfung der materiellen Welt, sondern auch der himmlischen Wesen wie zum Beispiel der Engel meint), und vor der Zeit gab es keine Zeit. Gott existierte zeitlos, und für den zeitlosen Gott vergeht die Zeit nicht. Nach Ereignissen *vor* dem Beginn der Zeit zu fragen, ist daher unsinnig. Das klingt vernünftig.

Aber versuchen wir nun ein Gedankenexperiment, wenn auch ein äußerst schwieriges, da es einen Versuch darstellt, sich das Unvorstellbare vorzustellen. Stellen wir uns vor, daß die Schöpfung noch nicht stattgefunden hat. Gott existiert zeitlos. Es gibt keine Materie, keine himmlischen Wesen, keine Zeit – nichts als einen zeitlosen Gott, für den die Zeit nicht vergeht. Wir haben also einen zeitlosen Gott, der ohne jeden Zeitrahmen existiert, und außer ihm gibt es nichts.

Wie kann nun die Welt ins Dasein treten, wenn es keinen Zeitrahmen gibt? Wenn eine Schöpfung stattfinden soll, dann muß die Welt zu existieren beginnen. Gott muß zeitlos so etwas sagen wie: „Es werde Licht" (Genesis 1,3). Es gibt aber keinen Zeitpunkt, zu dem dies gesagt werden könnte – auch nicht zeitlos. *Entweder* muß die Welt von jeher existiert haben (in welchem Fall Gott sie nicht geschaffen haben kann, auch wenn er sie vielleicht stützt und im Dasein erhält – eine Auffassung, die Schleiermacher vertrat) *oder* sie kann niemals existieren. Wenn es nicht irgendeinen Zeitrahmen in Gott selbst gibt, wenn Gott nicht wesenhaft zeitlich ist, dann kann es keine Zeit geben, zu der die Entscheidung getroffen wird, daß die Welt entstehen soll.

Es zeigt sich also, daß es nicht genügt zu behaupten, daß die Schöpfung eine von Gott geoffenbarte Lehre sei. Wenn Gott buchstäblich zeitlos ist, dann kann er anscheinend aus logischen Gründen die Welt nicht aus dem Nichts erschaffen haben. Dagegen könnte er sehr wohl eine Welt unterhalten haben, die seit jeher existierte. Man könnte diese Meinung unterstützen, wenn man zum Beispiel annimmt, daß die Welt sich ausdehnt und wieder zusammenzieht, so daß nach einer bestimmten Zeit die gegenwärtige Welt in sich zusammenstürzt und auf dieses Ereignis ein neuer Urknall folgt, mit dem ein neuer Zyklus beginnt. Aber Gott hätte diese Welt nicht ohne einen Zeitrahmen erschaffen können.

Letztlich muß die Möglichkeit zeitlosen Handelns offen bleiben. Ihre Vertreter können sich auf das völlige Anderssein Gottes berufen, und es scheint keine Möglichkeit zu geben, ihre Position schlüssig zu widerlegen, auch wenn der Gedanke einer zeitlosen Schöpfung aus dem Nichts mit größten philosophischen Schwierigkeiten behaftet zu sein scheint.

Handeln eines immerwährenden Gottes

Wenn Gott ein immerwährender Geist ist, dann bietet das Handeln eines solchen Gottes wenig Probleme. Der Reiz einer solchen Auffassung von Gott liegt zum Teil gerade darin, daß sich Gottes Handeln relativ einfach sinnvoll erklären läßt. Der ewige Gott ist in der Zeit und kann daher in der Zeit handeln. Gott nimmt Gebete wahr, die zum Zeitpunkt T_1 ausgesprochen werden, und reagiert auf sie zum Zeitpunkt T_2. Die Zukunft ist für diesen Gott Zukunft, wie die Vergangenheit Vergangenheit ist.

Wir können natürlich nicht verstehen, was es für Gott bedeutet, daß er ein immerwährender Geist ist, der zugleich trinitarisch ist (drei Personen in einer und eine Person in dreien), aber jedenfalls kann man sich einen solchen Gott ohne weiteres als personal vorstellen. Handeln ist auf Personen bezogen, und weil der immerwährende Gott seinem Wesen nach personal ist, bereitet sein Handeln relativ wenig philosophische Schwierigkeiten.

Man muß gewiß Fragen darüber stellen, wann und wo Gott in der Welt handelt, aber diese Fragen gelten gleichermaßen für die Auffassungen von Gott als zeitlos wie als immerwährend, und wir werden uns damit noch bei der Erörterung von Gebet und Wundern beschäftigen. Insbesondere könnte man sagen, daß ein Gott, der in der Welt handeln kann, aber dies im Angesicht des furchtbaren Leidens in Auschwitz oder der Folgen des Erdbebens in Armenien nicht tut, kein verehrungswürdiger Gott ist.

Was Reden von Gottes Handeln nach den revisionistischen Auffassungen vom Christentum bedeutet

Nach der realistischen ebenso wie nach der anti-realistischen revisionistischen Auffassung vom Christentum gibt es keinen Schöpfergott, der von der Welt unabhängig ist und in Interaktion mit ihr steht. In Anbetracht dessen hat es keinen Inhalt, von Gottes Handeln zu sprechen. Dies ist allerdings zu einfach gedacht.

Teresa von Avila werden die nachfolgenden Zeilen zugeschrieben:

> *Christus hat jetzt auf Erden nur deinen Leib,*
> *nur deine Hände, nur deine Füße,*
> *nur durch deine Augen kann er*
> *mitleidsvoll auf die Welt blicken,*
> *auf deinen Füßen wandelt er, um Gutes zu tun,*
> *und deine Hände sind es, mit denen er uns jetzt segnet.*

Das Bild, das Teresa hier vorlegt (an anderer Stelle in ihren Schriften entwirft sie ein anderes Bild), ist nicht dasjenige eines Schöpfergottes, der in der Welt ständig aktiv ist: Sie sagt, daß Gott nur unsere Hände, nur unsere Füße hat. Damit sind wir es, die für Gott handeln müssen. Wir müssen für Gott Mitleid mit der Welt zeigen. Wir müssen zu den Armen und Schwachen gehen, um ihnen Gottes Mitleid entgegenzubringen, und wenn wir andere segnen, muß dies der Segen unserer Liebe und Zuwendung sein.

Über Gottes Handeln zu reden heißt demgemäß, von unserem eigenen Handeln zu reden. Gott handelt überall dort in der Welt, wo wir Mitleid und Liebe antreffen, wo für die Armen gesorgt wird, wo Gefangene besucht werden, wo Kranke gepflegt und die Schwachen unterstützt werden.

Wir brauchen also keinen zeitlosen oder immerwährenden Gott anzunehmen, der in einer irgendwie unerkennbaren Weise durch Menschen handelt. Vielmehr *sind* Taten des Mitleids und der Liebe die Handlungen Gottes – und so nennen wir sie auch! Dies ist ein eindrückliches und anziehendes Bild. Gottes Handlungen kann man überall in der Welt sehen, wo die Macht der Liebe wirksam ist.

Allerdings müssen wir anerkennen, daß dies eine revisionistische Haltung ist. Teresa geht nicht so weit, wie die Revisionisten gehen wollen. Sie möchte lediglich zeigen, daß wir uns nicht auf das Handeln Gottes verlassen dürfen, sondern stellvertretend für ihn handeln müssen. Sie sagt damit nicht, daß Gott nicht handeln *könnte* oder *würde*. Für sie, ebenso wie für den Hauptstrom des Christentums, kann Gott durchaus in der Welt ohne menschliche Vermittlung direkt handeln, nur dürfen sich die Gläubigen nicht auf sein Eingreifen verlassen. Sie würde wohl auch sagen, daß Gott selbst wirklich durch Menschen handelt; doch sie wollte nicht zum Ausdruck bringen, daß dasjenige, was wir Gottes Handlungen nennen, eigentlich nur die Handlungen von Menschen sind, die sich in einer bestimmten Weise verhalten.

Zusammenfassung

Es läßt sich nicht zeigen, daß zeitloses Handeln unmöglich wäre, doch würden selbst Vertreter dieser Auffassung einräumen, daß man nicht wissen kann, was das Handeln eines zeitlosen Gottes bedeutet. Problematisch ist allerdings die Behauptung, daß ein zeitloser Gott die Welt aus dem Nichts erschaffen hat.

Der immerwährende Gott kann dagegen in der Welt handeln, und dies wirft keine philosophischen Probleme auf, abgesehen von denjenigen, die mit allen Formen göttlichen Handelns verbunden sind. Mit diesen werden wir uns in den nächsten beiden Kapiteln befassen.

Aus der anti-realistischen Sichtweise ist Reden über Gottes Handeln Reden über menschliche Handlungen der Liebe, des Mitleids und der Fürsorge für andere.

KAPITEL 15

Das Bittgebet

Es gibt viele verschiedene Formen von Gebet, wobei sich die Hauptprobleme auf zwei spezifische Formen konzentrieren: Das *Bittgebet* (mit dem Gott um etwas gebeten wird, um Hilfe, Führung oder eine Änderung von bestimmten Sachverhalten) und das *Gebet um Vergebung*. Diese Gebetsformen sind für die philosophische Analyse deshalb so interessant, weil es sehr unterschiedliche Interpretationen davon gibt, was während eines solchen Gebets geschieht. Die erste dieser Gebetsformen ist das Thema dieses Kapitels, während die zweite im nächsten Kapitel behandelt wird.

Welches Verständnis des Bittgebets man hat, hängt unmittelbar davon ab, an welchen Gott man glaubt. Hierbei gibt es – sehr allgemein gesprochen – zwei Alternativen:

1. Gott ist eine Wirklichkeit innerhalb der Lebensform der gläubigen Gemeinde – dies ist die anti-realistische Auffassung. Oder: Reden über Gott heißt, Menschen zu einer anderen Lebensweise aufzurufen, und bezieht sich nicht auf ein Wesen oder einen Geist, der die Welt erschaffen hätte – dies ist die von Sutherland vertretene realistische Auffassung. Beide Auffassungen bestreiten, daß sich das Wort „Gott" auf ein Wesen bezieht, das die Welt erschaffen hat und mit ihr in einer Interaktion steht.
2. Gott ist zeitlose Substanz oder ein immerwährender Geist. In beiden Fällen haben wir es, wie wir gesehen haben, mit einem Schöpfergott zu tun, der von der von ihm geschaffenen Welt unabhängig ist, sie aber erhält und in ihr allgegenwärtig ist.

Beiden Auffassungen zufolge ist das Gebet wichtig und wertvoll, eine „lohnende Übung". Nach der zweiten der oben genannten Auffassungen sagt der Gläubige, daß Gott existiert und in der Welt handeln kann. Nach der ersteren Auffassung dagegen kommunizieren Gläubige nicht mit einem Wesen, das die Welt erschuf und erhält, wiewohl auch für sie Reden über Gott von größter Wichtigkeit und das Gebet in ihrem Leben zentral ist. Wir betrachten diese unterschiedlichen Auffassungen in dieser Reihenfolge, weil die von den Revisionisten vertretene Gebetsauffassung wohl auch von den Anhängern eines Schöpfergottes akzeptiert werden dürfte, auch wenn letztere erheblich weiter gehen. Es ist daher sinnvoll, zunächst die gemeinsame Grundlage zu betrachten.

In Kapitel 14 haben wir gesehen, daß es verschiedene mögliche Auffassungen vom Handeln Gottes gibt. Für unsere Erörterung in diesem Kapitel wollen wir davon ausgehen, daß Gott, wenn er zeitlose Substanz ist, zeitlos handeln kann, um in der Welt zeitliche Wirkungen hervorzurufen. Wie wir gesehen haben, ist diese Position nicht allgemein akzeptiert. Wenn ein zeitloser Gott nicht handeln kann, dann muß das Gebet zu einem solchen Gott in einer ähnlichen Weise interpretiert werden, wie dies die Revisionisten tun. In diesem Kapitel soll jedoch angenommen werden, daß ein zeitloser Gott handeln kann.

Es sind zunächst auf der Grundlage der beiden unter Punkt 1 und 2 gegebenen Definitionen von Gott zwei verschiedene Auffassungen von Bittgebet zu unterscheiden:

1. Bittgebete, die hauptsächlich dem Zweck dienen, im Gläubigen Veränderungen herbeizuführen.
2. Bittgebete, deren Hauptzweck (wenn auch nicht notwendigerweise einziger Zweck) es ist, Gott, den Schöpfer und Erhalter der Welt, zu einem Handeln als Antwort auf das Gebet zu bewegen.

Es muß hier betont werden, daß diejenigen, die an einen Gott als Schöpfer und Erhalter der Welt glauben, das Bittgebet zwar als Bitte um Gottes Handeln betrachten können, doch kann auch für sie das Gebet zugleich eine Wirkung auf den Menschen haben. Dagegen schließt Auffassung 1 in Verbindung mit einer der revisionistischen Auffassungen des Redens über Gott Auffassung 2 aus, weil es dann nämlich keinen Gott gibt, der so handeln könnte, wie man sich das traditionell von Gott vorgestellt hat.

Betrachten wir nun nacheinander diese beiden unterschiedlichen Auffassungen.

Bittgebet, dessen Hauptzweck Veränderungen im Gläubigen sind

Wenn mit dem Wort „Gott" nicht ein in der Welt handelnder Schöpfergott gemeint ist, dann bedarf das Bittgebet einer Erklärung, bei der es nicht darum geht, einen Schöpfergott um sein Handeln zu bitten.
Die ganze Vorstellung vom Gebet als einer Bitte an ein Subjekt namens Gott um sein Handeln kann in der Tat als völlig verfehlt betrachtet werden. In seinem Buch *The Concept of Prayer* gibt *D. Z. Phillips* eine hervorragende Darstellung des Gebets, die es seiner Meinung nach vermeidet, das Gebet zu einer Form von Aberglauben werden zu lassen. Insbesondere ist für ihn das Bittgebet keine Bitte an einen Schöpfergott, in der Welt zu handeln. Phillips' Ansatz – der sich übrigens weitgehend auf Wittgenstein stützt – hat große Stärken, und gläubige Leser lassen sich rasch von seiner Darstellung überzeugen. So ergeht es auch vielen meiner Studenten, die Phillips' Gedanken für völlig überzeugend halten – bis sie erkennen, daß er bezüglich Wahrheitsbehauptungen in Zusammenhang mit Gott einer der führenden Anti-Realisten ist. Und dies ist eine Haltung, die viele von ihnen nicht teilen können. Aber die Tatsache, daß seine Darstellung Gläubige mit ganz unterschiedlichen Auffassungen von Gott überzeugt, zumindest auf den ersten Blick, ist ein Beleg für ihr Gewicht.
Phillips sagt also, daß das Gebet nicht Gott verändert, sondern denjenigen, der das Gebet ausspricht. Er vergleicht Reden mit Gott mit Reden mit einem Menschen und sagt, daß es hier sowohl Ähnlichkeiten als auch Unterschiede gibt. Seine Darstellung nimmt das Bittgebet ernst und verzichtet auf die Vorstellung eines zeitlosen oder immerwährenden Gottes, der in einer irgendwie geheimnisvollen Weise in der Welt handeln würde. Phillips' Darstellung des Gebets läßt sich wie folgt zusammenfassen:

1. Beten zu Gott erfordert echte Devotion. Der Prüfstein für die Echtheit des Gebets ist die Rolle, die es im Leben eines Menschen spielt.
2. Gebet bedeutet Erlangung von Selbsterkenntnis, Nachsinnen über die eigenen Wünsche, die man „vor Gott trägt". Im Gebet erkennt der Gläubige seine Wünsche vor der existierenden Wirklichkeit Gottes. (Es muß hier daran erinnert werden, daß für Phillips Gott natürlich existiert, wenn auch nicht als von der von ihm geschaffenen Welt unabhängiger Schöpfer. Gott existiert als Wirklichkeit in der Lebensform der gläubigen Gemeinde. Wenn

man sagen würde, daß Phillips nicht an Gott glaubt, hätte man die anti-realistische Haltung gründlich mißverstanden.)

3. Gebet ist eine Möglichkeit, im Leben Sinn und Hoffnung zu gewinnen. So hofft Phillips zufolge zum Beispiel der Gläubige, der um Hilfe für das Bestehen einer Prüfung bittet, nicht wirklich, daß Gott seine Prüfungsleistung mehr steigern würde, als er es verdient hätte; das Gebet hilft ihm vielmehr, mit Erfolg und Mißerfolg zu leben und in dieser Weise eine Abhängigkeit von Äußerlichkeiten zu überwinden. Ein Boxer bekreuzigt sich vor dem Kampf, oder eine Mutter stellt vor einer Statue der Jungfrau Maria Blumen auf: Phillips zufolge bittet der Boxer nicht um Hilfe, damit er den Kampf gewinnt, und die Mutter nicht darum, daß ihr Kind wieder gesund wird. Sie beten vielmehr darum, daß sie mit dem leben können, was ihnen die Zukunft bringt, sei es Sieg oder Niederlage, Tod oder Leben.

4. Wittgenstein gibt das Beispiel des Stammes, der jedes Jahr um die Zeit, wenn es ohnehin regnen soll, um Regen bittet. Man könnte hier ebensogut die Flurprozessionen und das Erntedankfest der katholischen Kirche anführen. Bei den Flurumgängen im Frühjahr wird Gottes Segen für die Feldfrüchte erfleht, während beim Erntedankfest (in der „Church of England" einer der am besten besuchten Gottesdienste) die Gläubigen für die Ernte danken. Und wie gut oder wie schlecht die Ernte auch ausfällt – die Gläubigen danken immer.
   Phillips behauptet, daß Wittgensteins Beispiel der um Regen betenden Stämme zeigen soll, daß der rituelle Tanz keinem objektiven Zweck dient – das Gebet findet statt, wenn ohnehin Regen bevorsteht. Aber es gibt einen subjektiven Zweck. Das Gebet ist expressiv: Der Gläubige drückt seine Empfindung der Abhängigkeit aus und anerkennt seine Rolle im Erdganzen. Der Gläubige bittet damit Gott *keineswegs*, in irgendeiner Weise in das Wettergeschehen einzugreifen.
   Wenn der Katholik zur Messe geht, wenn der Muslim fünfmal täglich betet, wenn der Jude die Synagoge besucht, dann anerkennt er seine Endlichkeit und zieht sich vorübergehend aus der Welt zurück, um seine Prioritäten neu zu ordnen.

5. Die fromme Form des Bittgebets lautet: „Dein Wille geschehe." Dies ist der Schlüssel zu all diesen Gebeten. Bittgebete werden immer beantwortet, gleichgültig, was geschieht. Der Sinn eines solchen Gebets liegt nicht in irgendeinem möglichen Ergebnis, sondern in der Wirkung, die es auf den Betenden hat. Es ist eine Möglichkeit, im Leben Sinn und Hoffnung zu finden, gleichgültig, was geschieht.

6. Gebet ist kein Ersatz für eigene Anstrengung. Man kann nicht beten und sich dann in der Hoffnung zurücklehnen, daß Gott sich schon um alles kümmern wird. Gebet ist vielmehr ein Mittel, um akzeptieren zu können, was auch immer es sein mag. *Es ist ein Ritual, das seinen Zweck in sich selbst trägt.* Wenn Christen, Muslime und Juden zur Kirche, Moschee oder Synagoge gehen, sondern sie sich, wie Phillips vielleicht sagen würde, von der Welt ab, ordnen ihre Gedanken und Prioritäten und damit vielleicht auch ihr künftiges Handeln in einer bestimmten Weise neu und fühlen sich dadurch erneuert. Der oder die Gläubige muß in der Welt handeln, um Gottes Absichten zu verwirklichen, und das Bittgebet hilft ihm bzw. ihr zu erkennen, was getan werden muß.
7. Damit bewirkt das Bittgebet eine Veränderung beim Betenden. Er erkennt dadurch, daß seine Wünsche nicht die Wünsche Gottes sind. Der oder die Gläubige sieht sein bzw. ihr Leben und Handeln in einer neuen Weise.

Was also ein Vater tut, der für sein fünfjähriges Kind betet, das unter furchtbaren Schmerzen an Kehlkopfkrebs stirbt, ist – wenn er nicht abergläubisch ist – einfach eine Meditation, die ihm hilft, sich mit jeglichem Ausgang der Krankheit auseinanderzusetzen. Insbesondere betet er *nicht* um ein Wunder, das sein Kind gesund machen soll. Wer glauben würde, daß er dies täte, wäre nach Phillips' Auffassung in höchstem Maße abergläubisch.
Nach dieser Sichtweise verändert das Bittgebet den Betenden. Gott ist vielleicht kein immerwährender Geist und keine zeitlose Substanz, aber Gott existiert auf alle Fälle in der Lebensform der gläubigen Gemeinde. Diese Auffassung hat viele Stärken:

1. Sie nimmt den Zusammenhang zwischen dem Gebet und dem übrigen Leben ernst. Jemand, der in einem Augenblick der Krise betet – zum Beispiel wenn er im Meer zu ertrinken droht – betet nach dieser Auffassung nicht. (Wobei zu fragen wäre, ob dies eine gültige Auffassung ist. Kann ein Gebet in einem Augenblick der Krise nicht doch ein echtes Gebet sein, auch wenn man nicht sein ganzes Leben Gott geweiht hat? Kann man nicht noch auf dem Totenbett Buße tun? In Tolstojs *Der Tod des Iwan Iljitsch* erkennt Iwan erst im Angesicht des Todes, daß sein Leben sinnlos war. Sollte Gebet unter solchen Umständen nicht gültig sein?)
2. Phillips' Darstellung des Gebets bezieht sich besonders stark auf eine religiöse Lebensweise – wie dies natürlich auch sein

muß, da ja das Reden über Gott seinen Sinn aus diesem Rahmen bezieht.

3. Der Gedanke einer völligen Abhängigkeit des Menschen von Gott wird ernst genommen. Man kann nicht einfach um Dinge bitten, wenn man sie braucht. Gott wird nicht als kosmischer Automat betrachtet, von dem wir etwas wollen und entsprechende Leistungen erwarten. Das Gebet gehört zur Lebensweise der gläubigen Gemeinde.
4. Phillips' Darstellung anerkennt, daß das Bittgebet immer gültig ist und daß seine Gültigkeit nicht davon abhängt, ob es „erhört" wird oder nicht. Das Gebet hilft dem Gläubigen, sich über seine Wünsche vor Gott Klarheit zu verschaffen und Sinn und Hoffnung zu finden, was auch immer geschieht. Gebet ist mehr als nur der Versuch, etwas von Gott zu bekommen.
5. „Dein Wille geschehe" wird als der zentrale Teil des christlichen Gebets anerkannt. Dies steht in Übereinstimmung sowohl mit dem Vaterunser („Dein Wille geschehe, wie im Himmel so auf Erden") als auch mit Jesu Gebet im Garten Getsemani („aber nicht mein, sondern dein Wille geschehe").
6. Phillips selbst befaßt sich nicht mit der Wirkung des Gebets auf die Gemeinde, doch könnte man sein Modell des Bittgebets ohne weiteres entsprechend erweitern. Wenn die Gemeinschaft der Gläubigen im Gottesdienst betet, hilft ihr dies, ihr Wollen und ihr Handeln auf die im Gebet ausgedrückten Notwendigkeiten auszurichten. Wenn die Mitglieder der Gemeinschaft für diejenigen beten, die in der Dritten Welt leiden, dann erinnert sie dies an ihre eigene Verantwortlichkeit gegenüber der Dritten Welt und motiviert sie zu den notwendigen Aktivitäten. Ebenso können Angehörige der gläubigen Gemeinschaft durch das Gebet für die ökumenische Bewegung an ihre eigene Verantwortung gemahnt werden, Verständnis zu schaffen und Brücken zwischen unterschiedlichen Konfessionen zu bauen.

Wie beeindruckend diese Darstellung auch ist, so hat sie doch nicht nur Vorzüge, sondern ist auch mit echten Schwierigkeiten verbunden:

1. Wittgenstein sagte, daß Philosophie alles so lassen solle, wie es ist. Wenn der Nichtgläubige religiöse Sprache verstehen will, muß er die Rolle zu verstehen versuchen, die diese Sprache im Leben des Gläubigen spielt. Phillips gilt als Anhänger Wittgensteins, doch folgt er diesbezüglich seinem Lehrmeister nicht. Sein Ansatz ist teilweise präskriptiv, das heißt, er legt fest, was

der Gläubige tut bzw. tun sollte, statt zu beschreiben, was nach Auffassung des Gläubigen geschieht. In diesem Sinne kann man ihn zu Recht als Revisionisten betrachten. Er ändert das Verständnis des Gläubigen von Gebet ab und versucht nicht, zu verstehen, was dieser tut. Natürlich könnte Phillips durchaus recht haben – aber es handelt sich um eine präskriptive und revisionistische Vorgehensweise.

2. Die meisten Gläubigen *glauben sehr wohl*, daß sie mit einem Gott sprechen, der die Welt erschuf und immer noch in Interaktion mit ihr steht. Für sie ist Gebet nicht bloß eine Therapie oder eine Möglichkeit, sich „etwas von der Seele zu reden". Phillips bezeichnet Menschen, die wirklich glauben, daß sie Gott um ein Handeln in der Welt bitten, als sehr abergläubisch. Aber nach dieser Auffassung war auch Jesus höchst abergläubisch.
3. Phillips möchte unser Leben zergliedern. Aber man könnte sagen, daß Gebet nicht nur innerhalb der religiösen Lebensform auftreten kann, sondern auch außerhalb davon. Man könnte sagen, daß wir Teil einer umfassenderen Wirklichkeit sind und daß auch diejenigen beten können, die normalerweise nicht religiös sind. Jemand hat einmal gesagt, daß es in den Schützengräben des Ersten Weltkrieges keine Atheisten gab, weil dort praktisch jeder in seiner Angst und Verlassenheit betete, wiewohl viele sich im normalen Leben nicht als religiös bezeichnet hätten.
4. Gebet kann Teil einer beiderseitigen Beziehung zwischen dem Schöpfergott und dem Menschen sein, und im Zusammenhang einer solchen Ich-Du-Beziehung *wird* Gott um etwas gebeten.

Nach der hier vorgestellten Auffassung ist Gebet eine Form meditativer Therapie und hat zweifellos Sinn, Zweck und Wert. Als Jesus im Garten Getsemani betete, setzte er sich – nach dieser Auffassung – mit der konkreten Frage auseinander, was am nächsten Tag mit ihm geschehen würde. Er war ein intelligenter Mensch. Seine Herausforderung der frommen Kirchenführer, der Leiter der Synagoge, die sich ihrer Heiligkeit so gewiß waren, konnte nicht ohne schwere Folgen für ihn bleiben.

Jesus setzte sich im Gebet mit dem ihm unmittelbar drohenden Tod auseinander und fand durch das Gebet in sich die Kraft, seinen Weg bis zum bitteren Ende zu gehen.

Man kann allerdings über die Nachteile dieses Ansatzes nicht hinwegsehen, und wenngleich der an einen zeitlosen oder immerwährenden Gott Glaubende in vielem Phillips' Darstellung zustimmen wird, wird er ihr auch entgegenhalten, daß das Bittgebet mehr beinhaltet als ein Streben nach Veränderungen im Gläubigen.

Bittgebet zu einem zeitlosen oder immerwährenden Gott

Nach dieser Auffassung ist Gott jemand, der in der Welt handeln kann (zugunsten der Diskussion nehmen wir einmal an, daß ein zeitloser Gott handeln kann – siehe Kapitel 14). Im Bittgebet geht es zumindest teilweise darum, Gott zu einem Eingreifen zu bewegen. Die Frage ist nun, in welcher Weise man sich dies vorstellen soll.

Im Christentum gilt es traditionell als zulässig, darum zu bitten, daß bestimmte Dinge geschehen, und man nimmt an, daß manchmal tatsächlich etwas aufgrund des Gebetes geschieht. Wenn dies so ist, dann muß es möglich sein, durch das Gebet das Wirken Gottes zu beeinflussen.

Nach *Thomas von Aquin* weiß Gott zeitlos, was alle Gläubigen beten werden, und er berücksichtigt diese Gebete zeitlos als Teil des gesamten kausalen Ereignisablaufs. Gottes zeitloses Wissen von den Gebeten der Gläubigen ist einer der Faktoren, den Gott bei seiner Entscheidung berücksichtigt, ob er in der Welt handeln soll.

Thomas von Aquin unterscheidet zwischen Gott als *primärer* und als *sekundärer Ursache.* Gott ist die primäre Ursache aller Dinge, weil er die Welt und alles in ihr jederzeit erhält. Ohne Gott würde nichts existieren. Gott ist daher die primäre Ursache sowohl von Mutter Theresa von Kalkutta als auch von Adolf Hitler, weil beide durch seine erhaltende Kraft im Dasein gehalten werden.

Wenn Menschen handeln, dann können sie dies nur, weil Gott sie im Dasein erhält und ihnen die Macht zu handeln verleiht. Normalerweise handeln Menschen als sekundäre Ursachen, aber sie werden von Gott als primärer Ursache erhalten. Aber Gott kann auch ohne Vermittlung des Menschen direkt in der Welt handeln. Mit anderen Worten, Gott kann durchaus als Reaktion auf ein Bittgebet direkt in die Welt eingreifen.

„Alles, was Gott will, geschieht", sagt Thomas von Aquin (Summa theologica I, 19,8). Gottes Handeln kann nach dem Prinzip des *„doppelten Agens"* entweder primäres, direktes Handeln oder ein Handeln durch den Menschen sein. Dieses Prinzip besagt, daß einzelne oder Gruppen von Menschen letztlich stellvertretend für Gott handeln können, so daß ein „doppeltes Agens" gegeben ist, das Wirken des einzelnen beziehungsweise der Gruppe und dasjenige Gottes. Beide Handelnde sind in der einen Tätigkeit gegenwärtig.

Man kann nach dieser Sichtweise sagen, daß Gott durch Menschen handelt.

Ein dramatisches Beispiel hierfür war die Ankündigung des Propheten Jeremia gegenüber den Israeliten, daß Gott sie in die Verbannung schicken und die Babylonier als sein Werkzeug benutzen wird, um sie für ihren Ungehorsam zu bestrafen. Die Israeliten würden von den Babyloniern unterworfen und die Stadt Jerusalem zerstört werden. Während es also vordergründig das babylonische Heer ist, das handelt, sagt Jeremia, daß es Gott ist, der handelt. Auf diese Weise kann man sich somit Gottes Handeln in der Geschichte und im individuellen Tun der Menschen vorstellen.

Das unbeantwortete Gebet bereitete Thomas von Aquin einige Schwierigkeiten, und er gibt keine wirkliche Erklärung dafür, warum manche Gebete erhört werden, andere dagegen nicht. Möglicherweise schien ihm die Bekräftigung von Gottes Willen als Erklärung ausreichend zu sein. Er arbeitete, wie wir gesehen haben, mit einem Modell von Gott, der jenseits des menschlichen Verständnisses liegt. Wir können zwar in einer wahren Sprache von Gott reden, aber wir wissen nicht, was eine wahre Sprache in der Anwendung auf Gott bedeutet (S. 35f.). Dies erklärt auch Thomas' Zögern, über Gottes Motive und Absichten zu spekulieren. Selbst in der Anschauung Gottes („visio beatifica"), die den Gläubigen Thomas zufolge am Ende der Zeiten zuteil werden wird und in der sie alles Wissen erlangen werden, ist das Wissen um Gottes Motive und Absichten ausdrücklich ausgeschlossen.

Im Gegensatz zum thomistischen zeitlosen Gott legt *Vincent Brümmer* in seinem Buch *What are we doing when we pray?*[17] eine Darstellung des Bittgebets auf der Grundlage eines immerwährenden Gottes vor. Für Brummers Auffassung vom Gebet ist die beiderseitige Beziehung zwischen Gott und den Gläubigen entscheidend. Für ihn ist die Ich-Du-Beziehung, wie Martin Buber sagt, der Eckstein eines jeden Verständnisses von Gebet. Die Vorstellung einer persönlichen Beziehung zwischen einem Menschen und Gott war immer ein Schlüsselelement im christlichen Verständnis, auch wenn man natürlich sagen kann, daß sie schwieriger auf Gott als unwandelbare, unerkennbare, zeitlose Substanz denn als immerwährender Geist anwendbar ist.

Brümmer zufolge beinhaltet das Bittgebet eine Bitte an Gott zu handeln. Er sagt, daß Gott auch ohne unsere Gebete für unsere Bedürf-

[17] V. Brümmer, What Are We Doing When We Pray, London 1984.

nisse sorgen könnte, aber er könnte uns nichts schenken, weil etwas nur dann ein Geschenk sein kann, wenn es als solches anerkannt wird. Für den Nichtgläubigen sind alle Ereignisse nur Ergebnis des Zufalls: Regen fällt, günstige Ereignisse treten ein, Menschen erholen sich von Operationen, und all dies wird als bloßes Walten der natürlichen Ordnung betrachtet. Der Gläubige aber, der sein ganzes Leben unter dem Blickwinkel einer Beziehung mit Gott betrachtet, sieht diese Dinge als Geschenk. Brümmer zitiert Lucas *(Theology and Grace)*, der sagt:

> Gott schickt den Regen Gerechten und Ungerechten, aber für den Gerechten, der um Regen bat, ist er ein Zeichen von Gottes Güte, während er für den Ungerechten, der niemals „Bitte" und niemals „Danke" sagt, eine bloße Witterungserscheinung ohne Anlaß zu Dankbarkeit ist; und deshalb ist das Leben des Ungerechten ärmer.

Auf dieser Grundlage müssen die Bittprozessionen und das Erntedankfest keineswegs nur als Rituale verstanden werden, die ihren Zweck in sich selbst haben (wie die Revisionisten sagen würden). Man kann sie vielmehr auch als Ausdruck einer realistischen Wahrheitsbehauptung sehen, daß nämlich die ganze Welt wirklich vom Schöpfergott als ihrer primären Ursache abhängt und daß letztlich alle Menschen von diesem Gott abhängen. Nur auf diese Weise sehen wir die Welt richtig. Solche Gottesdienste sind eine Hilfe, um Gläubige an ihre völlige Abhängigkeit von Gott zu erinnern.
Bis hierher könnten Brümmers Darstellung auch die Revisionisten übernehmen, insofern sie sagen könnten, daß die vorgebrachte Wahrheit einc anti-realistische Behauptung sei. Es sei eine Behauptung, die für den Gläubigen wahr ist, nicht aber für den Nichtgläubigen. Die Revisionisten könnten sagen, daß Brümmer ja lediglich behauptet, daß das Gebet dazu dient, die Weltsicht des Gläubigen zu verändern. Sie hätten auch nichts gegen den Gedanken der Abhängigkeit einzuwenden, auch wenn es ihrer Auffassung nach keinen Schöpfergott gibt, von dem wir abhängig sind. Brümmer behauptet, daß der Schöpfergott *tatsächlich* durch unser Gebet zum Handeln bewegt wird, auch wenn man Gottes Handeln nur durch die entsprechende Sichtweise wahrnehmen kann. In seinem Buch (S. 70–71) unterscheidet er zwei Positionen, die der bereits erörterten realistischen und anti-realistischen Haltung entsprechen, auch wenn er nicht diese Begriffe benutzt. Diese beiden Positionen können wie folgt dargestellt werden:

1. Es gibt einen Unterschied in der Interpretation, aber keine der Sichtweisen ist die einzig richtige, so wie in Wittgensteins berühmter Zeichnung, die sowohl als Ente wie auch als Hase gesehen werden kann. Dies ist mit der anti-realistischen Haltung vergleichbar. Auf dieser Grundlage würde der Gläubige bestimmte Ereignisse als Handlungen Gottes sehen, während sie für den Nichtgläubigen bloßer Zufall wären. Beide Haltungen wären in ihrer jeweiligen Lebensform gleichermaßen gültig und wahr.
2. Es gibt einen Unterschied in der Interpretation, wobei die eine Sichtweise richtig und die andere falsch ist. Dies ist die realistische Haltung. Der Gläubige hält es für wahr, daß Gott auf sein Gebet hin gehandelt hat und daß diese Wahrheit auf einer Korrespondenz zwischen der Aussage „Gott hat gehandelt“ und dem Handeln einer unkörperlichen göttlichen Wirkkraft beruht.

Brümmer behauptet letztlich (ohne es in dieser Weise auszudrücken), daß der Gläubige eine *realistische* Behauptung bezüglich Gottes Handeln aufstellt, das heißt, er sagt, daß die Behauptungen des Gläubigen wahr sind, weil sie mit der tatsächlichen Beschaffenheit der Welt übereinstimmen. Allerdings erklärt er nicht, wie man diese Behauptung rechtfertigen könne. Weiterhin setzt er sich nicht ausreichend mit den Problemen der Auffassung auseinander, daß das Bittgebet tatsächlich bedeutet, eine Wirkkraft namens Gott um ihr Eingreifen zu bitten. Diese Probleme bestehen unter anderem in folgendem:

1. Gott wird als allmächtig, allwissend und allgütig betrachtet. Wenn aber Gott alles weiß und allgütig ist, dann bräuchte der Gläubige nicht zu beten. Wenn Gott alle Bedürfnisse des Gläubigen kennt und ihn liebt, dann wird er für alles sorgen, ohne darum gebeten zu werden. Wie Helen Oppenheimer sagt: „Es fällt schwer, an einen Gott zu glauben, der angeblich seine Gunst einem offensichtlich guten Menschen oder einer guten Sache verweigert, weil zufällig niemand dafür gebetet hat.“
2. Nicht erhörte Gebete stellen ein echtes Problem dar. Wenn Gott manche Gebete erhört, nicht aber einen Vater, dessen Kind verhungert, was hat dann der Gläubige hierzu zu sagen? Man könnte vielleicht behaupten, daß es für die Seele des Vaters gut sei, daß sein Kind verhungert. Aber wenn man an das Leid der Kinder denkt, die in Auschwitz lebendig in Massengräber geworfen wurden, oder derjenigen, die bei dem armenischen Erdbeben ums Leben kamen, dann scheint dies – vorsichtig ausgedrückt – eine sehr fragwürdige Haltung zu sein.

3. Jesus sagte zu seinen Anhängern, daß sie alles erhalten, worum sie in seinem Namen bitten, und daß der Glaube Berge versetzen könne. Diese Worte passen nicht recht zu dem zermürbenden Schweigen, das anscheinend auf viele Bittgebete folgt. Wenn man einmal daran denkt, wieviele Gebete für den Frieden in Nordirland verrichtet wurden, für die Linderung der Not der Hungernden in der Dritten Welt oder für die Heilung von Kindern, die an furchtbaren Krankheiten sterben, dann fällt es nicht leicht, hierfür eine Erklärung zu finden.
4. Wenn Bittgebete tatsächlich etwas bewirken, dann müßte man eigentlich statistisch belegen können, daß Gläubige, die beten, schwere Erkrankungen eher überleben als Menschen, die nicht beten, daß weniger Gläubige verhungern als Nichtgläubige, daß Erdbeben und andere Naturkatastrophen Gläubige weniger treffen als Ungläubige. Aber solche Belege gibt es nicht. Und wurde nicht gerade Gottes auserwähltes Volk, die Juden, mit denen der Bibel zufolge Gott einen Bund einging, von den Nazis beinahe ausgelöscht? Kann man wirklich sagen, daß Gott die Nazis schickte, um die Juden für ihre Sünden zu bestrafen, wie er im Alten Testament die Babylonier schickte? Solche Annahmen würden mit Recht als abstoßend aufgefaßt und ließen auf eine moralisch verwerfliche Auffassung von Gott schließen.

Ich muß gestehen, daß ich keine intellektuell befriedigenden Antworten auf diese Probleme kenne, die entstehen, *wenn* man einen Schöpfergott annimmt. Wer nicht in einem Glaubenssystem steht, das Gottes Handeln in der Welt bekräftigt, wird wahrscheinlich keine philosophisch befriedigende Antwort auf diese Fragen finden. Viele Gläubige dagegen sehen keine Notwendigkeit für solche Antworten und begnügen sich damit, sich hinter das Mysterium zurückzuziehen. Der Prophet Habakuk sagt: „Der Gerechte aber bleibt wegen seiner Treue am Leben“ (Habakuk 2,4) – mit anderen Worten, der Gläubige muß im Glauben und Vertrauen an Gott leben. Selbst wenn er oder sie die Probleme wahrnimmt, erschüttern diese seinen/ihren Glauben an Gott und die Beziehung mit ihm nicht.

Die großartigen Kapitel 38 bis 40 des Buchs Ijob bekräftigen diese Haltung. Als Ijob versucht, eine Erklärung für seine Leiden zu finden, gibt Gott ihm keine Antwort und bringt damit letztlich zum Ausdruck, daß Ijob seine Wege nicht verstehen könne. Und doch zählen die philosophischen Schwierigkeiten mit zu den Gründen, warum manche Gläubige den Sinn des Bittgebets immer mehr nur noch in den inneren Veränderungen des Gläubigen und der Glaubensgemeinschaft sehen.

Zusammenfassung

Welche Auffassung vom Bittgebet man hat, hängt weitgehend von der zugrundeliegenden Gottesvorstellung ab. In allen Auffassungen von Gott wird das Bittgebet als meditative Übung betrachtet, als etwas, das therapeutischen Wert hat und beim Gläubigen und den Angehörigen seiner Gemeinschaft Veränderungen bewirkt. Sowohl nach der realistischen wie auch der anti-realistischen revisionistischen Auffassung des Redens von Gott (mit anderen Worten, wenn Gott eine Wirklichkeit innerhalb der Lebensform der gläubigen Gemeinschaft ist oder wenn Reden von Gott ein Reden über einen möglichen Lebensstil ist) beinhaltet das Bittgebet nur dies und nicht mehr.

Wenn Gott zeitlose Substanz oder aber ein immerwährender Geist ist, dann kann das Gebet ein Element einer beiderseitigen Ich-Du-Beziehung mit Gott sein, in der der Gläubige um etwas bittet, das ihm Gott gewährt oder auch nicht. Welche Gebete erhört werden und welche nicht, liegt in Gottes Ermessen, und kein Mensch kann die Motive und Absichten verstehen, die hinter Gottes freien Entschlüssen in diesem Zusammenhang stehen.

Die Vorstellung eines Gottes, der in der Welt handeln kann, aber dies in einer so selektiven Weise tut, indem er auf Bitten nicht reagiert, auf die wir als Menschen, wenn es in unserer Macht stünde, gewiß reagieren würden, wirft erhebliche philosophische Probleme auf. Manche Gläubige haben keine Mühe, darüber hinwegzusehen, weil sie auf Gottes Weisheit vertrauen, die für sie alles Verstehen des Menschen übersteigt.

KAPITEL 16

Das Gebet um Vergebung

Alle Christen, Muslime oder Juden, die an irgendeiner Form von Gottesdienst teilnehmen, beten um Vergebung der Sünden. Fast immer beinhaltet ein Gottesdienst auch ein Sündenbekenntnis. In manchen Kirchen gibt es nicht nur ein allgemeines Sündenbekenntnis (seitens der ganzen Gemeinde anhand bestimmter Formeln), sondern auch eine Privatbeichte, bei der ein einzelner entweder zu einem Priester geht, um seine Sünden zu bekennen und von ihnen losgesprochen zu werden, oder aber seine Sünden gegenüber der Gemeinschaft bekennt, der er angehört. Ein typisches allgemeines Sündenbekenntnis enthält etwa das *Alternative Services Book 1980* der anglikanischen Kirche:

Allmächtiger Gott, unser himmlischer Vater,
wir haben uns an dir und unseren Mitmenschen versündigt,
in Gedanken, Worten und Werken,
durch Nachlässigkeit, durch Schwäche,
durch unsere eigene vorsätzliche Schuld.
Wir bedauern es aufrichtig
und bereuen alle unsere Sünden.
Um deines Sohnes Jesu Christi willen, der für uns starb,
vergib uns alles Vergangene;
und lasse uns dir in einem erneuerten Leben dienen
in der Herrlichkeit deines Namens. Amen.

Die Frage, die wir uns stellen müssen, lautet: Was geschieht nach Meinung des Gläubigen, wenn er um Vergebung bittet? Dies führt zunächst zu der weiteren Frage, was unter „Sünde" verstanden werden soll. Hier gibt es viele verschiedene Ansätze. Sünde kann betrachtet werden als a) Verstoß gegen Vorschriften wie zum Beispiel die Zehn Gebote, b) Handeln wider das Gesetz der Liebe, c) Abwendung von Gott oder d) Leben im Widerspruch zur eigenen wahren Menschennatur. Wir werden uns mit diesen verschiedenen Auffassungen von Sünde nicht auseinandersetzen, denn das Gebet um Vergebung beinhaltet in jedem Fall einen Versuch, sich mit der durch die Sünden des Gläubigen entstandenen Situation auseinanderzusetzen, gleichgültig, welcher Auffassung man anhängt. Immer gehört zum Gebet um Vergebung auch Reue, die echt sein muß. Das Bedauern über die begangenen Sünden ist wesentlicher Bestandteil eines jeden echten Bußgebets.

Die verschiedenen Möglichkeiten kann man anhand von Diagrammen illustrieren, in die sich vier mögliche Parteien einbeziehen lassen.

Der einzelne

In manchen Kirchen wird in Bußgebeten nicht um Vergebung für einen einzelnen, sondern für eine Gruppe von Menschen gebetet. In dem oben zitierten Gebet heißt es daher: „*Wir haben uns an dir und unseren Mitmenschen versündigt.*" Aber jede Gemeinschaft besteht aus einzelnen. Schuld lädt sich weniger eine Gemeinschaft als vielmehr jedes einzelne Mitglied auf. Die Mitglieder haben in je unterschiedlicher Weise Anteil an der Schuld. Sünde ist etwas Individuelles, auch wenn manche Sünden aus einer Mitwirkung an bösen Strukturen resultieren können: So könnte man zum Beispiel sagen, daß die materialistische und selbstsüchtige Lebensweise der westlichen Überflußgesellschaft sündhaft ist, weil in der Dritten Welt Millionen hungern. Eine solche gemeinschaftliche Sünde befreit jedoch nicht den einzelnen Menschen von seiner Verantwortung für diese Sünde. Dies illustriert *Rudyard Kiplings* Gedicht *Tomlinson* über einen Mann dieses Namens, der nach seinem Tod an die Himmelspforte klopft. Petrus spricht zu ihm:

> *„Steh auf, steh auf nun, Tomlinson, gib Antwort laut und klar,*
> *vom Guten, das du um der Menschen willen tatest,*
> *bevor es an das Sterben ging,*
> *vom Guten, das du um der Menschen willen tatest*
> *auf der kleinen und verlaßnen Welt!"*
> *Und die nackte Seele Tomlinsons ward weiß*
> *wie regengebleichtes Gebein.*
> *„Oh, ich habe einen Freund auf Erden", sagte er,*
> *„der war mein Priester und mein Freund,*
> *der würde Red' und Antwort für mich stehen,*
> *wär' er an meiner Seite."*

„Daß du in Nächstenliebe dich übtest,
soll dir gewiß gut angerechnet werden,
Aber jetzt stehst du an der Himmelstür, und nicht am Berkeley Square:
Wir haben deinen Freund heute nacht aus seinem Bett gerufen,
doch konnte er nicht für dich sprechen,
denn der Wettlauf gilt einen gegen einen, nicht zwei gegen zwei."
Da blickte Tomlinson auf und nieder,
doch konnte er keine Hilfe finden,
denn nur die kalten Sterne grinsten über ihm, und er sah,
daß seine Seele nackt war …

Christentum, Islam und Judentum haben in ihrer je unterschiedlichen Weise bekräftigt, daß der „Wettlauf einen gegen einen gilt, nicht zwei gegen zwei". Später im selben Gedicht steht Tomlinson dem Teufel von Angesicht zu Angesicht gegenüber, und es heißt auch hier wiederum: „Für die Sünde, die du zwei um zwei begehst, mußt du eins um eins bezahlen." Mit anderen Worten, wir müssen die Verantwortung für unsere eigenen Taten übernehmen. Wir können uns nicht hinter der Mitgliedschaft in einer Gemeinschaft verstecken, um uns aus der individuellen Verantwortung zu stehlen.
Um Vergebung zu beten ist etwas, was jeder selbst tun muß, sei es gemeinsam mit anderen oder allein. Individualität läßt sich nicht unter einer umfassenderen Kategorie subsumieren. Der einzelne selbst handelt, er führt sein eigenes Leben und er muß die Konsequenzen für seine Entscheidungen tragen.

Der Priester

In manchen Kirchen spielen Priester theologisch keine besonders große Rolle; zumindest haben sie keinen besonderen hierarchischen Status. Sie unterscheiden sich nicht von den gewöhnlichen Mitgliedern ihres Bekenntnisses, auch wenn sie die Leiter ihrer Gemeinde sind. Dies gilt zum Beispiel für die baptistische, methodistische und reformierte Kirche und die Pfingstbewegung. In der katholischen, orthodoxen und anglikanischen Kirche dagegen ist der Priester eine theologische Schlüsselgestalt, jemand, der die Vergebung der Sünden aussprechen kann, wie dies einem Laien niemals möglich ist. In den nachfolgenden Modellen ist daher der Priester manchmal beteiligt, manchmal nicht.

Die Gemeinschaft

Vor allem die katholische Kirche betont die Bedeutung der Gemeinschaft. Seit dem Zweiten Vatikanischen Konzil ist „Gemeinschaft" unter Katholiken zu einem Schlüsselbegriff geworden, und man findet kaum noch eine katholische Äußerung, in der dieses Wort nicht vorkommt. Katholisch zu sein heißt in einem ganz konkreten Sinn, der katholischen Gemeinschaft anzugehören. Aber auch in allen anderen Kirchen ist die Gemeinschaft wichtig, und wenn ein Gläubiger um Vergebung der Sünden bittet, bedeutet dies oft auch eine Wiederversöhnung mit seiner Gemeinschaft, an der er sich versündigt hat.

Gott

Hier sind wiederum die beiden grundsätzlichen Auffassungen von Gott zu unterscheiden:
Der Schöpfergott: Dies ist entweder der zeitlose oder aber der immerwährende Gott, ein Handelnder, der die Welt erschuf. Ein solcher Gott kann im Gebet um Vergebung angesprochen werden und auf ein solches Gebet reagieren. Es ist treffend und sinnvoll, von einer beiderseitigen Beziehung mit diesem Gott zu sprechen.
Gott: Dies ist Gott gemäß der anti-realistischen Auffassung. Gott ist in keiner Weise ein Handelnder und hat auch die Welt nicht erschaffen. Gott existiert zwar und ist eine Realität in der Lebensform der gläubigen Gemeinschaft. Gott kann auch als Adressat der Gebete der Gläubigen eine wichtige Rolle spielen, aber dieser Gott reagiert nicht und kann nicht reagieren, weil er in keinem Sinn personal ist.

Auf der Grundlage dieser beiden Kategorien können wir nun einen Blick auf die verschiedenen Deutungen des Gebets um Vergebung werfen.

Modell 1

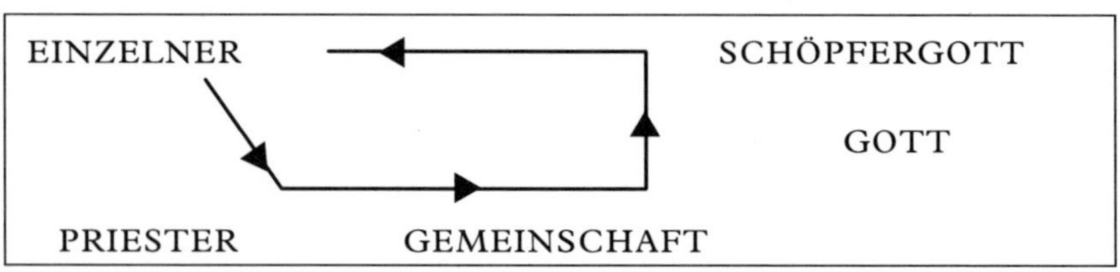

Peter betet um Vergebung und meditiert über sein Leben. Er denkt darüber nach, daß er vom Pfad der Liebe abgewichen ist, daß er zu seinen Eltern nicht freundlich war, daß er seine Schwester belogen hat und selbstsüchtig war. Er erwägt, wie er anderen weh getan hat, und es tut ihm aufrichtig leid. Er beschließt, sein Bestes zu tun, um sich zu bessern und künftig ein guter und liebevoller Mensch zu sein. Nachdem er so seine Sünden erkannt und sie sich eingestanden hat, geht er als erneuerter Mensch seiner Wege; er weiß, wo er steht, und ist entschlossen, es in Zukunft besser zu machen.

Nach diesem Modell beinhaltet das Gebet um Vergebung für Peter eine Selbsterkenntnis. Im Gebet stellt er sein Leben seinem Ideal gegenüber und erkennt sein Versagen. Er sieht sich so, wie er wirklich ist, und beschließt, ein besserer Mensch zu werden. In dieser Weise kann er mit sich selbst leben.

Sutherland zitiert das Beispiel des Mannes, der in Dostojewskijs *Die Brüder Karamasow* einem Priester den Mord beichtet, den er vor fünfzehn Jahren beging. Durch die Beichte kann er reinen Tisch machen und gewinnt dadurch die Kraft, befreit von den Ketten seiner vergangenen Sünde weiterzuleben. Allerdings wäre dies auch ohne einen Priester möglich, wiewohl manche es für psychologisch hilfreich halten, sich jemand anderem gegenüber laut zu bekennen. Nach dieser Auffassung hat das Gebet um Vergebung allein einen psychologischen und meditativen Zweck. Sinn der Beichte ist es ihr zufolge, zu menschlicher Ganzheit zu gelangen, zu entdecken, daß man mit seinem Versagen fertig werden und sich von der Last einer vergangenen Schuld befreien kann.

Eine solche Auffassung kann man vertreten, wenn man wie Stewart Sutherland Reden über Gott realistisch auffaßt und zugleich bekräftigt, daß Reden über Gott ein Reden über eine bestimmte Möglichkeit ist, wie man als einzelner sein Leben führen kann.

Modell 2

Anne betet um Vergebung und meditiert über ihr Leben, indem sie es gegenüber der Wirklichkeit Gottes betrachtet, wie sie von ihrer Kirche bekräftigt wird. Sie denkt daran, daß sie dem Weg der Liebe nicht gefolgt ist, daß sie ihre Spesenabrechnung in der Firma manipuliert hat, daß sie zu ihrer Freundin Ruth nicht nett war, als diese unglücklich war, daß sie sich immer an die erste Stelle setzt. Anne sieht ihre Fehler ein und bekennt, daß sie kein gutes Mitglied ihrer Gemeinschaft war. Sie beschließt, anders zu handeln, die erschwindelten Spesen zurückzuzahlen und Ruth anzurufen und zu besuchen. Sie ist entschlossen, daß sie künftig nach den Werten handeln will, an die sie und ihre Gemeinschaft glauben.

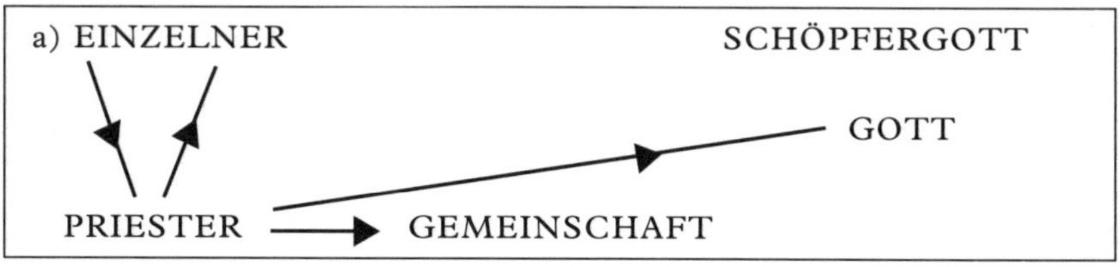

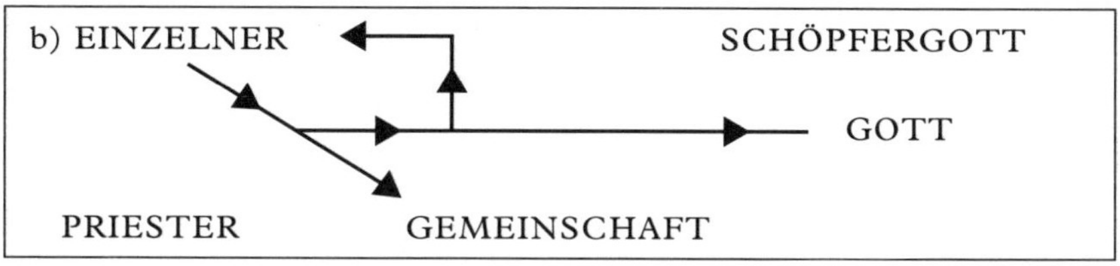

In Modell 2 a) geht Anne zum Priester, um ihm ihre Sünden zu bekennen. In Modell 2 b) hält sie dies nicht für notwendig.
In beiden Modellen ist Gott eingebunden, aber es ist der anti-realistische Gott, nicht der Schöpfergott des traditionellen Christentums (wenn Ihnen der Unterschied noch nicht klar ist, schlagen Sie bitte die Definitionen weiter vorne in diesem Kapitel nach). In Modell 2 a) und 2 b) hat das Gebet um Vergebung dieselben psychologischen und therapeutischen Wirkungen wie in Modell 1, doch wird Anne zusätzlich mit der Gemeinschaft versöhnt, der sie angehört. In Modell 2 a) geschieht dies über den Priester, der als Führer der Gemeinschaft Versöhnung gewähren kann, während in Modell 2 b) kein Priester notwendig ist und die Versöhnung zwischen dem einzelnen und der Gemeinschaft direkt erfolgt.
Für manche Leser mag es eine eigentümliche Vorstellung sein, daß jemand mit der Gemeinschaft, der er angehört, wiederversöhnt wird. Ein Beispiel soll dies erklären. Ich hielt einmal einen Vortrag vor Benediktinermönchen über die philosophische Problematik des Gebets und gab dabei unter anderem folgendes Beispiel: Nehmen wir an, daß einer der Mönche ein Mädchen verführt habe. Die Boulevardpresse sei dahintergekommen und habe daraus eine Schlagzeile auf der Titelseite gemacht. Der Mönch hätte durch sein Handeln nicht nur seinem eigenen Ansehen, sondern auch dem Ansehen seiner Ordensgemeinschaft einen schweren Schaden zugefügt. Er hätte sich durch seine Sünde von der Gemeinschaft entfremdet und sie im Stich

gelassen. Wenn er Vergebung erlangen wollte, müßte er zum Abt gehen, dem Führer der Gemeinschaft. Dann könnte er mit den Angehörigen der Bruderschaft wiederversöhnt werden.

In ähnlicher Weise könnte man Modell 2 b) illustrieren. Vielleicht hat ein Mitglied einer gläubigen Gemeinschaft eine sexuelle Verfehlung begangen. In diesem Fall würden die Gepflogenheiten der Gemeinschaft eine öffentliche Beichte als das Mittel vorschreiben, durch das die Beziehung zwischen dem einzelnen und der Gemeinschaft wiederhergestellt wird und durch das der oder die Betreffende wieder ganz als Mitglied akzeptiert wird.

Es ist dabei anzumerken, daß der Mönch in meinem Beispiel, der sündigte und wieder mit seiner Gemeinschaft versöhnt wurde, sich vielleicht getröstet und entsühnt fühlen mag, doch muß man auch nach dem Mädchen fragen, das verführt wurde und vielleicht keine Gemeinschaft hat, die es unterstützt. Manchmal denkt man vielleicht zu sehr an die Wirkungen der Sünde auf den Sünder und zu wenig an die möglicherweise schwerwiegenderen Folgen der Sünde für denjenigen, wider den gesündigt wurde. Dies ist allerdings ein umfassenderes Thema, das alle Modelle des Gebets um Vergebung betrifft.

Modell 3

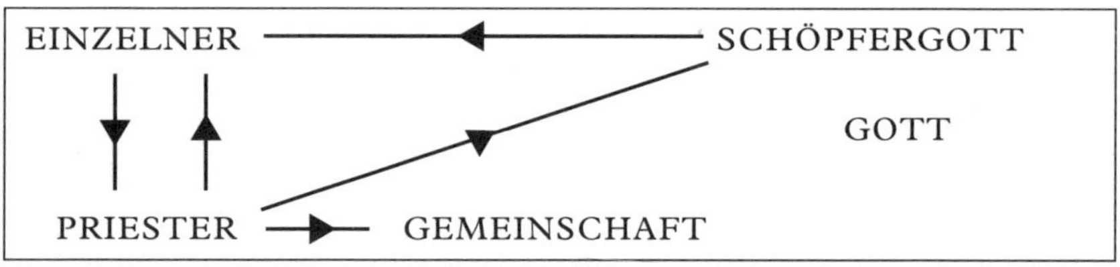

Andreas weiß, daß er wider den Gott gesündigt hat, der ihn erschuf und dem er völlige Loyalität schuldet. Er weiß, daß er selbstsüchtig war. Statt zu versuchen, Gott näher zu kommen und anderen zum Zeugen der Liebe Gottes zu werden, war er gleichgültig und hartherzig und konzentrierte sich nur auf sein Geschäft und die Mehrung seines Gewinns. Er weiß, daß er damit den Menschen in der Bibel gleicht, die Jesus dafür tadelte, daß sie Geld und materiellen Erfolg über Gott setzten. Er weiß, daß er Gott ignorierte. Er weiß auch, daß Gott ihn nach wie vor liebt, aber er ist sich darüber im klaren, daß er zwischen sich und Gott Distanz geschaffen hat. Er bedauert seine Verfehlung zutiefst und geht daher zum Priester, beichtet und empfängt die Absolution. Er kehrt getröstet und in

Frieden zurück, weil er weiß, daß er durch die Absolution des Priesters einen Neuanfang machen kann und daß ihm Gott seine Sünden vergeben hat.

Der große Unterschied zwischen diesem Modell und Modell 2 ist, daß ersteres sich auf einen Schöpfergott, letzteres auf den Gott der Anti-Realisten bezieht.

Nach diesem Modell hat das Gebet um Vergebung a) dieselben psychologischen Wirkungen wie in Modell 1, auch wenn hier der Priester notwendig ist, um den Menschen der Absolution zu vergewissern. Weiterhin ist b) der Priester derjenige, der den Menschen mit seiner Gemeinschaft wiederversöhnt, wie es auch ein Merkmal von Modell 2 a) war. Schließlich wiederversöhnt c) der Priester den Menschen auch mit dem Schöpfergott. Hierbei ist zu beachten, daß nach dieser Auffassung die Versöhnung mit dem Schöpfergott kraft der Amtsgewalt des Priesters geschieht.

Diese Auffassung ist ein entschieden „katholischerer" Ansatz als die nachfolgende Alternative, bei der der Priester kaum eine Rolle spielt. Die katholische Kirche verlangt nach wie vor, daß ihre Mitglieder bei einem Priester individuell beichten und eine individuelle Absolution erlangen müssen. Der Katholik geht zur Beichte, der Priester erlegt ihm eine Buße auf und spricht ihn dann von seinen Sünden los, wiewohl eine echte Reue notwendige Vorbedingung für die Absolution bleibt.

In der anglikanischen Kirche, in der die Privatbeichte selten ist, kann nur der Priester von Sünden lossprechen, obwohl sich der Wortlaut bei der liturgischen Feier durch den Priester und durch einen Laien nur geringfügig unterscheidet. Der Priester sagt:

> *Der allmächtige Gott, der allen wahrhaft Reuigen verzeiht,*
> *verzeihe euch, vergebe euch und erlöse euch von allen euren Sünden,*
> *kräftige und stärke euch in aller Güte,*
> *und erhalte euch im ewigen Leben,*
> *durch Jesus Christus, unseren Herrn. Amen.*
> *(Alternative Services Book 1980, S. 62)*

Wenn ein Laie den Gottesdienst hält, benutzt er genau dieselben Worte, nur wird das „euch" durch „uns" ersetzt. Dies ist ein wichtiger Unterschied. Die Verwendung von „euch" bedeutet, daß der Priester stellvertretend für den Schöpfergott den Gottesdienstteilnehmern vergibt. Die Verwendung von „uns" bedeutet, daß die Gottesdienstteilnehmer gemeinsam vor Gott treten, um seine Vergebung zu erlangen. Die anglikanische Kirche akzeptiert also beide Modelle.

Modell 4

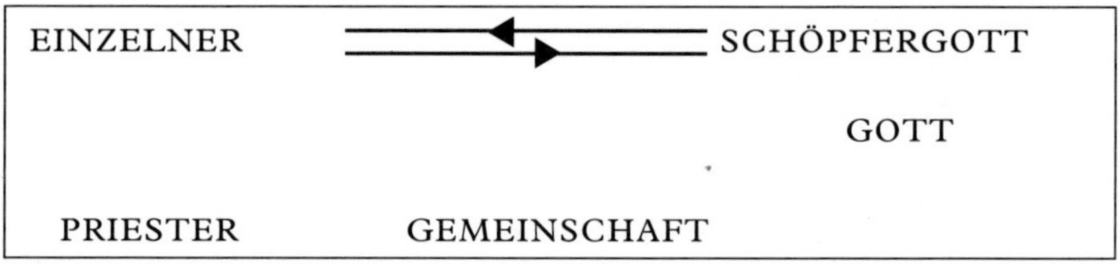

Karin weiß, daß Gott sie liebt und ihr Freund ist, aber sie weiß auch, daß sie sich ganz schlimm verhalten hat. Sie hat Gott, der doch ihr Freund ist, ignoriert, ihm den Rücken gekehrt und in einer Weise gehandelt, die ihn bewußt aus ihrem Leben ausschloß. Sie weiß, daß Gott sie noch liebt und spricht zu ihm im Gebet, indem sie ihm sagt, wie sehr sie ihr Handeln bedauert. Sie weiß, daß sie nur dann wieder wirklich glücklich sein kann, wenn sie ihre Beziehung zu Gott erneuert, die durch ihr eigenes Handeln zerbrochen ist. Sie faßt erneut den Entschluß, nur so zu handeln, wie es Gott billigen würde. Sie wird liebevoll sein, sie wird nicht mehr ungeduldig sein, sie wird weniger selbstsüchtig sein. Nach dem Gebet fühlt und weiß Karin, daß Gott ihr vergeben hat. Sie fühlt sich erfrischt und gelöst, ihrer Beziehung zu Gott gewiß.

In dieser eher protestantischen Sichtweise versucht Karin, durch das Gebet um Vergebung ihre Beziehung zum Schöpfergott wiederherzustellen. Sie hat gesündigt und sich wie von einem Freund von ihm abgewandt. Sie hat durch ihr Handeln die Liebesbeziehung, die beiderseitige Ich-Du-Beziehung, die zwischen dem Gläubigen und dem Schöpfergott bestehen sollte, zerstört. Natürlich wurde dadurch Gottes Liebe zu Karin nicht beeinträchtigt, aber sie selbst hat die Beziehung untergraben. Durch das Gebet um Vergebung gesteht sie den eingetretenen Bruch der Beziehung ein und versucht, das bisherige Band der Liebe und Freundschaft wiederherzustellen.

Die beste Parallele hierzu besteht darin, daß man einen Freund durch ein Wort oder eine Handlung verletzt hat. Weil ich ihn verletzt habe, habe ich eine Schranke zwischen mir und meinem Freund aufgerichtet. Ich kann nun zu ihm gehen und sagen: „Es tut mir leid. Ich hätte das nicht tun dürfen. Ich weiß, daß ich dir weh getan habe. Aber weil ich dich mag, bedaure ich, was ich getan habe. Kannst du mir verzeihen?“ Dann wird die Beziehung wiederhergestellt, und die Verletzung gehört der Vergangenheit an. So verhält es sich in diesem Fall auch mit Gott. Der Gläubige wendet sich an Gott, wie er sich an einen Freund wenden würde, um die Beziehung wiederherzustellen. Er vertraut fest darauf, daß Vergebung möglich ist. Schließlich können auch gute menschliche Freunde vergeben, und Gottes Liebe ist viel größer als Menschenliebe. Allerdings weiß der Gläubige, daß er aktiv werden muß, um die zerstörte Beziehung wiederherzustellen. Der Betreffende hat sich von Gott abgewandt, und nur er kann die Entscheidung zur Umkehr treffen.

Im obigen Diagramm fällt im Gegensatz zum Diagramm für Modell 3 auf, daß ein Pfeil von Gott auf den Menschen zurückverweist. Dies ist notwendig, weil hier angenommen wird, daß der Schöpfergott auf den betenden Menschen reagiert, wie ein Freund reagieren würde. Das Entscheidende an diesem Modell ist die Vorstellung einer beiderseitigen persönlichen Beziehung, die in Modell 1 und 2 fehlt und in Modell 3 weniger stark betont wird.

Vincent Brümmer erörtert in *What Are We Doing When We Pray?* dieses vierte Modell des Bittgebets. Er nimmt eine hilfreiche Unterscheidung vor zwischen a) einem Verständnis von Gottes Verhältnis zum einzelnen Gläubigen als beiderseitige Beziehung oder Freundschaft und b) einem Verständnis als vertragliche Verpflichtung oder Übereinkunft. Brümmer favorisiert eindeutig das erstere Modell. Er schreibt:

> Während eine gebrochene Freundschaft nur durch Reue und Vergebung wiederhergestellt werden kann, werden gebrochene Verträge durch Genugtuung, Strafe oder stillschweigende Duldung geheilt. Wenn man eine von Agape geprägte Freundschaft nicht klar von einer vertraglichen Vereinbarung mit Rechten und Pflichten unterscheidet, dann ist man in der Gefahr, Reue mit Strafe und Vergebung mit stillschweigender Duldung zu verwechseln ... Bußgebete, bei denen man seine Sünden Gott bekennt und ihn um seine Vergebung bittet, setzen voraus, daß der Gott, zu dem man betet, ein personales Wesen ist, zu dem man eine persönliche Beziehung haben kann ... Wenn man das Verhältnis zwischen Gott und Mensch anhand von Rechten und Pflichten definiert, dann erscheinen dadurch Gebete um göttliche Vergebung entweder als unangemessen, oder sie verwandeln sich in Handlungen, die irgendwie einen Anspruch auf die Wiederherstellung der eigenen Rechte vor Gott begründen, oder in ein Ersuchen um die göttliche stillschweigende Duldung beziehungsweise den Verzicht auf die Vertragsstrafe ...

Brümmers hier vorgebrachter Gesichtspunkt ist bedeutsam. Er behauptet, daß die Beziehung des Gläubigen zu Gott auf zweierlei Weise betrachtet werden kann:

1. Man kann die Beziehung des Gläubigen zu Gott als Vertragsbeziehung betrachten, wobei für Verletzungen der Vertragsbedingungen Konventionalstrafen vorgesehen sind. Der Gläubige muß bestimmte von Gott gesetzte Normen erfüllen, das heißt, er muß das ganze Potential seiner Menschennatur entwickeln. Wenn er dies nicht tut, sind Strafen fällig, die in Extremfällen äußerst unangenehme Formen annehmen können. Für Brümmer ist dies eine irrige Auffassung, auch wenn sie sehr verbreitet ist.
2. Brümmer tritt statt dessen dafür ein, daß man die Beziehung zwischen Gott und dem Gläubigen als beiderseitige Liebesbeziehung betrachten sollte. In dieser Sichtweise beinhaltet das Gebet um Vergebung das Bemühen um die Wiederherstellung einer gestörten Beziehung.

Nach dieser Auffassung ist kein Priester notwendig. Man braucht nicht zu einem Dritten zu gehen, wenn man seinen Freund verletzt hat, sondern man geht direkt zu ihm. Ebenso kann sich der Gläubige, wenn er gesündigt hat, direkt an Gott wenden und ihn um Vergebung bitten. Die psychologischen Vorteile für den Menschen, der um Vergebung bittet, sind unbestritten, aber diese Wirkungen entspringen dem Gefühl, daß die Beziehung zu Gott wiederhergestellt ist. Es handelt sich nicht einfach nur um eine meditative Technik.
Nach diesem Ansatz kommt im Gebet um Vergebung die Gemeinschaft kaum vor, außer in dem Sinn, daß alle Gläubigen einer Gemeinschaft ihr eigenes Scheitern, ihre eigene Fehlbarkeit und Sündigkeit wahrnehmen und einander als Mitpilger auf der Straße zu Gott begreifen. Es besteht keine besondere Notwendigkeit, jeden einzelnen wieder mit der Gemeinschaft zu versöhnen, weil die ganze Gemeinschaft aus einzelnen besteht, die alle Sünder sind. Für diese Gemeinschaft stellt sich der einzelne durch einen Fehltritt oder eine Sünde nicht in einer solchen Weise außerhalb des Kollektivs, daß er erneut aufgenommen werden müßte.
Alle vier betrachteten Modelle sind gültige Möglichkeiten, wiewohl wir gesehen haben, daß sie unterschiedliche Implikationen besitzen. Man kann kaum sagen, daß eine von ihnen aus philosophischen Gründen plausibler wäre als die anderen – wenn man einmal die unterschiedlichen Voraussetzungen akzeptiert hat. Die Kernfrage lautet also: Welche Voraussetzungen sind gültig?

1. Existiert Gott als zeitlose Substanz oder immerwährender Geist – ist Gott, mit anderen Worten, der traditionelle Schöpfergott? Wenn die Antwort „nein" lautet, dann gilt Modell 1 oder Modell 2 (a und b); wenn sie „ja" lautet, dann gilt Modell 3 oder 4.
2. Muß ein Gläubiger, der Sünden begangen hat, mit seiner Gemeinschaft in irgendeiner formellen Weise wiederversöhnt werden? Wenn die Antwort „nein" lautet, dann gilt Modell 1 oder Modell 4; wenn sie „ja" lautet, dann gilt Modell 2 oder 3.
3. Muß ein Priester notwendigerweise am Vergebungsprozeß beteiligt sein? Wenn die Antwort „nein" lautet, dann gilt Modell 1, 2 b) oder 4; wenn sie „ja" lautet, dann gilt Modell 2 a) oder Modell 3.

Wir müssen selbst die Wahl treffen – wobei wir uns darüber im klaren sein müssen, daß eine solche Wahl auch auf einer rationalen Basis erfolgen sollte. Bevor man sich also für ein bestimmtes Modell des Gebets um Vergebung entscheidet, sollte man die Voraussetzungen sehr sorgfältig prüfen.

Zusammenfassung

Wir haben hier vier Möglichkeiten eines Verständnisses des Gebets um Vergebung analysiert. Sie alle sind rational und plausibel, je nachdem, welche der vorausgesetzten Annahmen bezüglich a) Gott, b) der Gemeinschaft des Gläubigen und c) der Rolle des Priesters man akzeptiert. Die verschiedenen Variablen wurden oben vorgestellt.

Gebet ist zumindest eine meditative Übung mit therapeutischer Wirkung. Es kann aber auch eine Versöhnung des einzelnen mit seiner Gemeinschaft beinhalten. Darüber hinaus kann mit dem Gebet um Vergebung eine Versöhnung des Menschen mit dem Schöpfergott verbunden sein, sofern man an die Existenz Gottes im Sinn einer zeitlosen Substanz oder eines immerwährenden Geistes glaubt.

KAPITEL 17

Wunder

Es heißt, daß Jesus Wasser in Wein verwandelte, auf dem Wasser wandelte, fünftausend Menschen mit fünf Brotlaiben und zwei Fischen speiste, Lazarus von den Toten auferweckte, eine Frau von Blutfluß heilte, Blinden das Augenlicht wiedergab, Aussätzige heilte, Lahme wieder gehen machte und nach seiner Hinrichtung am Ostersonntag von den Toten auferstand. Die Evangelien sind voll von Wunderberichten. Wenn man die Verfasser der Evangelien irgendwie ernst nehmen will, dann kann man an den Wunderberichten nicht einfach vorbeigehen.

Allerdings liefert die Bibel keinen sehr klaren Ausgangspunkt. Die Bibelwissenschaftler sind der Meinung, daß einige der Berichte des Neuen Testaments später hinzugefügt wurden und andere übertriebene Darstellungen enthalten. Und selbst wenn die Berichte wahr sind, bedeutet dies nicht notwendigerweise, daß Wunder dieser Art noch heute geschehen. Außerdem räumt die Bibel ein, daß Wunder nicht nur von den Anhängern des wahren Gottes vollbracht werden können: Die Magier, die dem Pharao dienten, vollbrachten ebenso beeindruckende Wunder wie Mose.

Aber was heißt es, von Wundern zu reden? Mögliche Definitionen könnten sein:

1. Ein Wunder ist eine Veränderung zum Besseren, die in einem Menschen sogar in den unwahrscheinlichsten Situationen stattfinden kann.
2. Ein Wunder ist ein Ereignis oder Vorkommnis, das der Gläubige für religiös bedeutsam hält, auch wenn es letztlich nicht dem Schöpfergott zuzuschreiben ist.
3. Ein Wunder ist ein Ereignis, das durch das Wirken eines immerwährenden oder zeitlosen Gottes veranlaßt wird. Das Ereignis kann entweder im Einklang mit den normalen Naturgesetzen stehen oder auch von einem Menschen bewirkt werden, in welchem

Fall jedoch Gott die primäre Ursache und der Mensch die sekundäre Ursache ist.

4. Ein Wunder ist ein Ereignis, das im Widerspruch zu den Naturgesetzen steht und durch das Wirken des ewigen oder zeitlosen Gottes zustande kommt.

Viel hängt davon ab, ob Gott in irgendeinem Sinne eine Wirkkraft ist, die in der Welt handeln kann. In Kapitel 14 haben wir gesehen, daß es höchst umstritten ist, ob sich sinnvoll behaupten läßt, daß ein zeitloser Gott in der Welt handeln kann. Viele moderne Philosophen behaupten, daß ein zeitloses Handeln unmöglich ist, aber wir haben gesehen, daß ihre Darstellungen anfechtbar sind. Zeitloses Handeln widerspricht, richtig verstanden, nicht unbedingt den Gesetzen der Logik. Für die Zwecke unserer Erörterung von Wundern wollen wir also annehmen, daß Gott als zeitlose Substanz oder als immerwährender Geist in der Lage ist, in der Welt, die er geschaffen hat und jetzt erhält, zu handeln und einzugreifen.
Betrachten wir nun die verschiedenen Möglichkeiten.

Wunder als Veränderung eines Menschen zum Besseren

In Dostojewskijs *Die Brüder Karamasow* lesen wir von Aljoscha, einem jungen und heiligmäßigen Mönch, der von einem älteren Mönch namens Zosima unterwiesen wird. In der nahen Stadt lebt Gruschenka, eine Dame von etwas lockerer Moral, die ein Auge auf Aljoscha geworfen hat, seine Standhaftigkeit jedoch nicht im geringsten erschüttern kann. Als Zosima stirbt, versammeln sich die Klostergemeinschaft und die Menschen aus dem Dorf um sein Totenlager. In Rußland glaubte man zu jener Zeit, daß der Körper eines Menschen von großer Heiligkeit bei seinem Tod nicht zerfallen würde. Drei Tage lang harren die um sein Lager Versammelten geduldig aus. Dann wird klar, daß der Leichnam zu riechen beginnt – Zosimas Körper zerfällt. Aljoscha ist am Boden zerstört. Der Mann, zu dem er aufblickte und den er verehrte, war offenbar nicht so heilig, wie er geglaubt hatte. Aljoscha verläßt das Kloster und flüchtet sich in das Haus der Gruschenka. Er ist in einem völlig verletzlichen Zustand, und man würde erwarten, daß Gruschenka ihn auf ihre eigene Art trösten wird. Statt dessen richtet sie Aljoscha spirituell wieder auf – es hat sich eine erstaunliche Transformation in ihr vollzogen. Solche in den unwahrscheinlichsten Situationen auftretende Transformationen von Menschen, bei denen man es am wenigsten erwarten würde, betrachtet *Sutherland* als wirkliche Wunder.

Sutherland vertritt die Meinung, daß der Mensch frei ist und immer die Fähigkeit zu großem Gutem hat. Die wahre Macht des Wunders liegt darin, daß das Gute in der Lage ist, in jeder beliebigen Situation hervorzubrechen.

Diese Auffassung von Wunder setzt nicht unbedingt einen Schöpfergott voraus und sie kann von Anhängern aller vier Auffassungen von Gott vertreten werden, die wir untersucht haben. Diejenigen, die sich Gott als immerwährenden Geist oder als zeitlose Substanz denken, können die Transformation eines Menschen der Macht Gottes zuschreiben, wobei sie jedoch darauf achten müssen, daß ihre Interpretation von Gottes Handeln die menschliche Freiheit nicht unterminiert.

Wunder als ein Ereignis, das Gläubige für religiös bedeutsam halten, auch wenn es in Wirklichkeit nicht auf den Schöpfergott zurückgeht

Nach dieser Definition wäre jedes Ereignis – also nicht nur die Transformation eines Menschen –, das ein Gläubiger oder eine Gruppe von Gläubigen für religiös bedeutsam hält, ein Wunder. Solche Ereignisse verstoßen nicht gegen die Naturgesetze; sie sind vielmehr „Erschließungsereignisse" („disclosure events"), das heißt, sie enthüllen dem Gläubigen etwas über Gott oder die Natur der Wirklichkeit. In diesem Sinne kann man den Abendhimmel, das Aufblühen einer Frühlingsblume, das Wunder des ersten Schreis eines Babys, die Liebe zwischen zwei Menschen und den Anblick der Erde aus dem Weltall als Wunder betrachten.

Nach dieser Auffassung hängt die Frage, ob etwas ein Wunder ist oder nicht, vollständig davon ab, wie verschiedene Gläubige Ereignisse sehen. Dies ist eine anti-realistische Auffassung – das Wort „Wunder" ist richtig gebraucht, wenn das Wort in der Lebensform des religiös Gläubigen einen Sinn ergibt. Der Begriff braucht nicht mit einem bestimmten Sachverhalt übereinstimmen, um richtig gebraucht zu sein (und hierin liegt der Unterschied zu dem unter der nächsten Überschrift behandelten Ansatz). Daraus folgt aber, daß ein Mensch etwas als ein Wunder betrachten kann, das für einen anderen bloß die normale Entfaltung der Welt nach festgelegten Regeln ist. Der eine mag im Abendhimmel die Hand Gottes erfahren und dadurch zu einer völlig neuen Betrachtungsweise seines Lebens

geführt werden. Er verwirft vielleicht das Streben nach Reichtum und die üblichen Lebensziele und wendet sich stattdessen einem Leben in selbstaufopfernder Liebe zu. Für einen anderen ist der Abendhimmel bloß der matte Schimmer von Sonnenlicht, das durch Staubpartikel in der Erdatmosphäre gestreut wird. Beide Auffassungen können innerhalb ihrer jeweiligen Lebensform als richtig gelten.
Der Dominikanerpriester *Gareth Moore* hat in seinem Buch *Believing in God – a Philosophical Essay*[18] eine interessante Auffassung von Wunder vorgelegt, die ebenfalls unter dieser Überschrift betrachtet werden könnte. Sein Ansatz basiert auf Wittgenstein, und er ist entschieden der Auffassung, daß Gott nichts ist. Dies ist keine Wiederholung von Thomas' Auffassung, daß Gott keine Sache ist, sondern vielmehr ein Bekenntnis zu der Ansicht, daß sich das Wort „Gott" auf überhaupt kein Wesen bezieht. Gott ist für ihn keine Wirkkraft, die die Welt erschuf und erhält. Für Moore geschieht ein Wunder, wenn es keine Erklärung gibt, und es ist insbesondere kein Akt eines Schöpfergottes. Über eine typische Wunderheilung von Lourdes sagt er:

> Die Untersuchungen zielen hauptsächlich darauf, mögliche Ursachen der Heilung auszuschließen und zu zeigen, wodurch sie nicht verursacht wurde; sie wird jedenfalls nicht durch die Entdeckung der Ursache der Heilung und deren anschließende Identifizierung als Gott als Wunder erwiesen. (S. 226)
> Zu sagen, daß Gott es bewirkte, heißt nicht, daß *jeman*d es bewirkte … Von Gott ist verursacht, was von *nichts* verursacht ist. (S. 223)

Wenn es also für einen bestimmten Sachverhalt keinerlei Erklärung gibt, wird der Gläubige dies zu Recht als Wunder bezeichnen, während der Nichtgläubige sagt, daß es für die Erscheinung einfach keine Erklärung gibt. Der Nichtgläubige, „dem kein Kontext zur Verfügung steht, in den er das Ereignis einfügen könnte, findet es daher einfach nur verblüffend" (S. 225). Der Gläubige „glaubt zwar, daß Gott hierfür verantwortlich ist, aber dies zu glauben heißt nicht, zu glauben, daß jemand hierfür verantwortlich sei" (S. 225). Der Gläubige hat einen Kontext, eine Lebensform und eine Sprache, durch die er Ereignisse erklären kann, die der Nichtgläubige als unerklärlich beschreibt. Wo der Nichtgläubige Begriffe wie „ver-

[18] G. Moore, Believing in God, Edinburgh 1989.

blüffend" benutzt, benutzt der Gläubige Begriffe wie „Gott" und „Wunder".

Für Moore ist Gott keine Wirkkraft, weshalb es seiner Auffassung nach falsch ist, sich Wunder als Ereignisse vorzustellen, die ein in der Welt handelnder Schöpfergott zustande gebracht hätte.

Moores Darstellung ist interessant und vor dem Hintergrund der anti-realistischen Position sinnvoll (es sei hier an Moores Maxime erinnert, die er im letzten Satz seines Buches formuliert: „Die Menschen entdecken keine religiösen Wahrheiten, sie machen sie"; S. 287). Allerdings hängt seine Darstellung davon ab, daß Gott *keine* zeitlose Substanz und *kein* immerwährender Geist ist, denn in beiden Fällen ist Gott ein Handelnder, der Wirkungen in der Welt, die er erschaffen hat und immer noch erhält, hervorbringen kann und dies auch tut. Wenn „Gott existiert" in der Lebensform der gläubigen Gemeinschaft wahr ist oder wenn Reden von Gott uns etwas über einen anderen möglichen Lebensstil sagt, dann kann Moores Darstellung plausibel sein, auch wenn sie Wunder auf bizarre Ereignisse beschränkt.

Moore verweist darauf, daß Wunder im allgemeinen nur als Ergebnis einer Kette von Katastrophen auftreten. Wenn nun Gott wirklich eine Wirkkraft irgendeiner Art wäre, so Moore, warum sollte er dann Situationen entstehen lassen, die Wunder überhaupt erst notwendig machen, damit die Dinge wieder in Ordnung kommen? Wenn man sich Wunder als Handlungen Gottes vorstelle, dann liefe dies letztlich darauf hinaus zu sagen, daß dieser handelnde Gott mit einer Kette von Ereignissen jenes Malheur angerichtet hat, das dann das Wunder notwendig macht.

Für Moore als Anti-Realisten ist ein Wunder keine Tat eines handelnden Gottes, sondern ein Ereignis, für das es überhaupt keine Erklärung gibt. Dies ist für ihn gerade das, was das Wort „Wunder" bedeutet. Diese Auffassung hat etwas für sich, aber viele Gläubige würden Moores These ablehnen und sagen, daß Wunder Taten eines handelnden Gottes sind, der in der Welt Wirkungen zustande bringt. Anhänger dieser Auffassung würden unter unseren Darstellungen von Wunder der dritten oder der vierten zustimmen.

Wunder als ein von einem immerwährenden oder zeitlosen Gott verursachtes Ereignis, das entweder im Einklang mit den bekannten Naturgesetzen steht oder auch von Menschen zuwege gebracht wird

Diese Auffassung ähnelt weitgehend der vorigen. Während jene jedoch eine anti-realistische Auffassung ist, handelt es sich hierbei um eine realistische. Ihr zufolge ist ein Ereignis dann und nur dann richtigerweise als Wunder zu bezeichnen, wenn es durch das Wirken eines immerwährenden oder zeitlosen Gottes zustande kam. Der Gläubige würde auf exakt derselben Grundlage wie oben ein Ereignis als ein Wunder bezeichnen, aber ob es sich in Wahrheit um ein Wunder handelt, hängt für ihn davon ab, daß ein Schöpfergott dieses Ereignis hervorgebracht hat.

Weil der Gläubige weder auf ein Ereignis verweisen kann, das gegen ein bekanntes Naturgesetz verstößt, noch beweisen kann, daß das Ereignis von Gott verursacht wurde, liegt seine Behauptung auf der Ebene einer Glaubensbehauptung. Diese Behauptung kann durchaus wahr sein, aber nur dann, wenn das als Wunder bezeichnete Ereignis *tatsächlich* von Gott bewirkt wurde. Da es nicht möglich ist, dies schlüssig zu beweisen oder zu widerlegen, erfolgt die Behauptung nur aufgrund des Glaubens und wird nur von ihm gestützt. In diesem Sinne sind die Parallelen zu der vorhergehenden Auffassung sehr eng.

Wunder im Sinne dieses Abschnittes verletzen nicht die Naturgesetze; sie können Bestandteil der normalen, natürlichen Weltordnung sein, oder es können Fälle sein, in denen Gott durch einen Menschen zu handeln scheint (Thomas' Prinzip des „doppelten Agens" wäre hier relevant, siehe S. 129f.). Solche Wunder fallen insofern mit den oben betrachteten Beispielen zusammen (der Abendhimmel, das Erblühen einer Frühlingsblume, der erste Schrei eines Babys und so weiter). Der Unterschied liegt jedoch darin, daß der Gläubige jetzt ausdrücklich betont, daß ein Wunder in dem hier beschriebenen Sinn durch das Handeln Gottes bewirkt worden ist. Es ist nicht einfach ein „Erschließungsereignis", das der Gläubige auf eine bestimmte Weise erfährt. Gott ist nach dieser Auffassung eine in der Welt handelnde Wirkkraft.

Das bekannteste Beispiel für ein solches Wunder der Vorsehung ist vielleicht das von R. F. Holland[19] beschriebene. Stellen wir

[19] In: American Philosophical Quarterly 1965, S. 43.

uns vor, daß ein Kind mit seinem Spielzeuggefährt auf einem Bahnübergang stecken bleibt. Die Mutter sieht das Kind und sieht auch, daß ein Eilzug auf den Bahnübergang zurast. Plötzlich erfolgt eine Notbremsung, und der Zug kommt unmittelbar vor dem Kind zum Stehen. Die Mutter schickt wegen dieses Wunders ein Dankgebet zu Gott. Im Nachhinein stellt sich jedoch heraus, daß der Lokführer in Ohnmacht gefallen war und dadurch die Notbremsung ausgelöst wurde. Diese Ohnmacht hatte eine ganz normale medizinische Ursache und war nicht auf ein göttliches Eingreifen zurückzuführen. Die Mutter wird aber trotz der medizinischen Erklärung nicht von ihrer Überzeugung abrücken, daß Gott eingegriffen und den Zug zum Halten gebracht habe, um ihr Kind zu retten. Dieses Wunder – wenn es denn ein Wunder war – verstößt nicht gegen die Naturgesetze. Es wird vielmehr angenommen, daß Gott durch die Naturgesetze gehandelt habe.
Wir haben es hier mit dem Unterschied zwischen der realistischen und der anti-realistischen Auffassung zu tun. Der Realist behauptet, daß das Wort „Wunder" dann und nur dann richtig gebraucht wird, wenn das Ereignis durch ein Handeln Gottes eintritt, das heißt im Falle von Hollands Beispiel dann und nur dann, wenn die Ohnmacht des Lokführers von Gott verursacht war. Der Anti-Realist sagt, daß das Wort „Wunder" richtig gebraucht wird, wenn es stimmig zum Verständnis von Wunder in der religiösen Lebensform der Mutter paßt. Er würde sagen, daß das Ereignis dann richtig als Wunder beschrieben wird, wenn dies innerhalb der Lebensform der Mutter sinnvoll ist. Eine Grenze ist hier schwer zu ziehen. Die beiden nachfolgenden Behauptungen können dies noch näher verdeutlichen:

1. „Obwohl dieses Ereignis mit den Naturgesetzen im Einklang steht, ist es dennoch ein Wunder, weil es eine besondere religiöse Bedeutung hat."
2. „Dieses Ereignis ist ein Wunder, weil es durch eine spezielle Handlung seitens des zeitlosen oder immerwährenden Gottes bewirkt wurde."

Die Realisten (das heißt diejenigen, die für die in diesem Abschnitt dargestellte Auffassung von Wunder eintreten) stimmen der ersten und der zweiten Behauptung zusammengenommen zu. Die Anti-Realisten (das heißt diejenigen, die die Auffassung von Wunder gemäß dem vorigen Abschnitt vertreten) stimmen nur der ersten Aussage zu.

Beiden Auffassungen von Wunder zufolge kann jedes Ereignis als Wunder beschrieben werden, wobei viel vom „Auge des Betrachters" abhängt. Es gibt keinen weiteren augenscheinlichen Hinweis, anhand dessen man zwischen der realistischen und der anti-realistischen Interpretation entscheiden könnte. Bezüglich der Fakten gibt es keine Differenzen; die Indizien sind nicht strittig; die Uneinigkeit besteht bezüglich der Interpretation dieser Fakten und bezüglich der Frage, was es genau bedeutet, wenn man behauptet, daß tatsächlich ein Wunder geschehen ist.

Wunder als Ereignis, das im Widerspruch zu den Naturgesetzen eintritt und das durch das Wirken des immerwährenden oder zeitlosen Gottes herbeigeführt wird

David Humes Definition von Wunder ist klar und treffend. Ein Wunder ist „eine Überschreitung eines Naturgesetzes durch einen besonderen Willensakt der Gottheit oder durch Vermittlung einer unsichtbaren Wirkkraft". Dies ist die klassische Auffassung von Wunder. Viele Leser dieses Kapitels werden vielleicht bei den bisherigen Definitionen gesagt haben: „Ja, dies ist alles recht und schön, aber nichts davon ist ein *echtes* Wunder." Die Wunder im Neuen Testament (das Wandeln auf Wasser, die Verwandlung von Wasser in Wein, Heilungen, die Erweckung des Lazarus) scheinen nun sämtlich in diese Kategorie von Wundern zu gehören. Gott oder Jesus (für den christlichen Gläubigen sind diese beiden im Zusammenhang mit Wundern mehr oder weniger austauschbar) handelte und verletzte in seinem Handeln das normale Verständnis der Naturgesetze. Seine Fähigkeit, auf Wasser zu gehen, zeigte seine Macht über die physischen Elemente. Nach dieser Auffassung greift Gott auch heute noch ein.
Wir haben inzwischen ein recht gutes Verständnis der Naturgesetze. Natürlich mögen einige unserer Vorstellungen noch ungenau sein, aber insgesamt wissen wir, in welcher Weise viele der Naturgesetze wirken. *Richard Swinburne* sagt, daß man ein Ereignis mit Recht als Verletzung eines Naturgesetzes betrachten kann, wenn es unserem allgemeinen Verständnis der Ordnung der Dinge widerspricht:

> In gewissem Umfang wissen wir recht gut über die Naturgesetze Bescheid, und einige von ihnen sind so gut begründet und können so vieles erklären, daß jegliche Änderung an ihnen, die man zur Erklärung von selten auftretenden Gegenbeispielen vorschla-

> gen könnte, so plump und ad hoc wäre, daß man damit die ganze Struktur der Naturwissenschaft umstürzen würde.
>
> (*The Concept of Miracle*, S. 32)

Beispiele wie das Wandeln auf Wasser, die Auferstehung und die Verwandlung von Wasser in Wein passen offensichtlich recht gut zu Swinburnes Verständnis eines Verstoßes gegen die Naturgesetze. Wegen eines einzigen berichteten Falles, in dem jemand auf Wasser wandelte, unser ganzes Verständnis der Naturgesetze ändern zu wollen, erscheint in höchstem Maße als unvernünftig.
Es ist also die große Frage, ob man das klassische Verständnis von Wunder akzeptieren kann, und wir werden uns mit dieser Definition von Wunder ausführlicher beschäftigen müssen. Zwei Angriffe auf diese Definition müssen besonders ernstgenommen werden.

David Hume

Humes Kritik der Wunder ist ein Klassiker unter den philosophischen Schriften und wird oft zitiert. Sein Angriff auf Wunderberichte ist klar und fundiert. Hume bittet uns als rationale Menschen, einerseits die Unwahrscheinlichkeit eines Auftretens von Wundern und andererseits die Hinweise darauf, daß sie tatsächlich aufgetreten sind, gegeneinander abzuwägen. Er behauptet, daß man dabei immer zu dem Schluß kommen muß, daß die Unverletztheit der Naturgesetze wahrscheinlicher ist als das Auftreten eines Wunders. Man könnte Humes Argument wie folgt paraphrasieren:

> Ein kluger Mensch richtet sich in seiner Überzeugung nach der Evidenz. Ein Wunder ist eine Verletzung der Naturgesetze und damit ein Ereignis, dem jegliche bisherige menschliche Erfahrung widerspricht. Dies allein schon macht es überwältigend wahrscheinlich, daß kein Wunder geschehen ist, sofern nicht das Zeugnis für sein Eintreten von so überragender Qualität ist, daß man es ernsthaft gegenüber der eigenen bisherigen Erfahrung in die Waagschale werfen könnte.
> Aber das Zeugnis für Wunder ist nun durchaus nicht von dieser Art. Der Standard der Wunderberichte ist nicht hoch. Allzu wahrscheinlich ist es, daß die menschliche Neigung, das Unwahrscheinliche zu akzeptieren oder zu glauben, am Werk war; die Berichte über Wunder stammen von „Unwissenden und barbarischen Orten und Völkern", und überhaupt widersprechen die Wunderberichte ver-

schiedener Religionen einander. Daher können Bezeugungen von Wundern diese niemals in einer solchen Weise glaubhaft machen, daß man bezüglich ihres Auftretens hinreichend sicher wäre, um daraus in irgendeiner Weise auf Gott zu schließen.

Dies ist eine berühmte Stellungnahme, und es lohnt sich, Humes Argumente etwas ausführlicher zu betrachten. Er sagt also:

1. Ein Wunder ist ein Bruch eines Naturgesetzes; ein Beispiel hierfür wäre ein Mensch, der auf Wasser geht, oder die Verwandlung von Wasser in Wein.
2. Der Glaube an Wunder ist nicht rational. Für Hume beinhaltet Rationalität folgende Grundsätze:
   - Orientierung des Glaubens an der vorhandenen Evidenz.
   - Die Feststellung, daß wir bisher eine einheitliche Evidenz hinsichtlich der Naturgesetze haben. Alle unsere Erfahrungen sagen uns, daß Menschen, die auf Wasser gehen, untergehen, daß sich die Molekularstruktur von Wasser nicht in diejenige von Wein verwandeln kann, daß jemand, der gestorben ist, nicht von den Toten aufersteht.

   Es wird, so Hume, immer vernünftiger sein anzunehmen, daß die Naturgesetze erhalten bleiben und daß keine Wunder geschehen sind.
3. Nicht nur der Glaube an Wunder (definiert als Verletzung der Naturgesetze) ist irrational, sondern auch die Zeugnisse hierfür sind dürftig:
   - Die Aussagen der Zeugen sind unzuverlässig und unglaubwürdig. Hume sagt, daß ein vernünftiger Mensch erwarten würde, daß Zeugen, wenn man sie als zuverlässig betrachten soll, gebildet und intelligent sind. Sie müssen einen Ruf zu verlieren und nichts zu gewinnen haben. Im Falle der Wunderberichte des Neuen Testaments aber hatten etwa die relativ unwissenden Fischer sehr viel durch Wunderberichte zu gewinnen, die ihren Meister in ein gutes Licht rückten.
   - Die Natur des Menschen liebt das Phantastische. Die Menschen lieben es, wenn etwas Unwahrscheinliches geschieht. Viele behaupten auch heute noch, daß sie unbekannte Flugobjekte, andere, daß sie das Ungeheuer von Loch Ness gesehen hätten. Manche Menschen lügen, während viele andere sich einfach täuschen.
   - Im allgemeinen stammen Wunderberichte von unwissenden und ungebildeten Menschen. Die primitive Folklore kennt

viele Wundererzählungen und seltsame Geschichten vom Übernatürlichen.

Wenn man also das dürftige Zeugnis für Wunder der Unwahrscheinlichkeit einer Verletzung der Naturgesetze gegenüberstellt, ist es Hume zufolge immer vernünftiger, Wunderberichte zurückzuweisen als ihnen zu glauben. Dies ist für Hume der offensichtliche Schluß, der sich ergibt, wenn man die Evidenz für beide Möglichkeiten abwägt.

4. Alle Religionen behaupten Wunder; deshalb beanspruchen alle Religionen in gleicher Weise die Wahrheit, wenn man die Wahrheit dieser Religionen auf die Wunderberichte stützt. Wenn man aber erwägt, daß verschiedene Religionen miteinander unvereinbar sind, dann heben sich ihre unterschiedlichen Wunderberichte einfach gegenseitig auf und führen, wie Hume sagt, zum „vollständigen Triumph des Skeptikers".

Alles in allem behauptet Hume also, daß es niemals vernünftig sein dürfte, an Wunderberichte zu glauben.

Für Humes Argument spricht sehr viel, aber wenn man seine Behauptungen näher betrachtet, sind sie doch weniger stichhaltig, als er vielleicht geglaubt hat.

1. Hume spricht von „Naturgesetzen", wie wenn sie in Stein gemeißelt wären, und impliziert damit, daß sie niemals korrigiert werden könnten. Der Fortschritt der Naturwissenschaft liegt aber gerade darin, daß das bestehende Verständnis einiger Naturgesetze als unrichtig erwiesen wird. Andernfalls müßte man Experimente ignorieren, die die gegenwärtigen Theorien als falsch erweisen. Wir wollen fair sein: Hume könnte in diesem Punkt sein Argument dahingehend umformulieren, daß man Beweise gegen ein angenommenes Naturgesetz nur dann akzeptieren sollte, wenn sich diese Beweise unter kontrollierten Laborbedingungen wiederholen lassen und Vorhersagewert besitzen. Mit anderen Worten, man sollte isolierte Fälle scheinbarer Brüche von Naturgesetzen ignorieren und solche Fälle nur dann berücksichtigen, wenn man ein Experiment, das ein Naturgesetz zu widerlegen scheint, wiederholen kann. Aber jedenfalls muß die Möglichkeit offen bleiben, daß Naturgesetze als falsch erwiesen werden können – und dies erkennt Hume nicht an.
2. Hume befaßt sich nur mit Berichten von Wundern. Nichts an seinem Argument zeigt, daß man ein Wunder ignorieren müsse, das man selbst erlebt hat. Wenn Hume selbst ein Wunder erlebt hätte,

hätte er es vielleicht geglaubt – auch wenn er weiterhin Berichte aus zweiter Hand verworfen hätte.

3. Hume schrieb zu einer Zeit, in der Wunderberichte nur mündlich weitergegeben werden konnten. Heute gibt es Wunderbehauptungen, die durch wissenschaftliche Belege unterstützt werden. In Lourdes wird für siebzig sorgfältig untersuchte Ereignisse das Vorliegen eines Wunders behauptet (neben vielen weiteren Behauptungen, die nicht von der Kirche authentisiert wurden). Die Belege wurden sorgfältig geprüft und von unvoreingenommenen Wissenschaftlern dokumentiert, die mit der besten verfügbaren medizinischen Ausrüstung arbeiten. Knochen wuchsen wieder nach, wiewohl alle Evidenz besagt, daß dies nicht möglich ist, unheilbarer Krebs wurde auf Dauer geheilt, und viele andere unerklärliche Ereignisse wurden eindeutig bewiesen. Die Ärzte erfüllen hier genau die von Hume aufgestellte Forderung, daß sie einen Ruf zu verlieren haben und die Evidenz unwiderleglich ist.
4. Weder das Christentum noch der Islam noch das Judentum haben jemals behauptet, daß man auf der Grundlage von Wundern glauben sollte. Jesus selbst wies jede Bezugnahme auf Zeichen und Wunder als Beweis für seinen Status zurück. Er wies die Versuchung des Teufels in der Wüste zurück, Wunder zu vollbringen, sich vom Tempel zu stürzen, und ebenso die Versuchung, sich in wunderbarer Weise vor dem Kreuz zu retten. Wenn also jemand erwägt, ob es vernünftig ist oder nicht, an Wunder zu glauben, muß er sie nicht unbedingt als unvoreingenommener Beobachter betrachten. Wenn jemand aus anderen Gründen an die Existenz Gottes glaubt, könnte es auch vernünftig sein zu glauben, daß Gott bei seinem Wirken in der Welt auch Naturgesetze aufhebt. *Nicht* vernünftig ist es dagegen, an eine bestimmte Religion auf der Grundlage von Wunderberichten zu glauben. Zumindest in diesem Punkt erscheint Humes Argument überzeugend.

Die Evidenz für außergewöhnliche Ereignisse an Orten wie Lourdes ist zwar stark, doch beweist dies noch nicht, daß die außergewöhnlichen Ereignisse durch das Wirken Gottes hervorgebracht wären. Vielleicht haben wir es eher mit einer Evidenz für die bemerkenswerten Fähigkeiten des menschlichen Geistes zu tun: Vor einhundert Jahren wären vielleicht Videokameras, tragbare Fernsehgeräte und Handys als Wunder betrachtet worden, während sie heute Alltagstechnik sind. Ebenso hat uns die Psychologie vieles über den Geist aufgehellt, was bisher in geheimnisvolles Dunkel gehüllt war.

Es gibt noch sehr viel, was wir über den menschlichen Geist nicht wissen. Es könnte durchaus sein, daß der Geist unter den entsprechenden Bedingungen körperliche Veränderungen hervorrufen kann. Vielleicht sind die bemerkenswerten Ereignisse in Lourdes und an anderen Orten eine psychosomatische Wirkung des menschlichen Geistes. Hier hängt viel von den vorausgesetzten Annahmen des Betreffenden ab. Wenn jemand an einen Gott glaubt, der in der Welt handelt, dann nimmt er möglicherweise an, daß ein solcher Gott eingegriffen und das Wunder vollbracht hat. Ein anderer, der diesen Glauben nicht teilt, braucht unerklärliche Ereignisse nicht dem Wirken Gottes zuzuschreiben.

Allerdings bekommen es diejenigen, für die Wunder Taten einer göttlichen Wirkkraft entgegen den Naturgesetzen sind, mit einem anderen Einwand zu tun. Dieser Einwand ist schwerwiegender und wirkungsvoller als derjenige von Hume und wird von einem modernen Philosophen vorgebracht, Maurice Wiles.

Maurice Wiles

Wiles schlägt in *God's Action in the World*[20] vor, daß „man die Vorstellung von einem göttlichen Handeln primär auf die Welt als ganze und nicht auf bestimmte Ereignisse in ihr beziehen sollte" (S. 28). Er möchte „die Welt als Ganzes als eine einzige Handlung Gottes" (S. 29) betrachten. Er glaubt, daß es „keine guten Gründe dafür gibt, von bestimmten göttlichen Handlungen im Zusammenhang mit bestimmten Ereignissen zu sprechen" (S. 34). Er sagt mit anderen Worten, daß es nur einen einzigen Akt Gottes gebe, und dieser Akt umfasse die Welt als ganze. Gott greife niemals mit Einzelhandlungen in die Welt ein. Wiles fährt fort:

> Wenn das direkte Handeln Gottes unabhängig von sekundären Ursachen eine vernünftige Konzeption sein soll, dann muß man sagen, daß sie selten und in einer sonderbaren Weise benutzt wurde. Wunder müssen per definitionem relativ selten sein, denn sonst würde der ganze Sinn von Naturgesetzen unterminiert, und ein geordnetes Leben, wie wir es kennen, wäre unmöglich. Doch selbst so bleibt es befremdlich, daß Auschwitz oder Hiroshima nicht durch ein wunderbares Eingreifen verhindert wurden,

[20] M. Wiles, God's Action in the World, London 1986.

> während doch die Zwecke, denen einige der vom traditionellen christlichen Glauben behaupteten Wunder gedient haben sollen, im Vergleich hierzu geradezu trivial waren. (S. 66)

Mit anderen Worten, Wiles wendet sich gegen die Vorstellung eines Gottes, der in die geordnete Welt eingreifen und einige aufsehenerregende Wunder gegen die Gesetze der Natur vollbringen würde. Er behauptet, daß ein eingreifender Gott eine minderwertige Vorstellung von Gott sei – letztlich ein Gott, der keiner Verehrung würdig wäre.
Wiles zitiert *Brian Hebblethwaite*, der die philosophische Vorstellbarkeit von Wundern bejaht. Er hat jedoch erhebliche Zweifel daran, ob Wunder im Sinne einer Überschreitung der Naturgesetze sich jemals ereignen:

> Die Annahme, daß Gott durch bloß gelegentliches direktes Eingreifen in der Welt handelt, wirft all jene Probleme auf, die den Gläubigen ratlos machen, der über das Problem des Übels nachdenkt und sich fragt, warum Gott nicht öfter eingreift. Sie würde ihm auch die Möglichkeit nehmen, sich zur Erklärung der physischen Leiden, die Gottes Geschöpfe treffen können, auf die gottgegebenen Strukturen der Schöpfung zu berufen, die ja notwendig sind, um den Geschöpfen eine gewisse Distanz von ihrem Schöpfer zu verleihen und für sie eine stabile Lebenswelt zu schaffen.
> (*Evil, Suffering and Religion,* S. 92–93)

Wiles sieht daher „keine Notwendigkeit für den christlichen Gläubigen, irgendeine Form göttlichen Eingreifens in die natürliche Ordnung anzunehmen, und gute Gründe dafür, dies nicht zu tun" (S. 69). Ein Gott, der in bestimmten Fällen handeln würde, in anderen aber nicht, wäre ein offenbar willkürlicher Gott, und diese Willkür wäre ein schwerer Einwand gegen die Vorstellung, daß Wunder ein direktes Eingreifen Gottes in die natürliche Ordnung sind. Deshalb und aufgrund von Hebblethwaites obigem Argument neigt Wiles dazu, „Gott die Freiheit zu bestreiten, ohne kausale Beschränkungen in der Welt zu handeln" (S. 80). Dadurch wird seiner Ansicht nach Gott keineswegs depersonalisiert, da die ganze Schöpfung ja der Akt Gottes ist – den Gott nicht durch irgendeine Form speziellen Eingreifens konterkariert.
Der Gedanke eines eingreifenden Gottes ist Wiles zufolge „für einen vernünftigen christlichen Glauben nicht plausibel und voller

Schwierigkeiten“. Bezüglich der Schwierigkeiten hat er recht – zumindest, wenn man auf einem rationalen Verständnis besteht. Ein Gott, der in Lourdes eingreift, um einen alten Mann von unheilbarem Krebs zu heilen, aber nicht handelt, um Millionen in Äthiopien vor dem Hungertod zu retten, der dem einzelnen Gläubigen hilft, indem er ihm persönliche Anleitung gibt, ob er die neue Stelle annehmen oder sein Haus verkaufen soll, aber den Massenmord an den Juden in Auschwitz nicht verhindert – ein solcher Gott muß sich zumindest einige peinliche moralische Fragen gefallen lassen. Einige würden wohl auch sagen, daß ein solcher Gott keiner Verehrung würdig ist.
Man muß sich darüber im klaren sein, daß Wiles – und mit ihm viele zeitgenössische Theologen, die ähnliche Auffassungen vertreten – annehmen, daß der menschliche Verstand Gottes Wege verstehen könne. Damit stehen sie in einer kantianischen Tradition, für die sich Religion immer innerhalb der Grenzen der bloßen Vernunft bewegen muß. Dies ist als solches eine Annahme. Paulus sagte, daß er den „gekreuzigten Christus“ predigte, was „für die Griechen Torheit“ war. Die Griechen waren die Philosophen in Paulus' Zeit, und es könnte durchaus sein, daß einige der heutigen Philosophen das Christentum auf ein menschliches Konstrukt reduzieren, indem sie den Primat der menschlichen Vernunft bekräftigen. Ein Schöpfergott könnte aber, einfach nur als Möglichkeit, jenseits des Begriffsvermögens von Menschen liegen.

Zusammenfassung

Wir haben vier mögliche Definitionen von „Wunder“ betrachtet:

1. Wunder als Veränderung zum Besseren, die in einem Menschen in den unwahrscheinlichsten Situationen stattfinden kann.
2. Wunder als ein Ereignis oder Vorkommnis, das der Gläubige für religiös bedeutsam hält, das aber nicht durch einen handelnden Gott bewirkt wird.
3. Wunder als ein Ereignis, das durch das Wirken eines immerwährenden oder zeitlosen Gottes herbeigeführt wird, aber entweder im Einklang mit den normalen Naturgesetzen steht oder auch von einem Menschen bewirkt wird, wobei Gott die primäre und der Mensch die sekundäre Ursache ist.
4. Wunder als ein Ereignis im Widerspruch zu den Naturgesetzen, das durch einen Akt des immerwährenden oder zeitlosen Gottes zustande kommt.

Die beiden letzten dieser Möglichkeiten kommen nur für Menschen in Frage, die an einen immerwährenden oder zeitlosen Gott glauben, der in der Welt handeln kann.

Die Definition von Wunder als Verletzung der Naturgesetze ist insbesondere im Rahmen eines rationalen christlichen Glaubens problematisch. Wenn Wunder willkürliche oder unerklärliche Handlungen eines wirkenden Gottes wider die Naturgesetze sind, dann muß die moralische Frage gestellt werden, ob dies ein verehrungswürdiger Gott ist. Manche Gläubige bekräftigen jedoch trotzdem die Existenz eines Schöpfergottes und die Fähigkeit dieses Gottes, in der Welt zu handeln, auch wenn sie nicht verstehen können, auf welcher Grundlage dieser Gott seine Handlungen wählt.

KAPITEL 18

Ewiges Leben

Gott hat das alles zu seiner Zeit auf vollkommene Weise getan.
Überdies hat er die Ewigkeit in alles hineingelegt,
doch ohne daß der Mensch das Tun, das Gott getan hat,
von seinem Anfang bis zu seinem Ende wiederfinden könnte.
(Kohelet 3,11)

Von der Auffassung, die man von Gott hat, hängt es weitgehend ab, was man darunter versteht, wenn von ewigem Leben die Rede ist. Es gibt hier grundsätzlich zwei Möglichkeiten:

1. Ewiges Leben als andere Qualität des Lebens hier und jetzt in dieser Welt
2. Ewiges Leben als andere Qualität des Lebens hier und jetzt in dieser Welt und persönliches Weiterleben nach dem Tode

Ewiges Leben als andere Lebensqualität

Religiös Gläubige haben allzuoft die Vorstellung eines ewigen Lebens als Daseinsform nach dem Tode betont. Und doch hat die christliche Tradition immer gesagt, daß dies nicht alles ist. Ewiges Leben beinhaltet eine Veränderung der Lebensweise des einzelnen. Gläubige sprechen von einer „Neugeburt", einer neuen Art der Lebensanschauung und der Lebenshaltung. Plötzlich scheinen die Prioritäten, die man mit so vielen Menschen in der Welt gemeinsam hatte, nicht mehr wichtig zu sein, und das Leben gewinnt eine andere Qualität. Nicht mehr Macht, Geld und materieller Besitz sind wichtig, sondern vielmehr Mitgefühl, Liebe, Beziehungen zu Menschen und die höheren Werte. Der dänische Philosoph und Theologe *Sören Kierkegaard* drückt dies in *Reinheit des Herzens* (Harper and Row, 1948) wie folgt aus:

> Unsterblichkeit kann keine abschließende Verwandlung sein, die sich sozusagen im Augenblick des Todes als der endgültige Zustand einschleicht. Sie ist im Gegenteil eine Unwandelbarkeit, die vom Vergehen der Jahre nicht berührt wird ... Wenn es etwas Ewiges im Menschen gibt, dann muß es in jeder Verwandlung vorhanden sein und dingfest gemacht werden können. (S. 35–36)

Das Christentum hat immer gesagt, daß der Mensch in dieser Welt „in der Ewigkeit leben" kann (siehe auch die Zitate aus dem Johannesevangelium (5,24; 17,3) auf S. 47).

Die christlichen Revisionisten, seien sie Realisten oder Anti-Realisten, sprechen vom ewigen Leben ausschließlich als einer anderen Lebensqualität im Hier und Jetzt. Sie verwerfen den Glauben an ein Leben nach dem Tode oder sind wie Sutherland agnostisch bezüglich dieser Möglichkeit und betrachten sie als irrelevant. Durch ein heiligmäßiges Leben kann man die Trivialisierung überwinden und im Ewigen gegründet sein bzw. ein Leben *sub specie aeternitatis* führen. D. Z. Phillips sagt, daß die ewige Qualität am Leben eines Menschen dessen zeitlose Qualität der moralischen Vortrefflichkeit sei. Reden von der Unsterblichkeit der Seele bezieht sich ihm zufolge auf das Verhältnis eines Menschen zu Selbstlosigkeit und Nächstenliebe, die in der Selbstverleugnung enthalten sind; es bezieht sich nicht auf ein Dasein nach dem Tode.

Jemand, dessen inneres Leben die richtige Orientierung hat, der mit Leidenschaft und Engagement versucht, ein gutes Leben zu führen, gütig, mitleidsvoll und sanftmütig zu sein und für andere zu leben, ist, gleichgültig, was geschieht, unverletzlich. Er „lebt im Ewigen", und kein Leid kann ihn treffen, weil ihm nichts diese innere Orientierung nehmen kann. Was auch immer in der Welt geschieht – wessen Leben im Ewigen gegründet ist, der ist unbesiegbar.

Man muß sich darüber im klaren sein, daß der Gedanke des ewigen Lebens als andere Qualität des gegenwärtigen Lebens allen Christen gemeinsam ist, gleichgültig, welcher Auffassung von Gott sie anhängen. Viele wollen damit jedoch noch mehr sagen.

Ewiges Leben als die zeitlose Anschauung Gottes *(visio beatifica)*

Wie wir gesehen haben, bekräftigt die katholische Theologie, daß Gott außerhalb von Raum und Zeit ist. Dies hat bedeutsame Folgen für die Auffassungen katholischer Theologen vom Leben nach dem Tode.

Thomas von Aquin zog die aristotelische Weise der Unterscheidung von Leib und Seele zur Erklärung der Natur des Menschen heran. Für Thomas von Aquin ist die *Seele* eine individuelle *geistige Substanz* (mit anderen Worten, sie kann für sich selbst bestehen), aber sie ist auch die „Form“ des ganzen Leibes. Nach der aristotelischen Philosophie ist die Form eines Dings dasjenige, was auch bei äußeren Veränderungen unverändert bleibt. So bleibt zum Beispiel die Form der „Baumhaftigkeit“ unverändert, auch wenn sich ein einzelner Baum ändert. Thomas von Aquin glaubte, daß nur Leib und Seele gemeinsam einen ganzen personalen Menschen ergeben können, wiewohl die Seele alleine den Tod überleben kann.

Viele Menschen mißverstehen Thomas von Aquin hier. Thomas und die katholische Kirche, die ihm weitgehend gefolgt ist, sagen *nicht*, daß der Mensch aus Leib und Seele besteht und daß die Seele, die die eigentliche Person ist, nach dem Tode weiterlebt. Dies wäre eine konsequent *dualistische* Haltung (ein Dualist glaubt, daß der Mensch aus zwei getrennten Bestandteilen besteht, Seele und Leib, die voneinander unabhängig sind und doch in dieser Welt zusammenwirken). Der dualistische Ansatz besagt, daß unsere Identität in unserer Seele liegt, während der Leib mehr oder weniger irrelevant ist. Platon war Dualist, und dies führte ihn zu einer recht geringen Meinung vom Leib des Menschen und der physischen Welt überhaupt; so war das letzte Ziel des Menschen für ihn, daß das „wahre Ich“ den Tod als körperlose Seele überlebte. Dies ist aber weder die Auffassung von Thomas noch diejenige der katholischen Kirche.

In Thomas von Aquins Sichtweise sind Seele *und* Leib notwendig, damit aus einem Menschen ein vollgültiges Individuum wird. Die Seele ist im Leib, wie Gott in der ganzen Welt gegenwärtig ist. Thomas sagt: „… die ganze Seele des Menschen ist in seinem ganzen Leib, und alles von ihr ist in jedem Teil seines Leibes in derselben Weise, wie Gott in der Welt ist“ (Summa theologica Ia, 93,3). Die Seele ist in jedem Teil des Leibes gegenwärtig; sie ist kein „getrenntes Etwas“, das irgendwo verborgen wäre und irgendwie mit dem Leib interagierte.

Thomas lehrte, daß die Seele beim Tode überlebt und entweder in die Hölle oder in das Fegefeuer oder zur Anschauung Gottes gelangt (daneben gibt es noch eine weitere Möglichkeit, die Vorhölle, auf die ich hier nicht eingehen will). Es ist wichtig, sich über die Unterschiede zwischen ihnen im klaren zu sein:

1. Hölle ist zeitlich, das heißt, in der Hölle vergeht die Zeit. Thomas war der Ansicht, daß diejenigen, die in die Hölle kommen, von Gottes Gegenwart ausgeschlossen sind und ewige Qualen und Strafen erleiden müssen. Diese Strafe hört niemals auf, weil der Leib des Menschen die erforderliche Qual nicht ertragen könnte, wenn der Zeitraum kürzer und damit der Schmerz entsprechend stärker wäre. Zeitgenössische Verfasser neigen dazu, das Element der Strafe im Zusammenhang mit der Hölle geringer zu bewerten und die Hölle eher als den Ort zu betrachten, an den diejenigen kommen, die sich vorsätzlich und aus eigenem Antrieb von Gott abgewandt haben.
2. Die meisten Seelen kommen in das Fegefeuer (Purgatorium). Dies ist nach der katholischen Theologie der Ort, an dem der Mensch eine Reinigung und Bestrafung erdulden muß, bevor er an sein endgültiges Ziel gelangt. Es ist letztlich ein Wartezustand, in dem die Seele von den auf Erden begangenen Sünden gereinigt wird. Nur die ganz vollkommenen Seelen sind für die Anschauung Gottes bereit. Auch das Fegefeuer ist zeitlich. Thomas nahm an, daß Gott nach dem Tod die Schuld läßlicher Sünden in einem Akt reinen Erbarmens tilgt. Trotzdem muß der Mensch für seine Sünden bestraft werden. Die geringste Qual im Fegefeuer ist größer als die größte Qual auf Erden, aber die Qual im Fegefeuer wird dadurch gelindert, daß jeder, der dorthin kommt, weiß, daß er letztlich zur Anschauung Gottes gelangen wird, die als die höchste Wonne gilt. Heute wird weniger Betonung auf die Bestrafung im Fegefeuer als auf die dort mögliche Entwicklung gelegt. Weiterhin verzichtet die katholische Theologie heute darauf, sich allzu detailliert darüber zu äußern, wieviele Tage der Verschonung von Schmerz und Qual im Fegefeuer man für sich selbst oder andere durch gute Werke gewinnen kann.

   Hier liegt jedoch ein Problem. Die Seele kommt ins Fegefeuer, aber Thomas sagt ausdrücklich: *„Anima mea non est ego“* („Meine Seele ist nicht ich“). Wie wir oben gesehen haben, ist eine menschliche Person die Einheit von Leib und Seele. Thomas nimmt an, daß alle Insassen des Fegefeuers nach einiger Zeit, wenn sie ausreichend von ihren Sünden geläutert wurden, einen neuen und verherrlichten Leib bekommen. Das Problem ist also folgendes: Wenn ich im Fegefeuer bin und es meine Seele ist, die im Fegefeuer ist, dann muß ich meine Seele sein. Thomas sagt aber, daß ich nicht meine Seele bin oder daß zumindest meine Seele nicht ganz ich ist. Nun ist aber Peter Vardy entweder im

Fegefeuer oder nicht. Wenn er es ist, dann ist Peter Vardy seine Seele. Und doch verneint Thomas eben dies.
Darüber hinaus ist für die Schmerzen und Strafen, die der einzelne im Fegefeuer erleiden muß, ein Leib notwendig, damit sie erfahren werden können. Aber individuelle Seelen im Fegefeuer haben keinen Leib.
Thomas sagt, daß die Seele nicht „ganz ich" ist, und das Problem liegt letztlich darin, ob sich dem ein Sinn abgewinnen läßt. Kann das „Ich", das ich jetzt bin, nur teilweise dieses „Ich" im Fegefeuer sein, bis es einen neuen und verherrlichten Körper bekommt? Kann ich nur teilweise ich sein?
Wenn die Strafe/Vervollkommnung im Fegefeuer abgeschlossen ist, erhalten die dort befindlichen Seelen einen neuen und verherrlichten Leib, mit dem sie eingehen können in

3. die zeitlose Anschauung Gottes. Nach katholischer Lehre ist dies das letzte Ziel des Menschen. Diese Anschauung Gottes kann individuell verschieden sein, ist aber immer vollständig befriedigend. In dieser Anschauung teilt man Gottes Wissen (mit Ausnahme von Gottes Beweggründen und Absichten, die uns verschlossen bleiben). Da die Anschauung Gottes zeitlos ist, wird sie sich niemals ändern; sie ist die unwandelbare *visio beatifica.* Es handelt sich also durchaus nicht um eine himmlische Gesellschaft, in der Tante Hilde Onkel Ferdinand wieder treffen könnte.
Dieser Gedanke der zeitlosen Anschauung Gottes könnte auch von Platons Überzeugung beeinflußt sein, daß das endgültige Ziel des Menschen die Betrachtung des unwandelbaren Schönen sei, das eine der Ideen ist (siehe S. 21).
Das Problem bei dieser Auffassung ist, daß Thomas zufolge die Seele bei der Wiederkunft Christi einen neuen und verherrlichten Leib erhält. Wenn aber ich, Peter Vardy, einen Leib habe und wenn ich einen Leib brauche, um Peter Vardy zu sein, dann kann ich nicht zeitlos werden. Wenn ich einen Leib habe, muß notwendigerweise die Zeit vergehen, und wenn die Zeit vergeht, kann ich nicht zeitlos sein. Hier scheint also eine echte Schwierigkeit zu liegen. Entweder habe ich einen Leib, in welchem Fall ich nicht zeitlos sein kann, oder ich werde zeitlos, in welchem Fall ich keinen Leib haben kann. Es stellt sich die Frage, ob es wirklich Peter Vardy ist, der die zeitlose Anschauung Gottes genießen wird.
Als Jesus von den Toten auferstand, hatte er gewiß einen Leib, auch wenn es ein besonderer Leib war, der durch Wände hindurchgehen konnte. Er sprach mit den Jüngern, aß Speisen und

war eine ganz und gar zeitliche Gestalt. Wenn Jesus diesen Leib behalten hätte, hätte er nicht zeitlos werden können. Nach der Himmelfahrt muß Jesus also den Leib verloren haben, den er nach der Auferstehung hatte, um zur zeitlosen zweiten Person der Dreifaltigkeit werden zu können.
Hierauf könnte ein katholischer Theologe entgegnen, daß der neue und verherrlichte Leib nicht univok zu verstehen sei, sondern ein Leib in einem analogen Sinne ist. Es sei richtig, daß der Mensch, der in die zeitlose Anschauung Gottes eingeht, einen Leib hat, aber wir wüßten nicht, was es dann bedeute, einen Leib zu haben. Dies führt natürlich dazu, daß die Behauptung, daß wir einen Leib hätten, sehr wenig Inhalt hat, aber immerhin wird dadurch vermieden, daß diese Position ein offensichtlicher Widerspruch ist.

Dieser Ansatz besitzt zwei große Vorzüge. Erstens und vor allen Dingen überlebt die Seele eines Menschen (die die „Form" seines ganzen Leibes ist) den Tod und stellt insofern das Bindeglied zwischen diesem und dem nächsten Leben dar. Peter Vardy überlebt den Tod, weil Peter Vardys Seele ihn überlebt. Zweitens bietet diese Auffassung ein Endziel für den Menschen in Form der zeitlosen Anschauung Gottes. Wie wir gesehen haben, gibt es jedoch auch erhebliche Probleme.

Ewiges Leben als Leben nach dem Tode in einer himmlischen Gesellschaft

Im vorigen Abschnitt haben wir ein mögliches Menschenbild erörtert, das dem Reden über das Überleben des Todes Inhalt geben könnte, nämlich jenes, wonach die Seele die „Form" des ganzen Leibes ist. Es gibt jedoch zwei Alternativen, die vielfach von protestantischen Theologen vertreten werden. Diese arbeiten meist, wenn auch nicht immer, mit dem Modell eines immerwährenden, nicht eines zeitlosen Gottes. Beide Alternativen nehmen eine irgendwie geartete himmlische Gesellschaft an, aber sie unterscheiden sich in ihrer Auffassung der menschlichen Person.

Dualismus von Seele und Leib

Ein konsequenter Dualismus von Seele und Leib, wie wir ihn im vorigen Abschnitt definiert haben, ist das von Platon und Descartes favorisierte Modell der Personalität. Die Seele ist das wahre Ich und ist im Leib gefangen, den sie wie ein Gespenst in einer Maschine antreibt (wie Gilbert Ryle in seinem Buch *The Concept of Mind* sagt, in dem er diese Auffassung verwirft). Die Vertreter der Ansicht, daß Seele und Geist (beides meint ja nicht notwendig dasselbe) voneinander verschieden sind, haben verschiedene Vorstellungen von deren wechselseitiger Beziehung. Hier gibt es unter anderem folgende Möglichkeiten:

1. Die Vorstellung, daß Seelen präexistent sind und den Tod überleben und vielleicht durch ein anderes Reich hindurchgehen, bis sie wieder mit einem neuen Körper verbunden werden. *William Wordsworth* fängt etwas von dieser Vorstellung einer präexistenten Seele in seinem Gedicht *Intimations of Immortality from recollections of early childhood* („Zeichen der Unsterblichkeit in den Erinnerungen der frühen Kindheit") ein:

   Unsere Geburt ist nur ein Schlaf und ein Vergessen;
   die Seele, die uns beigegeben, unseres Lebens Stern,
   hatte anderswo ihren Platz
   und kommt von weither:
   Nicht in gänzlicher Vergessenheit
   und nicht in äußerlicher Nacktheit
   sondern in Wolken der Herrlichkeit kommen wir
   von Gott, der unsere Heimat ist …

2. *Kreatianismus,* die Überzeugung, daß jede Seele von Gott geschaffen und dem Fötus zu einem bestimmten Zeitpunkt eingegeben wird. Dies ist einer der Gründe, warum manche Gläubige die Embryonenforschung ablehnen. Die Frage ist allerdings, wann Gott diese Seele einpflanzt. Bis zu vierzehn Tagen nach der Verschmelzung von Sperma und Eizelle zu einer Einheit kann sich diese Einheit trennen und wieder zusammenkommen. Wenn also Gott die Seele zum Zeitpunkt der Empfängnis einpflanzt, was geschieht dann, wenn sich die Einheit trennt? Hat man dann zwei Seelen? Wenn ja, was geschieht, wenn die beiden Teile wieder zusammenkommen?
3. *Traduzianismus,* der Glaube, daß die Seele in natürlicher Weise im Rahmen der normalen Empfängnis „mitgezeugt" wird. Diese letztere Theorie wurde von einigen Kirchenvätern wie Tertullian entwickelt. Für letzteren war die Seele eine Substanz, die Gott Adam einhauchte und die über die Generationen des Menschen

durch beständige Teilung weitergegeben wurde. Diese Lehre gilt heute als häretisch.

Der Dualismus ist mit erheblichen Problemen befrachtet, wozu unter anderem folgendes zählt:

1. In welcher Weise arbeiten Seele und Leib zusammen? Descartes nahm an, daß die Interaktion mittels einer kleinen Drüse im Hinterhaupt erfolge, der Zirbeldrüse. Die körperlose Seele soll die „Maschine“ des Körpers „steuern“, aber es ist durchaus nicht klar, durch welchen Mechanismus dies möglich wäre. Außerdem entwertet dieser Ansatz das Physische am Menschen und rückt die Seele als das Wichtigere in den Vordergrund. Damit entfernen wir uns von einer holistischen Auffassung des Menschen.
2. Welcher Zusammenhang besteht zwischen Seele und Geist/Gehirn? Wir wissen, daß Gehirnzustände vom Körper beeinflußt werden können und daß Drogen eine Wirkung auf den Geist haben können. Durch eine Operation kann man die ganze Persönlichkeit und Erinnerung eines Menschen verändern. Wenn das Gehirn der Sitz unserer Emotionen, Erinnerungen und Handlungen ist, bedeutet dies dann, daß unsere Seelen in ähnlicher Weise beeinflußt werden? Kann die Seele überleben, wenn das Gehirn nicht überlebt?
3. In seinem Buch *The Concept of Mind* (*Der Begriff des Geistes*) verwirft *Gilbert Ryle* alles Reden über Seelen, weil es auf einem, wie er es nennt, „Kategorienfehler“ beruhe. Er gibt zwei Beispiele dafür, wovon das zweite das interessantere ist. Stellen Sie sich erstens vor, daß Sie einen Fremden in der Universität herumführen. Sie zeigen ihm Colleges, die Bibliothek, Sportplätze und die Studenten. Er sieht sich dies alles an und fragt am Ende: „Nun, ich habe das alles gesehen, aber wo ist jetzt die Universität?“ Er meint also fälschlicherweise, daß die Universität etwas sei, was zu all den Dingen noch hinzukäme, die er sah.
   Das zweite Beispiel betrifft einen Fremden, der bei einem Kricketspiel zusieht. Er sieht die Werfer, die Schläger, die Fängerpartei und die Schiedsrichter und sagt dann: „Ich sehe alle diese Leute, aber wo ist der Teamgeist?“ Er begeht ebenfalls den Fehler zu glauben, daß „Teamgeist“ etwas Zusätzliches neben all den Dingen sei, die er sah. Ebenso verhält es sich Ryle zufolge mit dem Reden über die Seele. Die Seele ist nicht etwas Zusätzliches zu den intentionalen Handlungen eines Menschen. Reden über die Seele ist ihm zufolge Reden darüber, wie ein Mensch handelt

und auf andere Menschen reagiert; es ist kein Reden über einen irgendwie gearteten körperlosen Geist.

4. Wäre eine Gesellschaft körperloser Seelen denkbar? *H. H. Price* fordert uns in einem Artikel unter der Überschrift „Survival and the idea of another world“ („Überleben und die Idee einer anderen Welt“[21]) auf, uns vorzustellen, wie eine solche Gesellschaft beschaffen wäre. Er nimmt an, daß es eine „Bilderwelt“ oder Traumwelt sein müsse, in die wir unsere Erinnerungen mitnehmen. Wir wären in unseren eigenen Erinnerungen gefangen und würden damit in irgendeiner Weise unseren eigenen Himmel oder unsere eigene Hölle schaffen. Wir könnten telepathisch mit gleichgesinnten körperlosen Seelen kommunizieren, aber das wäre alles. Da wir keine Körper hätten, könnten wir nicht sprechen, nicht hören, nicht fühlen und keine sonstigen Erlebnisse haben. Die in dieser post-mortalen Bilderwelt herrschenden Gesetze wären diejenigen der Psychologie, nicht diejenigen der Physik.
   Das Bild, das Price entwirft, ist vorstellbar, aber nicht besonders reizvoll, und es wäre wohl ein eher langweiliges Dasein. In einer solchen Welt gäbe es wenig Kreatives oder Lebenspendendes. Der individuelle körperlose Geist könnte nicht in bezug auf seine Umgebung handeln.
5. Wie könnte meine Seele ich sein? Peter Vardy ist ein lebendiger Mensch mit Körper, Gehirn, Sinnesorganen, Empfindungen und Emotionen. Es ist durchaus nicht klar, in welcher Weise eine körperlose Seele ohne alle diese physischen Attribute noch ich sein könnte.
   Der Dualismus wirft also erhebliche Probleme auf, und er ist durchaus nicht die beliebteste der heute angebotenen Theorien, die erklären wollen, was es heißt, eine Person zu sein und was es für eine solche Person bedeuten könnte, den Tod zu überleben. Überraschend ist allerdings, wie sehr diese Auffassung unter Menschen vorherrscht, die diese Probleme noch nicht durchdacht haben.

Die Person als Person

Diese zweite Version des Gedankens einer himmlischen Gesellschaft nach dem Tode ist eine *monistische* Auffassung. Während der Dualismus behauptet, daß es zwei getrennte Substanzen gebe, näm-

[21] In: J. Donnelly (Hrsg.): Language, Metaphysics and Death, New York 1995.

lich Seele und Leib, behauptet der Monismus, daß es nur eine gebe. Dieser Auffassung zufolge ist eine Person eine Person, die man nicht in Stückchen zergliedern kann. Ihr zufolge haben wir keine separate Seele; Reden über die Seele ist Reden über die Art und Weise, wie wir agieren und auf andere Menschen reagieren (der oben erwähnte Gilbert Ryle ist Monist). Wenn man einer solchen holistischen Auffassung von Person anhängt, bedeutet dies, daß man den Tod nur dann als Individuum überleben kann, wenn dabei unsere gegenwärtige Identität erhalten bleibt. Man muß den Tod als Person überleben.

Vertreter dieser Auffassung können nun ebenfalls von der Seele eines Menschen sprechen, aber sie meinen damit nicht ein separates Etwas, das in geheimnisvoller Weise dem physischen Körper hinzugefügt würde und „irgendwie" mit ihm in Interaktion stünde. Reden über die Seele einer Person wird hier als eine Art Werturteil über das Selbst verstanden. Die Individualität einer Person, ihr Selbst oder ihre Seele, wird demgemäß durch Austausch und Beziehungen mit anderen geformt. Natürlich kann man darauf verzichten, die spirituelle Seite seiner Natur zu entwickeln; man kann kalt und hart werden. So könnte jemand über eine Arbeitskollegin sagen: „Sie ist ein Mensch ohne Seele – sie kümmert sich nie um andere. Sie behandelt sie einfach als Objekte, nicht als Menschen." Nach dieser Auffassung bedeutet Reden über die Seele also ein Reden über die Persönlichkeit eines Menschen. Dabei könnte die Seele einer Person immer noch als von Gott gegeben betrachtet werden, insoweit nämlich ihre ganze Persönlichkeit und Individualität von Gott abhängt.

Diese monistische Sichtweise wirft sofort Probleme auf. Wenn Anne stirbt, liegt die Person, die Anne ist, tot auf dem Boden. Es gibt keine separate Seele, die irgendwohin entschwebt. Anne war eine Person, und Anne ist jetzt tot. Auf den ersten Blick ist dies ein höchst unattraktiver Ansatz für diejenigen, die für den Gedanken einer persönlichen Auferstehung eintreten. Aber ganz so einfach ist es nicht. Schließlich war Jesus eine Person, und er starb. Sein Leichnam wurde vom Kreuz abgenommen und in ein versiegeltes Grab gelegt. Jesus war unzweifelhaft tot, und die Jünger hatten ihren Glauben an ihn verloren. Aber Jesus stand, wie traditionell behauptet wird, am Ostersonntag von den Toten auf.

Das Christentum hat seit den ersten Jahrhunderten, als die Glaubensinhalte der Kirche Gestalt annahmen, immer die Auferstehung des Leibes bekräftigt. Dies war eine durchaus bemerkenswerte Behauptung der Kirche. Denn die Welt, in der die frühen Christen lebten, war weitgehend vom griechischen philosophischen Denken beherrscht, das – wenn auch nicht generell – eher der Vorstellung von einer unsterblichen Seele zuneigte. Es wäre also für das Christentum sehr einfach und scheinbar nur logisch gewesen, ebenfalls diese Haltung einzunehmen. Daß das Christentum angesichts der offensichtlichen Tatsache, daß tote Körper faulten und zerfielen, an der Behauptung festhielt, es gäbe ein leibhaftes Weiterleben nach dem Tod, hätte das Christentum leicht als absurd erscheinen lassen können.

Aber es gab verschiedene Gründe für diese christliche Position. Eine von ihnen war die Überzeugung, daß Jesus seinen Jüngern nach seinem Tod nicht als körperloser Geist, sondern als wiederauferstandene Person erschien, die gehen, mit ihren Freunden sprechen und sogar mit ihnen essen konnte. (Er war aber auch eine besondere Person, da er in einem verschlossenen Raum erscheinen konnte.) Der Jesus nach dem Tode war dem Jesus vor dem Tode bemerkenswert ähnlich, bis hin zu den Nägelmalen in seinen Händen.

Das Christentum hat auch nie die Bedeutsamkeit der physischen Welt geleugnet, wozu manche dualistische Anhänger Platons neigten. Mit der Menschwerdung nahm Gott menschliches Fleisch an und heiligte dadurch dieses Fleisch und mit ihm die Welt, in der wir leben. Das Physische ist nicht in irgendeiner Weise eine zweitrangige Kategorie gegenüber der spirituellen körperlosen Seele, wiewohl man auch einräumen muß, daß manche christliche Schriftsteller in dieser Weise dachten.

Die Behauptung, daß eine Person den Tod als Individuum überleben könne, wirft die entscheidende Frage nach der Identität auf. Woher kann man wissen, daß die sterbende Anne dieselbe Person ist wie die Anne, die zu neuem Leben aufersteht? *Bernard Williams* hat argumentiert[22], daß der einzige sichere Test auf die personale Identität die raumzeitliche Kontinuität ist. Das einzige, was ein Baby, ein junges Mädchen, eine reife Frau und eine alte Dame miteinander gemeinsam haben, ist die Tatsache, daß ihre Körper dieselbe raumzeitliche Bahn zurückgelegt haben. Das Baby hat sich im Laufe der Zeit allmählich zu einer alten Dame entwickelt. Nach Bernard Williams' Ansatz wäre ein Überleben des Todes offensichtlich nicht möglich, da die raumzeitliche Bahn durch den Tod unterbrochen wird.

John Hick gibt (in *Death and Eternal Life*) mehrere Beispiele, die seiner Ansicht nach gegen Williams' Auffassung sprechen. Man stelle sich einmal vor, daß jemand in London einen Vortrag hält und dann plötzlich verschwindet und in New York wieder auftaucht. Damit wäre die raumzeitliche Bahn dieser Person unterbrochen. Die meisten

[22] In: J. Donnelly (Hrsg.), Language, Metaphysics and Death.

Menschen würden jedoch sagen, daß es dieselbe Person ist, wenn Aussehen, Erinnerungen und andere Details allem Anschein nach dieselben geblieben sind. Ebenso müßten wir, wenn jemand auf dieser Erde stirbt, aber ein Duplikat von ihm auf dem Planeten Juno wieder zum Leben erwacht, dieses als dieselbe Person betrachten. Eine raumzeitliche Kontinuität ist demzufolge nicht notwendig, um ein Weiterleben nach dem Tode zu gewährleisten.

Hick betrachtet eine Person als unauflösliche psychophysische Einheit. Er lehnt die Vorstellung einer vom Körper getrennten Seele ab und damit auch den Gedanken, daß die Seele den Tod überleben könne. Statt dessen legt er eine Duplikattheorie vor. Die ebenbildliche Person, die im Himmel zum Leben erwacht, ist eine genaue Kopie der Person, die hier auf der Erde starb. Gott erschafft also nach dieser Auffassung in einem anderen Raum eine genaue psychophysische Kopie der verstorbenen Anne. Dies ist eine attraktive Lösung, da wir damit die Schwierigkeiten des Verhältnisses von Seele und Leib vermeiden. Die Person, die den Tod überlebte, wäre der verstorbenen Person erkennbar ähnlich und hätte dieselben Erinnerungen wie der verstorbene Mensch.

Allerdings nimmt Hick den Unterschied zwischen derselben und der gleichen Person nicht ernst genug. Ersteres beinhaltet ein Eins-zu-eins-Verhältnis zwischen der verstorbenen Person und derjenigen, die weiterlebt. Letzteres läßt die Möglichkeit eines Eins-zu-vielen-Verhältnisses zu. Mit anderen Worten, wenn man akzeptiert, daß bei unserem Tod nur ein Duplikat von uns erschaffen zu werden bräuchte, dann könnten ohne weiteres auch viele gleiche Kopien erschaffen werden. Wenn meine Frau Anne sterben würde und einhundert Kopien erschaffen würden, die alle gleich aussehen und alle dieselben Erinnerungen haben, könnte ich nicht sagen, daß eine von ihnen dieselbe Person sei wie die Verstorbene.

Williams weist darauf hin, daß die Erinnerung als einzig notwendiges Kriterium für die Identität nicht ausreichen könne, da man sich mehrere gleiche Körper mit denselben Erinnerungen vorstellen kann. Wenn jemand hereinkäme und behauptete, Guy Fawkes[23] zu sein, und diese Person hätte alle Erinnerungen von Guy Fawkes, wären wir doch nicht bereit zuzugestehen, daß er Guy Fawkes sei. Wenn wir dies nämlich doch zugestehen würden, dann könnten viele Menschen alle dieselben Erinnerungen haben, aber sie könnten eben nicht *alle* Guy Fawkes sein!

---

[23] Guy Fawkes war einer der Teilnehmer der „Pulververschwörung“ von 1605 (Anm. d. Übers.).

Wenn wir die Idee eines persönlichen Weiterlebens retten wollen, dann bräuchten wir ein Kriterium, anhand dessen man das Eins-zu-eins-Verhältnis zwischen der verstorbenen Anne und der von den Toten auferstandenen Anne feststellen kann. Wenn wir keine Seele haben – die natürlich die Aufgabe der Wahrung dieser Kontinuität sehr gut erfüllen würde – dann kann es scheinbar keine solche Kontinuität geben.

In meinem Buch *God of our Fathers*[24] habe ich eine Parallele zwischen der Idee der Auferstehung und der Funktionsweise meines Computers vorgeschlagen. In meinem Büro schreibe ich auf diesem Computer Kommentare zu den Aufsätzen meiner Studenten. Diese Kommentare werden auf einer Diskette gespeichert. Wenn einer meiner Studenten diese Kommentare verlieren sollte, könnte ich auf Knopfdruck eine identische Kopie ausdrucken. Alles auf dieser Kopie wäre genau gleich: Orthographie, Satzbau, Interpunktion und Gestaltung. Der einzige Unterschied wäre, daß die Kommentare auf einem anderen Blatt Papier stünden. Wenn ich wollte, könnte ich die Kommentare über ein Funksignal zu einem Satelliten schicken. Von dort könnte das Signal nach Sydney weitergeleitet werden, wo die gleichen Kommentare ebenfalls ausgedruckt werden könnten.

Etwas Ähnliches könnte nach dem Tode mit uns geschehen. Der Schöpfergott kennt uns bis ins Innerste. Er kennt unsere ausführliche „Baubeschreibung" und alle unsere Erinnerungen. Wenn also jemand stirbt, könnte Gott diese Person mit neuem Material reproduzieren (Paulus spricht davon, daß wir einen neuen und verherrlichten Leib haben werden, und dies könnte eine Parallele hierzu sein, wobei möglicherweise Mängel an unserem Körper beseitigt werden). Kritiker werden natürlich sagen, daß ich das Problem des Eins-zu-eins-Verhältnisses nicht gelöst habe: Gott hat eine gleiche Kopie erschaffen, aber wenn er eine Kopie erschaffen kann, dann könnte er auch viele erschaffen. Meine Kritiker könnten behaupten, daß gerade die Parallele mit dem Computer meinen Fehler aufzeigt, da ich soviele Kopien der Kommentare ausdrucken könnte, wie ich wollte, die aber nicht die Originalkommentare wären.

Nun habe ich mich mit diesem Punkt bereits in meinem ursprünglichen Argument befaßt. Was meine Kritiker nicht berücksichtigen, ist, daß wir es hier mit Gott zu tun haben. Gott würde es einfach nicht zulassen, daß für eine verstorbene Anne mehr als eine Anne geschaffen würde. Wenn er dies täte, wäre die Identität zerstört – doch dies

[24] 1987 erschienen bei Darton, Longman and Todd, vergriffen.

geschieht nicht. Dies scheint mir nach wie vor überzeugend zu sein, wenn auch nicht unanfechtbar. Die logische Möglichkeit weiterer Kopien bleibt bestehen, aber wenn solche Kopien geschaffen würden, wäre die Identität zerstört, und dies wäre ein sehr guter Grund für Gott, keine weiteren Kopien zu erschaffen. Es trifft zu, daß auf dieser Erde die raumzeitliche Kontinuität der einzig sichere Test für die Identität ist, doch dies besagt nicht, daß derselbe Test auch jenseits der Todesgrenze angewandt werden müßte.

Auf dieser Grundlage könnte der Gläubige behaupten, daß das Individuum den Tod als Individuum überlebt. Das neue Individuum hätte einen Leib, weil ich nur mit einem Leib derjenige bin, der ich bin. Leiber sind jedoch räumlich und zeitlich, weshalb nach dieser Auffassung das Leben nach dem Tode ebenfalls räumlich und zeitlich sein muß. Der Himmel wäre auf dieser Grundlage ein immerwährendes Königreich unter der Herrschaft Christi. Gott wäre als immerwährender Geist dort beständig gegenwärtig. Es wäre eine von Liebe erfüllte Gesellschaft, in der alles Negative und Böse dieser Welt weggefallen ist.

Unsere Welt hier könnte man als einen Ort betrachten, an dem wir selbst darüber verfügen, welcher Mensch wir werden wollen. Wir können uns entscheiden, ob wir selbstsüchtig, habgierig und genußsüchtig sein wollen. Damit würden wir uns von Gott, aber auch von der Liebe abwenden und uns – in dieser Welt wie nach dem Tode – in die dauernde Gottesferne begeben. Wir stünden damit im Gegensatz zu denjenigen, die ihre Fähigkeit zu lieben entwickeln wollen, die nach höheren Tugenden streben und durch ihr Handeln zu Menschen werden, die andere lieben können. Unsere höchste Bestimmung wäre nach dieser Auffassung die Gemeinschaft mit Gott in einem himmlischen Reich, aber weil wir frei sind, haben wir das Recht zu entscheiden, ob wir diese Bestimmung wählen wollen. Dies ist eine Auffassung, die heute gewiß nicht in Mode ist, aber es ist eine Auffassung, der zumindest einige Christen noch anhängen, und sie scheint philosophisch nicht unstimmig zu sein.

Zusammenfassung

Das Christentum hat immer die Meinung vertreten, daß ewiges Leben zumindest eine andere Lebensqualität im Hier und Jetzt beinhaltet. „Im Ewigen zu leben“ heißt, zu einer neuen Lebensweise und Lebensauffassung geboren zu werden. Dies gilt unabhängig davon, welcher der Auffassungen von Gott man anhängt.

Wenn ewiges Leben nicht nur eine andere Lebensqualität in dieser Welt, sondern auch das persönliche Weiterleben nach dem Tod beinhalten soll, dann ist dies in drei verschiedenen Formen möglich:

1. Die Seele ist die Form des ganzen Leibes und wird beim Tode vorübergehend vom Leib getrennt, aber eine gewisse Zeit nach dem Tode und nach Abbüßung der Sünden des Individuums wieder mit einem erneuerten und herrlichen Leib vereinigt.
2. Konsequenter Dualismus von Leib und Seele, wobei das wahre „Ich" die Seele ist, die den Tod überlebt und in eine Form körperlosen Daseins eintritt.
3. Die Auffassung, daß eine Person stirbt und später von den Toten auferweckt werden muß. Diese Auffassung bringt Probleme hinsichtlich der Identität mit sich. Insbesondere ist es schwierig, die Vorstellung, daß dieselbe Person auferweckt wird, von der Vorstellung abzugrenzen, daß eine Kopie – mit der Möglichkeit vieler weiterer Kopien – auferweckt wird.

Die erste Auffassung behauptet, daß das endgültige Ziel des Menschen die zeitlose Anschauung Gottes ist. Die zweite Auffassung rechnet mit einem Reich körperloser Geister, und die dritte impliziert ein immerwährendes raumzeitliches Reich. Keine dieser Auffassungen ist notwendig, wenn man als das ewige Leben einfach eine andere Lebensqualität in dieser Welt versteht.

KAPITEL 19

Und hieraus folgt ...?

Wir haben einen weiten Weg zurückgelegt. Sie, der Leser, wissen jetzt nicht unbedingt mehr über meine persönliche Haltung[25], aber vielleicht haben Sie bezüglich Ihrer eigenen Position etwas mehr Gewißheit gewonnen. Dies ist wichtig, denn jeder muß sich auf seine eigene Suche nach der Wahrheit begeben. Man kann viel von anderen lernen, aber letztlich muß man selbst seine Entscheidung treffen. Ich habe auf diesen Seiten versucht, die Probleme darzustellen, die sich ergeben, wenn man sich bemüht, den „Zauberwürfel" Gott zu verstehen. Vor allem hoffe ich, daß Ihnen klar geworden ist, daß es keine einfachen Lösungen gibt und daß diejenigen, die sich sicher sind, im Besitz der Wahrheit zu sein, die Suche nach einem echten Verständnis vermutlich noch nicht wirklich begonnen haben. Wie ich zu Beginn gesagt habe, ist es immer einfacher und beruhigender, sich in der Festung seiner eigenen Gewißheiten zu verschanzen.

Manchmal kommen Studenten der ersten Semester an der Londoner Universität bestürzt zu mir und klagen darüber, mit welchen Schwierigkeiten und Problemen sie die Philosophie konfrontiert. „Sie zerstören unseren Glauben, indem sie uns zum Nachdenken bringen", sagen sie manchmal. „Warum geben Sie uns die Antworten nicht? Was sagt die Kirche?" Ich hoffe, daß der Leser sich nun der Naivität solcher Fragen bewußt ist – es gibt nun einmal keine einfachen Antworten, und die meisten Kirchen haben keine vorgefertigten Lösungen für die Probleme. Die Spaltung zwischen den Kirchen macht mich oft traurig, weil die Dinge, die sie trennen, häufig viel weniger wichtig sind als die Fragen, mit denen wir uns hier beschäftigt haben – und in jeder Kirche gibt es Mitglieder, die den verschiedenen in diesem Buch dargestellten Auffassungen anhängen.

---

[25] Meine persönliche Haltung habe ich in meinem Buch *And if it's True* niedergelegt, erschienen bei Marshall Pickering. Allerdings sind auch dort die in diesem Buch erörterten Probleme nicht gelöst.

Wie wichtig ist eine solche Diskussion? Wie wichtig ist es, sich darüber im klaren zu sein, welcher Auffassung von Gott man anhängen will? In einem bestimmten Sinn ist es überhaupt nicht wichtig. Anhänger aller hier betrachteten Auffassungen sagen, daß die zentralen christlichen Behauptungen wahr sind, auch wenn sie die Bedeutung dieser Behauptungen unterschiedlich verstehen. Noch wichtiger ist: sie alle stimmen darin überein, daß uns das Christentum zu einer anderen Lebensweise aufruft, daß wir aufgerufen sind, die Ideale des Materialismus und unser selbstsüchtiges Eigeninteresse zugunsten einer selbstaufopfernden Nächstenliebe und des Pfades der Tugend aufzugeben. Hinsichtlich dieser alternativen Lebensweise gibt es unter den verschiedenen Auffassungen eine breite Übereinstimmung.

Der dänische Philosoph und Theologe Sören Kierkegaard hat einmal gesagt: „Wie man gelebt hat, so hat man geglaubt." Es könnte gut sein, daß unser Leben und Handeln wichtiger ist als die Einzelheiten unserer inhaltlichen Überzeugungen. Auch Jesus war dieser Auffassung: Er sagte klar, daß nicht diejenigen, die „Herr, Herr" sagen, ihm wirklich nachfolgen, sondern diejenigen, die sich um die Kranken, die Gefangenen und die Notleidenden kümmern. Der scharfsinnigste Philosoph ist nicht unbedingt der beste Christ – ja, es besteht sogar die sehr reale Gefahr, daß einen das völlige Eingenommensein durch das intellektuelle Vergnügen spekulativer Beschäftigung dem Leben der Liebe entfremdet, das der christliche Weg seinem Wesen nach doch ist.

Es besteht also eine weitgehende Übereinstimmung zwischen den Anhängern der verschiedenen Auffassungen. Und doch gibt es auch sehr signifikante Unterschiede, wie wir in diesem Buch gesehen haben. Eine Möglichkeit, den Kern dieser Unterschiede zu verdeutlichen, besteht in der Frage, was man als das Osterereignis betrachtet.

Ist Jesus nach seiner Kreuzigung wirklich als Person mit seinen vorhandenen Erinnerungen von den Toten auferstanden? Hat Jesus den Tod im wörtlichen Sinn überlebt? Die Anhänger der verschiedenen betrachteten Auffassungen werden diese Frage unterschiedlich beantworten:

1. Wer an einen zeitlosen Gott glaubt, wird sagen, daß Jesus in der Tat als Person von den Toten auferstand. Er sei nach seinem Tod seinen Jüngern erschienen und zum Himmel aufgefahren, wo er zur zeitlosen zweiten Person der Dreifaltigkeit wurde. Jesus sei daher kein Individuum mehr in der Weise, wie er es auf Erden war. Wie wir gesehen haben, hat der zeitlose Gott keinen Körper und ist keine Person und kein Individuum in dem Sinn, wie wir die-

sen Begriff verstehen. Es ist vielmehr so, daß der zeitlose Gott Fleisch annahm und Mensch wurde; bei seinem Tode ließ er das Fleisch zurück und ist jetzt wieder zeitloser Gott.

2. Wer glaubt, daß Gott immerwährend ist, wird ebenfalls behaupten, daß Jesus als Individuum von den Toten auferstand. Er sei nach seinem Tod seinen Jüngern erschienen und dann zum Himmel aufgefahren, wo er Individuum und Person blieb: Die zweite Person in den drei Beziehungen der Dreifaltigkeit.
3. Die Anhänger von Sutherlands realistischer Sichtweise werden sagen, daß Jesus durch sein Leben eine Lebensweise *sub specie aeternitatis* verwirklichte, die bis dahin nur eine bloße Möglichkeit war. Sie werden bezüglich der Frage, ob Jesus den Tod überlebte, eine verneinende oder agnostische Haltung einnehmen und sagen, daß es hierauf nicht ankäme. Sie werden auch die Vorstellung eines Schöpfergottes zurückweisen.
4. Die Vertreter des anti-realistischen Ansatzes werden sagen, daß Jesus nach seinem Tod in der Gemeinschaft der Gläubigen weiterlebte. Wo zwei oder drei in Jesu Namen versammelt sind, da ist er mitten unter ihnen. Sie lehnen natürlich einen Schöpfergott ab, der von der Welt unabhängig ist und sie gleichwohl erhält, treten aber dafür ein, daß Gott in der Gemeinschaft der Gläubigen existiert.

Die Vertreter der ersten beiden Auffassungen glauben an einen Schöpfergott, der mit der Welt interagiert. Daher ist eine persönliche Beziehung zwischen diesem Gott und dem einzelnen Menschen möglich. Im Christentum geht es zumindest teilweise um eine persönliche Liebesbeziehung zu diesem Gott, die sich in einem Leben selbstaufopfernder Liebe zu den Mitmenschen verwirklicht. Sie werden weiterhin sagen, daß das Individuum den Tod überlebt und daß der Mensch zu einer Gemeinschaft mit Gott geschaffen wurde, die auf dieser Erde beginnt und nach dem Tod ihre Fortsetzung findet. Das Überleben des Todes ist für sie eine Realität. Im allgemeinen, aber nicht immer, sagen die Vertreter dieser beiden Auffassungen, daß Gott in der Welt handeln kann, und dies wirkt sich auf ihr Verständnis von Gebet, Wundern und dem Leben nach dem Tod aus.

Diese Behauptungen sind nicht unbedeutend, und viele Gläubige sind der Ansicht, daß ein christliches Leben ohne die beständige Gegenwart dieses Gottes nicht einfach zu führen ist.

Die Revisionisten sind hier anderer Auffassung und würden sagen, daß Reden über einen Schöpfergott und eine Beziehung zu diesem

Gott ein Relikt des Denkens vergangener Zeiten sei. Das Festhalten an einem solchen Gott sei heute eine Behinderung des Glaubens und schlicht unglaubwürdig, eine Haltung, die in einer rationalen und wissenschaftlichen Welt unhaltbar geworden sei. Wert, Sinn und Zweck des christlichen Lebens läßt diese Sichtweise jedoch unangetastet. Sutherlands realistische Auffassung und die anti-realistische revisionistische Auffassung drücken die zentralen christlichen Wahrheiten in einer Weise aus, die für Menschen im einundzwanzigsten Jahrhundert glaubwürdig sein kann.

Die Diskussion zwischen den verschiedenen Positionen dürfte langwierig und umfangreich sein. Mit der Lektüre dieses Buchs haben Sie gerade erst begonnen, die Probleme zu erkunden. Ich hoffe, daß Sie weiterlesen werden – Literaturempfehlungen finden Sie am Ende dieses Buchs.

Möge Ihnen der Gott, den Sie bekräftigen, bei Ihrer Suche helfen!

Postskriptum

Die Herausforderung der Theologie

Früher war alles ganz einfach. Manche Menschen glaubten an Gott, andere nicht, und diese beiden stritten miteinander. Seit der ersten Fassung dieses Buchs sind die Probleme zunehmend komplexer geworden. Es sind zwei verschiedene Fragen zu stellen:

1. Was bedeutet die Aussage, daß Gott existiert (und dies ist eine andere Frage als „Was bedeutet es, an Gott zu glauben oder auf ihn zu vertrauen?") und
2. Wodurch wird die Aussage „Gott existiert" wahr?

Die Frage nach Sinn und diejenige nach Wahrheit sind eng miteinander verwandt, aber es sind unterschiedliche Fragen. Das zentrale Problem, das meiner Ansicht nach im nächsten Jahrhundert Theologen und viele Gläubige beschäftigen wird, die über ihren Glauben nachdenken, wird die Frage sein, was eigentlich genau behauptet wird, wenn man Reden über Gott für wahr hält. Hierbei gibt es grundsätzlich zwei Positionen:

1. *Realisten* behaupten, daß Reden über Gott wahr ist, weil es sich entweder auf den zeitlosen oder den immerwährenden Gott bezieht oder in einer Entsprechung zu ihm steht (Kapitel 4 und 5).
2. *Anti-Realisten* behaupten, daß Reden über Gott wahr ist, weil es in einem stimmigen Zusammenhang mit anderen religiösen Aussagen innerhalb einer bestimmten Lebensform steht; hierbei wird nicht auf einen Gott Bezug genommen, von dem die Existenz der geschaffenen Welt abhängt (Kapitel 7).

Dieses Problem kann noch wesentlich komplizierter werden, wenn man zwischen naiven, kritischen, immanenten und metaphysischen

Realisten unterscheidet. Dennoch bleibt die hier getroffene Unterscheidung gültig.

Das Problem der Referenz

Die anti-realistische Position besitzt eine gewisse Überzeugungskraft und wird von einer noch kleinen, aber stetig wachsenden Zahl von Priestern, Lehrern und anderen akzeptiert. Was diese Position so anziehend macht, liegt auf der Hand: Beweise für die Existenz Gottes sind irrelevant, und es gibt keine absoluten Wahrheiten, nur Wahrheiten, die innerhalb einer bestimmten Lebensform, zu der Menschen erzogen oder in die sie „initiiert" sind, akzeptiert werden. Innerhalb der Lebensform entstehen Fragen bezüglich der Lehre und der Bedeutung, aber diese Fragen bleiben im religiösen Sprachspiel immanent. Für den Christen ist es eine Wahrheit, daß Gott dreifaltig ist und daß Jesus von den Toten auferstand, während dies für den Muslim nicht wahr ist, aber die beiden Behauptungen kollidieren nicht miteinander.

Nach dieser Auffassung gibt es Wahrheit nur innerhalb einer bestimmten Lebensform; es gibt keinen neutralen Standpunkt, von dem aus man die Welt betrachten könnte, keinen Ort, der nicht ein bestimmter Platz (innerhalb einer bestimmten Lebensform) wäre. Man kann nicht unabhängig von Kontext, Kultur und Gesellschaft nach der Wahrheit suchen. Die Vertreter dieser Auffassung betrachten Theologie als ihrem Wesen nach kontextuell: Sie ist von der jeweiligen Epoche und Gesellschaft abhängig, in der die theologische Sprache gebraucht wird. Absolute Wahrheiten gibt es nicht.

Manche traditionelle Gläubige dagegen lehnen eine solche Auffassung ab und treten dafür ein, daß „Gott existiert" dann und nur dann wahr ist, wenn damit ein Gott gemeint ist, der die Welt erschuf und erhält und von ihr unabhängig ist; mit anderen Worten, sie vertreten eine realistische Position bezüglich der Wahrheit. In diesem Fall müssen sie sich unmittelbar mit dem folgenden Problem auseinandersetzen: *Wie rechtfertigen sie angesichts einander widersprechender Glaubenssysteme die Behauptung, daß Sprache einem Sachverhalt entspricht bzw. gültig auf etwas verweist?*

Der traditionelle Christ wird vielleicht sagen, daß Christentum *dann und nur dann* wahr ist, wenn Jesus als Individuum von den Toten auferstanden ist. Es ist für ihn nicht einfach so, daß Jesu Anhänger sich bloß Geschichten erzählt hätten[26] oder sich schließlich in diese

[26] Vgl. Peter Vardy und Mary Mills, The Puzzle of the Gospels, London 1995, Kapitel 1.

Überzeugung flüchteten, um mit seinem Tod zurechtzukommen – die Frage der Wahrheit oder Falschheit hängt, wie man sagen könnte, von einer historischen Behauptung ab. Es kann natürlich sein, daß diese Behauptung nicht zu beweisen ist, aber nur der Anti-Realist wird vertreten, daß

1. die Wahrheit einer Aussage und
2. die Verifikation einer Aussage

notwendigerweise miteinander verbunden sind. Der Realist behauptet, daß 1 und 2 verschiedene Probleme sind. Ebenso wie in der Naturwissenschaft „die Art, wie es sich wirklich verhält," unabhängig von unseren Sprachspielen sein mag und man versuchen kann, die Wirklichkeit zu erfassen und zu entdecken, so könnte auch die Religion etwas ähnliches versuchen. Bestimmte religiöse Behauptungen könnten wahr sein, andere falsch, und zwar deshalb, weil sie entweder eine zutreffende oder eine unzutreffende Beschreibung der höchsten Wirklichkeit liefern.
Aber wenn traditionelle Gläubige behaupten, daß die Aussage „Gott existiert" wahr ist, weil sie zutreffend auf den Gott verweist, der unabhängig von der von Gott erschaffenen und erhaltenen Welt existiert, wie können sie dies dann beweisen? Und *müssen* sie dies überhaupt beweisen? Dies sind heute die zentralen Fragen für jeden, der für ein realistisches Verständnis Gottes eintreten will.
Hierzu gibt es grundsätzlich zwei Ansätze:

1. Natürliche Theologie: Nochmal das kosmologische Argument

Die natürliche Theologie versucht zu zeigen, daß die Aussage „Gott existiert" wahr ist, indem sie nachweist, daß das Wort „Gott" zutreffend auf dasjenige verweist, was unabhängig von der geschaffenen Welt existiert und wovon die Existenz dieser Welt abhängt. In Kapitel 8, 10 und 11 wurden einige Formen des kosmologischen und teleologischen Arguments und des Arguments aus der religiösen Erfahrung behandelt. Kapitel 8 beschäftigte sich mit Coplestons Neuformulierung von Thomas' drittem der „fünf Wege" zum Beweis der Existenz Gottes, die in Thomas' *Summa theologica* dargestellt sind. Coplestons Argument ist wesentlich gedrängter als dasjenige von Thomas, und es lohnt sich, sich in diesem Abschnitt mit der ursprünglichen Version auseinanderzusetzen.

a) Thomas' dritter Weg

Thomas' Argumentation lautet wie folgt:

> Der dritte Weg geht aus von dem Unterschied des bloß möglichen und des notwendigen Sein. Wir stellen wieder fest, daß es unter den Dingen solche gibt, die geradesogut sein wie auch nicht sein können. Darunter fällt alles, was dem Entstehen und Vergehen unterworfen ist. Es ist aber unmöglich, daß die Dinge dieserart immer sind oder gewesen sind; denn das, was möglicherweise nicht ist, ist irgendwann einmal auch tatsächlich nicht da oder nicht da gewesen. Wenn es also für alle Dinge gelten würde, daß sie möglicherweise nicht da sind oder nicht da gewesen sind, dann muß es eine Zeit gegeben haben, wo überhaupt nichts war. Wenn aber das wahr wäre, könnte auch heute nichts sein. Denn was nicht ist, fängt nur an zu sein durch etwas, was bereits ist. Gab es aber überhaupt kein Sein, dann war es auch unmöglich, daß etwas anfing zu sein, und so wäre auch heute noch nichts da, und das ist offenbar falsch. Also kann nicht alles in den Bereich jener Dinge gehören, die (selbst, nachdem sie sind) geradesogut auch nicht sein können; sondern es muß etwas geben unter den Dingen, das notwendig (d. h. ohne die Möglichkeit des Nichtseins) ist. Alles notwendige Sein aber hat den Grund seiner Notwendigkeit entweder in einem anderen oder nicht in einem anderen (sondern in sich selbst). In der Ordnung der notwendigen Wesen, die den Grund ihrer Notwendigkeit in einem anderen haben, können wir nun aber nicht ins Unendliche gehen, sowenig wie bei den Wirkursachen. Wir müssen also ein Sein annehmen, das durch sich notwendig ist und das den Grund seiner Notwendigkeit nicht in einem anderen Sein hat, das vielmehr selbst der Grund für die Notwendigkeit aller anderen notwendigen Wesen ist. Dieses notwendige Sein aber wird von allen „Gott“ genannt.[27]

Dies kann man in den nachfolgenden Schritten zusammenfassen:

a) In der Natur können Dinge existieren oder nicht existieren.
b) Wenn dies so ist, dann muß unter der Voraussetzung unendlich langer Zeit alles zu irgendeinem Zeitpunkt nicht existiert haben.
c) Wenn einmal nichts war, konnte nichts aus ihm hervorgehen.

---

[27] Thomas von Aquin, Summa theologica I, 2, 3
(Die deutsche Thomas-Ausgabe, Graz - Wien - Köln 1992).

d) Deshalb muß etwas notwendigerweise existieren *(beachte, daß dies nicht Gott ist)*.
e) Alles Notwendige muß verursacht oder unverursacht sein.
f) Die Aufeinanderfolge notwendiger Dinge kann sich nicht unendlich zurück erstrecken, da es dann keine Erklärung für die ganze Folge gäbe.
g) Deshalb muß es etwas geben, „was durch sich notwendig ist".
h) Dies ist dasjenige, was jeder Gott nennt.

Einige Eigenschaften von Thomas' Argument sind besonders bemerkenswert:

1. Es geht von einer, wie Thomas meint, unbestreitbaren Tatsache aus: daß Dinge in der Welt ins Dasein treten und wieder aus dem Dasein verschwinden (obiger Punkt a). Sie sind also *kontingent*, das heißt, ihre Existenz hängt von etwas anderem ab.
2. Zwischen Punkt a und Punkt b findet ein Wechsel von „kann" zu „muß" statt, den man kritisieren kann. Thomas kannte natürlich den Energiesatz nicht, demzufolge Masse und Energie zwar ihren Zustand ändern, aber nicht aus dem Dasein treten können. Damit kann die Aussage, daß etwas aus dem Dasein tritt, nicht bedeuten, daß die Materie bzw. Energie, aus der es besteht, aufhören würde zu existieren. Dies ist ein schwerer Einwand gegen obigen Punkt b.
3. Es ist zu beachten, daß Thomas Coplestons Auffassung, daß das „notwendige Wesen", von dem kontingente Wesen abhängen, Gott ist, einen weiteren Schritt hinzufügt. Er sagt, daß es *verursachte notwendige Wesen* (obiger Punkt e) geben kann. Thomas dachte hier an Engelwesen, die insofern abhängig seien, als sie geschaffen waren, aber sie träten nicht aus dem Dasein, weshalb sie auch notwendig seien. Copleston läßt diesen Schritt weg und vereinfacht dadurch das Argument.
4. Das Argument verwirft die Möglichkeit einer unendlichen Aufeinanderfolge (Punkt f oben) und behauptet, daß die Aufeinanderfolge notwendiger Dinge, die von anderen notwendigen Dingen abhängen, ein Ende haben müsse. Diesen Punkt hat Stephen Hawking in seinem Buch *Eine kurze Geschichte der Zeit* sehr schön illustriert. Zu Beginn des ersten Kapitels erzählt er von einer Frau, die einen Wissenschaftler am Ende seines Vortrags über den Ursprung der Welt darüber belehrte, daß sie es besser wüßte. Als der Wissenschaftler sie bat, es ihm zu sagen, sagte sie: „Die Welt ist eine flache Scheibe auf dem Rücken einer Rie-

senschildkröte." Auf die Gegenfrage des Wissenschaftlers, worauf denn die Schildkröte stünde, antwortete sie: „Sehr schlau, junger Mann. Aber da stehen lauter Schildkröten aufeinander." Das Problem ist nun, ob es eine „notwendige Schildkröte" gibt, mit anderen Worten, ob es eine unverursachte Ursache gibt, die die Welt trägt, oder ob die Aufeinanderfolge von Ursachen sich unendlich zurück erstrecken kann. Leibniz verwendete bei der Erörterung seines *Satzes vom zureichenden Grund* (siehe S. 60–61) dasselbe Argument.

5. Thomas „etikettiert" das unverursachte notwendige Wesen, von dem alles andere abhängt, als „Gott" (oben: h); die letzte Zeile von jedem der „fünf Wege" lautet: „Und dieses nennen alle Gott." Er begründet diese Gleichsetzung nicht, und angesichts der Tatsache, daß Thomas' Gott metaphysisch einfach ist, keinen Körper und keine Teile hat, zeitlos, raumlos und völlig unwandelbar ist (siehe S. 27f. und 32f.), ist dies anfechtbar, weil man auch der Auffassung sein kann, daß Personalität, Liebe und die Fähigkeit des Mitleidens mit der Schöpfung Wesensmerkmale Gottes sind, und diese Merkmale kann man Thomas' Gott nicht univok zuschreiben.
6. Wie Copleston gelangt Thomas schließlich zu etwas, das *de re* (in und aus sich selbst) notwendig ist. Dies könnte aber ebensogut die Welt selbst wie Gott sein (siehe S. 62–65).
7. Möglicherweise ist die Vorstellung eines notwendigen Wesens (g) selbst fehlerhaft. Sowohl Kant als auch Hume waren der Auffassung, daß nur Urteile (wie zum Beispiel „alle Jungfern sind weiblich") notwendig sind (S. 69). Ein „notwendiges Wesen" könnte ein Widerspruch in sich sein.

Der Einfluß von Thomas' fünf Wegen insbesondere auf die katholische natürliche Theologie kann nicht hoch genug eingeschätzt werden, doch ihre Wirksamkeit als Beweis für die Existenz Gottes (unabhängig davon, ob Thomas selbst sie in dieser Weise verstanden wissen wollte oder nicht) ist strittig.

b) Das kosmologische Kalam-Argument

Eine andere Form des kosmologischen Arguments, mit dem ich mich in diesem Buch bisher noch nicht befaßt habe, ist das *kosmologische Kalam-Argument.* Dieses Argument zielt nicht darauf, daß die Welt jetzt von Gott abhängt, sondern versucht zu zeigen, daß Gott die anfängliche Ursache ist. Es läßt sich wie folgt zusammenfassen:

1. Alles, was zu existieren begonnen hat, muß eine Ursache haben.
2. Die Welt begann zu existieren.
3. Die Welt hat eine Ursache.
4. Die Ursache ist Gott.

1. kann als intuitiv offensichtlich gelten, wiewohl David Hume diese Haltung verwarf, indem er behauptete, daß es keinen notwendigen Zusammenhang zwischen einer Ursache und einer angenommenen Wirkung gebe, sondern daß beides einfach gemeinsam aufträte. Ein Schiff, das durch das Wasser gleitet, muß nicht die Ursache für die Welle sein; die Welle kann zugleich mit der Bewegung des Schiffes auftreten, ohne daß zwischen beidem ein Zusammenhang bestünde. Auch können nach unserem heutigen Wissensstand in der Teilchenphysik Teilchen ohne Ursache plötzlich erscheinen und wieder verschwinden, was darauf hindeutet, daß es zufällige oder unverursachte Ereignisse geben könnte. Allerdings läßt sich die Behauptung, daß Ereignisse ohne Ursache eintreten können, nicht beweisen, weil man später vielleicht die heute noch unbekannten Ursachen entdecken könnte.
2. soll von der Urknalltheorie gestützt werden, derzufolge die Welt vor etwa zehn Milliarden Jahren in einer unvorstellbar gewaltigen Explosion entstand; am Beginn dieser Explosion habe es weder Zeit noch Raum gegeben, das heißt, sie sei eine Singularität gewesen, aus der alle Materie und Energie entstand. Hiergegen läßt sich einwenden, daß man nicht beweisen kann, ob es nicht einen vorherigen Zustand gab, der die Welt erklären könnte; man kann diese Theorie allerdings für plausibel halten, auch wenn es inzwischen alternative Theorien gibt.
3. soll aus 1. und 2. folgen, während 4. angesichts von 3. die plausibelste Erklärung sein soll, insbesondere, wenn man annimmt, daß Gott in einem gewissen Sinn personal und reiner Geist, das heißt nichtstofflich ist. Man kann sagen, daß der Geist die beste endgültige Erklärung für die Materie ist; wenn allerdings Gott zeitlos ist, ist die Annahme problematisch, daß er „personal" sei oder als „reiner Geist" beschrieben werden könne, und man muß in diesem Fall auf ein analoges Sprachverständnis zurückgreifen (siehe S. 34ff.).

Auch das Kalam-Argument stützt sich freilich auf Annahmen, die diejenigen verwerfen, nach deren Ansicht dem Reden über Gott keine Wirklichkeit entspricht: Annahmen wie zum Beispiel, daß jedes Ereignis eine Ursache habe, daß die Welt eine Erklärung außerhalb der Welt brauche, daß die Frage „was ist die Ursache von Gott" unzulässig sei und so weiter. Darüber hinaus könnte man sagen, daß das Kalam-Argument auf eine Entstehungs-, nicht eine Erhaltungsursache zielt und damit auf eine deistische Auffassung von Gott.

Das Problem bei allen Argumenten für die Existenz Gottes bleibt, daß viele Philosophen diese Argumente nicht für stichhaltig halten, weil sie auf Prämissen beruhen, die Gläubige akzeptieren, Nichtgläubige aber nicht. Der Streit bleibt unentschieden.

2. Reformierte Epistemologie: Ein neuer Ansatz

In den Vereinigten Staaten wird seit einiger Zeit ein neuer realistischer Ansatz diskutiert, der als *reformierte Epistemologie* bezeichnet wird, weil er sich aus der reformierten christlichen Tradition herleitet. Zu den Vertretern dieser Auffassung zählen Alvin Plantinga, Cornelius van Tyl und Nicholas Wolterstorff. Dieser Ansatz verwirft den Versuch der natürlichen Theologie zu beweisen, daß dem Reden über Gott tatsächlich eine Wirklichkeit entspricht, und behauptet, daß Glauben an Gott keine Rechtfertigung braucht. Ziel der reformierten Epistemologie ist es zu zeigen, daß es *vernünftig* ist, nach keiner Rechtfertigung für den Glauben an Gott zu suchen.

Die reformierte Epistemologie besagt, daß man die Wahrheit der Aussage „Gott existiert" nicht in einem argumentativen Prozeß erkennt. Man gelangt zu diesem Ergebnis nicht durch Schlußfolgerungen. Vielmehr ist sich der Gläubige unmittelbar dessen bewußt, daß Gott gegenwärtig ist oder durch die Bibel zu ihm spricht. So wie man nicht beweisen muß, daß man bei einem guten Freund ist, so braucht der Gläubige auch nicht zu beweisen, daß er in der Gegenwart Gottes ist. Der Glaube an Gott gilt demnach als eine „angemessen grundlegende" Überzeugung, die keiner Rechtfertigung und keines Beweises bedarf.

Die reformierten Epistemologen behaupten, daß es *vernünftig ist, ohne jede Rechtfertigung zu glauben.* Um es anders (wenn auch komplizierter) auszudrücken: Gläubige nehmen zu Recht an, daß der Glaube an Gott innerhalb ihrer noetischen Struktur „angemessen grundlegend" ist, da ihre noetische Struktur angemessen geordnet ist. „Noetische Struktur" steht hier für die Gesamtstruktur des Wissens und der Überzeugungen eines Menschen. Zu sagen, daß Überzeugungen „angemessen grundlegend" sind, bedeutet, daß sie keiner

Rechtfertigung bedürfen. Die reformierten Epistemologen behaupten, daß der Beweis für irgend etwas auf jeglichem Gebiet von bestimmten Prämissen abhängt – zum Beispiel von der Zuverlässigkeit der Wahrnehmung oder unserer übrigen Sinne – und daß sie sich angemessenerweise auf die Existenz Gottes als eine ihrer grundlegenden Prämissen verlassen.

Der naheliegende Einwand hiergegen lautet, daß manche Menschen die Wahrheit der Existenz Gottes nicht akzeptieren, während die meisten Menschen (wenn auch zugegebenermaßen nicht alle Philosophen) die Zuverlässigkeit unserer Sinne bejahen. Die reformierten Epistemologen antworten hierauf, daß Gläubige eine „angemessen geordnete noetische Struktur haben", mit anderen Worten, *sie* sehen die Welt richtig, die Nichtgläubigen dagegen nicht. Reformierte Epistemologen versuchen nicht, diese Behauptung zu rechtfertigen – anderenfalls würden sie sich ja wieder einer natürlichen Theologie zuwenden, die sie gerade verworfen haben. Statt dessen erklären sie, warum sie die Welt richtig sehen und andere nicht; so sagen sie vielleicht, daß Nichtgläubige die Welt aufgrund von Hochmut oder der „noetischen Wirkungen der Sünde" nicht so sehen könnten, wie sie wirklich ist. Sünde habe ihre Fähigkeit beeinträchtigt, die Wirklichkeit Gottes zu sehen. Nichtgläubige könne man daher nicht mit rationalen Argumenten überzeugen, da man sich damit bereits wieder einer Form der natürlichen Theologie zuwenden würde. Man müsse daher um Gottes Gnade beten, damit auch sie „die Welt richtig sehen" könnten.

Die reformierte Epistemologie hat mit der natürlichen Theologie eine realistische Überzeugung gemeinsam, daß nämlich die Aussage „Gott existiert" dann und nur dann wahr ist, wenn dem wirklich ein Gott entspricht, von dem die Welt abhängt. Im Gegensatz zur natürlichen Theologie bedient sie sich jedoch keiner Argumente, um zu beweisen, daß religiöse Rede sich tatsächlich auf Gott bezieht. Der Glaube allein genügt, und wer glaubt, braucht sich nicht darüber zu bekümmern, daß er keine rationalen Begründungen für seinen Glauben angeben kann.

Leider ist das Gegenargument nur zu ersichtlich – *jede* Gruppe kann dann nämlich in bezug auf *alles Mögliche* behaupten, sie sei rational berechtigt, solches zu glauben, einfach aus dem Grund, daß sie eben recht habe und andere nicht. Meine Freunde und Verwandten könnten etwa glauben, daß die Eselin auf unserer Wiese die Tochter der Großen Himmelseselin ist, die die Welt erschuf, und daß sie ihr zu Ehren einen Eseltempel errichten müssen. Sie könnten sagen, daß diejenigen, die diesen Glauben nicht annehmen, gegen die Tiere gesündigt hätten und die Wahrheit der Eseloffenbarung nicht erkennen können, weil nämlich ihre Sünden – sie haben vielleicht Fleisch gegessen oder Tiere gequält – ihre Fähigkeit, die Wahrheit zu sehen, beeinträchtigt haben. Sie könnten sagen, daß sie ihren Glauben nicht zu rechtfertigen brauchen, daß sie mit Recht ohne jegliche Form eines rationalen Arguments diesem Glauben anhängen. Als Realisten könnten sie behaupten, daß ihr Glaube einfach deshalb wahr sei, weil es eben eine große Himmelseselin gebe, die die Mutter der Eselin auf dem Feld ist, und wenn es keine solche Himmelseselin gäbe, dann würden sie sich eben irren, aber sie wären trotzdem fest davon überzeugt, daß sie recht haben und nur sie allein die Wahrheit besitzen. Sie könnten vielleicht sogar sagen, daß sie die Gegenwart der Großen Himmelseselin in mondhellen Nächten spüren, wenn sie mit ihrer Tochter umhertrabt.

Der anti-realistische Ansatz ist demjenigen der reformierten Epistemologen insofern ähnlich, als er alle Versuche verwirft, die Existenz Gottes zu rechtfertigen oder zu beweisen. Weiterhin behauptet er ebenfalls, daß es vernünftig ist, ohne Rechtfertigung zu glauben, das heißt, er bekräftigt sogar, daß es ein Irrtum ist, nach einer Rechtfertigung Ausschau zu halten. An irgendeinem Punkt muß das Reden von Rechtfertigung ein Ende haben, und man akzeptiert einfach eine Praxis in einer gegebenen Lebensform. Bezüglich der Frage der Wahrheit unterscheiden sich jedoch die Anti-Realisten von den reformierten Epistemologen:

a) Der reformierte Epistemologe ist Realist: Er behauptet, daß Aussagen wahr sind, weil sie sich zutreffend auf Gott beziehen.
b) Anti-Realisten behaupten, daß Aussagen wahr sind, weil sie innerhalb einer bestimmten Lebensform mit anderen wahren Aussagen in einem stimmigen Zusammenhang stehen oder zu diesen passen. Theologie ist lediglich eine „Grammatik", die Grammatik eines bestimmten Sprachspiels.

Dies ist ein wesentlicher Unterschied, der, wie in diesem Buch gezeigt wurde, beträchtliche Konsequenzen hat. Realisten und Anti-Realisten haben bezüglich zentraler religiöser Vorstellungen wie zum Beispiel Wunder, Bittgebet und ewiges Leben, sehr unterschiedliche Auffassungen (siehe Kapitel 15, 17 und 18).
Das Problem für die Realisten besteht in folgendem: Es ist anscheinend nicht möglich zu beweisen, daß der Behauptung der Existenz Gottes tatsächlich eine Wirklichkeit entspricht, und die bloße Berufung auf

den Glauben scheint in einer Welt, in der es viele verschiedene Glaubensrichtungen gibt, unangemessen zu sein.

Die Antwort auf die anti-realistische Herausforderung

Damit ist der Realist in einer schwierigen Lage. Die natürliche Theologie scheint auf Annahmen zu beruhen, die der Nichtgläubige ins Wanken bringen kann, und die Position der reformierten Epistemologen besagt eigentlich wenig mehr, als daß der Gläubige vernünftigerweise das Recht habe, an seinen eigenen Annahmen festzuhalten, auch wenn er für sie keine Belege beibringen kann. Der Anti-Realist scheint philosophisch die besseren Karten zu haben, und vernünftige Abwägung scheint den Gläubigen in das Lager der Anti-Realisten zu treiben.

Dies ist meiner Auffassung nach die Herausforderung, vor der die Theologie im nächsten Jahrhundert steht. Und es gibt keine einfachen oder überzeugenden Antworten.

Aber bei all ihren anscheinenden Vorzügen hat die anti-realistische Haltung auch unbestreitbare Mängel. Sie behauptet, daß es innerhalb einer bestimmten religiösen Lebensform keinen Zweifel an den zentralen Glaubensbehauptungen gebe, und sie läßt wenig Raum für die qualvolle Suche nach Gott oder für die echte Erfahrung der „Abwesenheit Gottes", wie sie viele religiös Gläubige in zentralen Phasen ihres Lebens verspüren. Sie verwirft die Vorstellung, daß Gott in der Welt handelt, indem er zum Beispiel Gebete erhört oder Wunder wirkt (siehe S. 124–129 und 148–151), und die Behauptung von Mystikern und Heiligen, daß sie mit Gott in einer persönlichen Beziehung stehen. Anti-Realisten lehnen auch den Gedanken ab, daß der einzelne den Tod überlebt (S. 163 f.). Man könnte an dieser Haltung also kritisieren, daß sie den Sinn der von religiös Gläubigen vorgebrachten Behauptungen verzerrt.

Wittgenstein sagte, daß Philosophie „alles so lassen sollte, wie es ist", daß es die Aufgabe der Philosophie sei, aufzuhellen und zu erklären, nicht vorzuschreiben, was man sagen oder glauben könne und was nicht. Viele Anti-Realisten nehmen für sich in Anspruch, Anhänger Wittgensteins zu sein, aber in diesem Punkt folgen sie ihm nicht – sie sind präskriptiv.

Wichtiger ist noch, daß hinter der anti-realistischen Position eine verifikationistische/positivistische Annahme zu lauern scheint. Das heißt, sie nehmen scheinbar an, daß Aussagen, die nicht verifizierbar oder beweisbar sind, sinnlos sind. Anti-Realisten unterscheiden implizit zwischen zwei Formen von Aussagen:

1. *Empirische Aussagen,* die verifizierbar sein müssen und Sachverhalte betreffen, die unabhängig von der Sprache sind, wie zum Beispiel Tische, Stühle und Bücherschränke, und
2. *Grammatische Aussagen,* die innerhalb einer bestimmten Lebensform wahr sind, aber eben nur innerhalb dieser Lebensform sinnvoll und wahr sind (ein gutes Beispiel hierfür wären Primzahlen; siehe S. 71).

Anti-Realisten behaupten oft, daß Aussagen über Gott keine „empirischen Aussagen" sind, weil sie nicht verifizierbar sind. Sie könnten daher „nur" grammatische Aussagen sein.
Wittgenstein selbst vertrat nie diese Haltung, und doch scheinen einige seiner Anhänger eine solche Haltung fraglos zu akzeptieren. Wittgenstein ließ die Möglichkeit offen, daß empirische Aussagen nicht verifizierbar sind und trotzdem wahr sein können. Er ließ die Möglichkeit offen, daß religiöse Aussagen sich tatsächlich auf Gott oder eine transzendente Ordnung beziehen, auch wenn sich dies nicht verifizieren läßt. Wittgenstein versuchte zu klären, was religiös Gläubige sagen, und warnte vor der Gefahr, religiöse Sprache in den Begriffen einer anderen Sprache (wie zum Beispiel derjenigen der Chemie) zu interpretieren. Er wollte die Aufmerksamkeit auf die Komplexitäten und Besonderheiten der religiösen Sprache lenken, und weiter nichts. Wittgenstein war im Gegensatz zu den Anti-Realisten in seinen Zielen und in seinen Hoffnungen hinsichtlich dessen, was Philosophie leisten könne, sehr bescheiden. Jedenfalls hat er *nicht* behauptet, daß religiöse Aussagen „nur" grammatisch seien.
Die vordergründige Plausibilität der anti-realistischen Haltung kann also durch die Einsicht erschüttert werden, daß sie sich auf eine verifikationistische Annahme stützt, die man ablehnen kann. Damit sind natürlich die Probleme der Realisten nicht gelöst, wie man nämlich den Wirklichkeitsbezug beweisen oder wie man die Behauptung, daß das Reden über Gott einen Wirklichkeitsbezug besitzt, in einer Welt rechtfertigen kann, in der es viele konkurrierende religiöse Behauptungen gibt.

Lob der Bescheidenheit

Religiös Gläubige sind oft absolut davon überzeugt, daß sie recht haben. Seien es militante Hindus in Indien, fundamentalistische Muslime im Iran, Sudan, Ägypten, Palästina oder Algerien, orthodoxe Juden in Israel, Protestanten in Nordirland, südliche Baptisten in den Vereinigten Staaten oder katholische Organisationen wie das Opus Dei oder Teile des katholischen Lehramts in Rom – sie alle sind davon überzeugt, daß *sie* die Wahrheit besitzen, daß sie allein recht haben und alle anderen unrecht oder daß diese zumindest weniger von der Wahrheit erkennen.

Aber nicht nur religiöse Organisationen sind von der Richtigkeit ihrer Auffassungen überzeugt – dies gilt nicht minder für einzelne Theologen oder religiöse Führer. Die Leidenschaft und Überzeugtheit eines Thomas von Aquin, Jean Calvin, Karl Barth, Karl Rahner, Don Cupitt, Papst Johannes Paul II., Ian Paisley und vieler anderer ist offensichtlich, und Bescheidenheit bezüglich der Wahrheit ist durchaus nicht das Siegel ihrer dogmatischen Auffassungen.

Manchen Theologen mangelt es heute an der Einsicht in die philosophischen Probleme, mit denen sie zu tun haben, und in die Konsequenzen ihrer jeweiligen Positionen. Die meisten von ihnen würden sich für Realisten halten. Sie sind davon überzeugt, daß sie im Besitz der Wahrheit sind, woraus folgt, daß andere, die nicht ihrer Meinung sind, sich entweder irren oder zumindest weniger Wahrheit besitzen als sie selbst. Sie verweigern sich jedoch einer entscheidenden philosophischen Einsicht:

> Wenn man Realist bezüglich der Wahrheit ist, ergibt sich daraus zwangsläufig, daß man hinsichtlich seines eigenen Wahrheitsanspruchs bescheiden sein sollte, weil jeder philosophische Realist zu dem Zugeständnis bereit sein muß, daß er sich irren könnte.

Anti-Realisten dagegen dürfen sich *ihrer* Wahrheit uneingeschränkt gewiß sein, weil nach ihrer Definition Wahrheit einfach die Wahrheit einer bestimmten Lebensform ist. Innerhalb ihrer Lebensform *ist* wahr, was sie für wahr halten. Es ist völlig berechtigt, wenn ein antirealistischer Katholik glaubt, er habe hundertprozentig recht, sofern er sich an die Vorschriften des Lehramts hält, denn die Aussagen des Lehramts *sind* per definitionem die Wahrheit, weil es die Regeln des Sprachspiels festlegt. Der Anti-Realismus bietet eine Sicherheit und Gewißheit, die dem Realisten nicht zur Verfügung steht. Der realistische Katholik wiederum darf *glauben,* daß seine Kirche im Besitz der Wahrheit ist, aber er muß wissen, daß er und die Kirche sich irren können und daß die Aussagen, die er für wahr hält, möglicherweise nicht dem wirklichen Zustand der Welt entsprechen. Dies zwingt ihn aber zur Bescheidenheit.

Es ist eine Sache, zu glauben, daß die eigene Gruppe im Besitz der höchsten religiösen Wahrheit ist, und sein Leben für diese Überzeugung in die Waagschale zu werfen. Dies kann mit Leidenschaft und Selbstaufopferung geschehen; es kann einen hohen Preis erfordern und Leid und den Widerstand anderer eintragen, aber dies ist die eigene Entscheidung, die man aus freien Stücken gefällt hat und der man aus freien Stücken anhängt. Aus religiöser Sicht werden gerade die Freiwilligkeit dieses Bekenntnisses und die Handlungen, die aus dieser Entscheidung entspringen, vielfach verdienstlich betrachtet. Aber es ist eine Sache, sich selbst zu solchen Wahrheiten zu bekennen, und eine ganz andere, sie anderen aufzwingen zu wollen.

Ein südlicher Baptist in den Vereinigten Staaten mag davon überzeugt sein, daß sein Glaube wahr und sein Verständnis des Christentums richtig ist. Ein Katholik mag überzeugt sein, daß das Lehramt in Rom Zugang zur Wahrheit hat und daß Dokumente wie zum Beispiel *Veritatis Splendor* (1993) bestimmte Handlungen als *„ihrem Wesen nach böse"* kennzeichnet. Der Muslim mag davon überzeugt sein, daß der Tod im Heiligen Krieg ihn unzweifelhaft ins Paradies führen wird. Jeder von ihnen mag sein Leben auf seiner Auffassung aufbauen und den Spott und die Einwände anderer in Kauf nehmen, die diese Überzeugung nicht teilen. Wenn aber jemand sein leidenschaftliches Engagement für seine persönliche Überzeugung von der höchsten Wahrheit so weit treibt, daß er diese Wahrheit anderen aufzwingen will oder über andere nach dieser Wahrheit urteilt, dann überschreitet er eine wichtige Grenze. Wenn er zum Beispiel Homosexuelle als „Sünder", Frauen, die nach einer Vergewaltigung eine Abtreibung durchführen lassen, als „böse und verworfen", oder Menschen, die seine Moral nicht akzeptieren, als „verderbt" brandmarkt, dann zwingt er anderen seine Überzeugungen auf. Wenn er Realist ist, muß er zugeben, daß er sich irren könnte, und es ist moralisch inakzeptabel, anderen seine „Gewißheiten" aufzuzwingen, wenn man weiß, daß diese Gewißheiten falsch sein können.

Das Streben nach Wahrheit ist eine sehr wichtige Sache. Aber Bescheidenheit, Sanftmut, Mitgefühl, Liebe, Nachsicht und Zuwendung könnten noch wichtiger sein. Religiöse Überzeugungen sollten Menschen aufrufen, sich diese Werte zu Herzen zu nehmen und sie im Dienste und in der Liebe zu anderen darzuleben, und sei es unter großen persönlichen Opfern. Wenn man dies aus dem Auge verliert, weil man voreilig über andere auf der Grundlage seiner eigenen Gewißheiten bezüglich objektiver Wahrheit urteilt, dann könnte man gerade das Allerwichtigste aus dem Auge verlieren.

Fragen zum Nachdenken

Kapitel 1: Einhörner, Zahlen und Gott

a) Was bedeutet der Satz „Gott existiert“? Ist Gott eher so etwas wie ein Geist, eine Person, eine Primzahl oder eine Vorstellung in den Köpfen der Menschen?
b) Kann es jemals richtig sein, an eine bestimmte Weltanschauung zu glauben, ohne über seine eigenen Überzeugungen nachzudenken oder sich über andere Standpunkte zu informieren?

Kapitel 2: Was ist Wahrheit?

a) Wie könnte man feststellen, ob es richtig ist zu sagen: „Du sollst nicht stehlen“? Glauben Sie, daß die Wahrheit dieser Aussage von der Gesellschaft abhängt, in der man lebt?
b) Sind Sie Realist oder Anti-Realist bezüglich der Zukunft? Warum?
c) Wenn man alle möglichen Tests durchgeführt hat, um sicherzustellen, daß eine Behauptung wahr ist, könnte es dann trotzdem noch sein, daß die Aussage falsch ist? Geben Sie Beispiele.

Kapitel 3: Der Hintergrund der Diskussion über Gott

a) Warum hatte Platons Philosophie so großen Einfluß auf das frühe Christentum?
b) Glauben Sie, daß Platons Gottesvorstellung im Widerspruch zu biblischen Vorstellungen steht? Warum?
c) Halten Sie die unmittelbar biblische Auffassung oder den platonischen oder aristotelischen Gottesgedanken für überzeugender?
d) Könnte Gott es im wörtlichen Sinn „bereuen“, die Erde geschaffen zu haben (Genesis, Kapitel 6)?

Kapitel 4: Eine realistische Sichtweise: der zeitlose Gott

a) Beschreiben Sie die Bedeutung der Aussage, daß der zeitlose Gott gut ist.
b) Was würde es bedeuten, wenn Reden über Gott ganz äquivok wäre?
c) Kann man eine persönliche Beziehung zu einem zeitlosen Gott haben?
d) Die Bibel benutzt viele Metaphern zur Beschreibung Gottes. Suchen Sie zwei Metaphern über Gott, von denen Sie glauben, daß man sie nicht wörtlich auffassen kann, und erklären Sie, was diese bedeuten könnten.

Kapitel 5: Eine realistische Sichtweise: der immerwährende Gott

a) Könnte ein zeitlicher Gott verehrungswürdig sein?
b) Kann ein Gott, der in der Zeit ist, die Zukunft wissen?
c) Was meinen Ihrer Ansicht nach Gläubige, die sagen, daß sie eine „persönliche Beziehung zu Gott" haben?
d) Suchen Sie drei Beispiele im Alten oder Neuen Testament, die zu zeigen scheinen, daß Gott eine Person ist. Könnte man diese auch anders interpretieren?

Kapitel 6: Eine realistische Sichtweise:
Reden über Gott als Reden über eine alternative Lebensweise

a) Kann man Sutherland als Realisten bezeichnen?
b) Muß man an Gott als den Schöpfer der Welt glauben, der in irgendeinem Sinn personal ist, um ein gutes religiöses Leben führen zu können?
c) Wenn man keinen personalen Teufel anzunehmen braucht, um die Versuchung Jesu in der Wüste erklären zu können, braucht man dann einen personalen Gott, um Jesu Gebet im Garten Getsemani zu deuten?
d) Könnte der in diesem Kapitel dargestellte Ansatz auch für den Islam und das Judentum relevant sein?
e) Was könnte der Unterschied zwischen einem guten moralischen Leben und einem Leben *sub specie aeternitatis* sein?

Kapitel 7: Eine anti-realistische Sichtweise:
Gott als Wirklichkeit in einer religiösen Lebensform

a) Gibt es Parallelen zwischen der Existenz Gottes und der Existenz von Primzahlen?

b) „Wenn es keine Gläubigen gäbe, gäbe es keinen Gott." Wie könnte man diese Auffassung rechtfertigen?
c) Beschreiben Sie, wie Sie jemandem die Bedeutung der Kommunion/der Eucharistie erklären würden, der nichts vom Christentum weiß.
d) Wie haben Sie von Gott erfahren? Welchen Einfluß haben Ihrer Meinung nach Eltern und der gesellschaftliche Hintergrund auf die religiösen Überzeugungen eines Menschen?
e) Stellen Sie sich vor, daß Sie nichts von Religion wüßten. Beschreiben Sie, was Sie dann bei einem Gottesdienst erleben würden.

Kapitel 8: Das kosmologische Argument

a) Ist Gott die beste Erklärung für die Existenz der Welt?
b) Wenn Gott die Welt erschuf, wer hat dann Gott erschaffen? Ist dies eine angemessene Frage?
c) Ist es vernünftig, nach einer Erklärung für die Existenz der Welt zu suchen, die außerhalb der Welt liegt?

Kapitel 9: Das ontologische Argument

a) Was bedeutet die Aussage, daß Gott notwendigerweise existiert?
b) Welche Probleme wirft es auf, wenn man sagt, daß man durch eine Analyse von Gottes Wesen zur Existenz Gottes gelangen könne?
c) Geben Sie ein Beispiel für ein analytisch und ein Beispiel für ein synthetisch wahres Urteil. Beschreiben Sie, wie Sie den Wahrheitsgehalt beider Urteile überprüfen würden.

Kapitel 10: Das teleologische Argument

a) „Die Schönheit der Welt verweist auf die Existenz eines Schöpfergottes." Ist diese Behauptung gerechtfertigt?
b) Wenn die Merkmale der Welt auf einen Gott verweisen würden, was für ein Gott wäre dies?
c) Glauben Sie, daß John Stuart Mills Schlußfolgerungen über die Ergebnisse der natürlichen Theologie angemessen sind?

Kapitel 11: Das Argument aus der religiösen Erfahrung

a) Wie würden Sie eine religiöse Erfahrung definieren?
b) Wenn jemand behauptet, eine religiöse Erfahrung gehabt zu haben, ist dies mehr oder weniger wahrscheinlich als die Behauptung, daß jemand eine fliegende Untertasse gesehen habe? Warum?

c) Wenn jemand behaupten würde, daß ihm Gott auf einem Friedhof befohlen habe, junge Frauen zu töten, könnte eine solche Behauptung wahr sein? Warum?
d) „Wenn man die Existenz Gottes nicht beweisen kann, dann sollte man den Glauben an Gott aufgeben." Halten Sie diese Aussage für angemessen? Legen Sie Ihre Gründe dar.

Kapitel 12: Allmacht

a) Wenn Gott allmächtig ist, warum gebietet er dann dem Übel und dem Leid nicht Einhalt?
b) Könnte Gott Selbstmord begehen?
c) Könnte Gott einen Stein machen, den er nicht heben kann – und ihn dann heben?

Kapitel 13: Allwissenheit

a) Wenn Gott weiß, was wir in der Zukunft tun werden, können wir dann frei sein?
b) Wenn Gott von dem Leid wußte, das die Menschen einander zufügen würden, heißt es dann im Buch Genesis zu Recht, daß Gott sah, daß die Schöpfung gut war?
c) Wenn es keinen Schöpfergott gibt, in welchem Sinne könnte dann ein Gläubiger sagen, daß Gott allwissend ist?

Kapitel 14: Gottes Handeln in der Welt

a) Glauben Sie, daß ein zeitloser Gott in der Welt handeln kann?
b) Wenn Gott im Sinne des Prinzips des doppelten Agens durch Menschen handelt, können Menschen dann dennoch frei sein?
c) Was könnte ein Anti-Realist meinen, wenn er von einer Tat Gottes spricht?

Kapitel 15: Das Bittgebet

a) Wenn ein Gläubiger für diejenigen betet, die in der Dritten Welt nichts zu essen haben, was tut er dann?
b) Wenn es einen Gott gibt, der manchmal aufgrund von Gebeten handelt, könnte ein solches selektives Handeln dann moralisch zu rechtfertigen sein?
c) „Bittet, dann wird euch gegeben; sucht, dann werdet ihr finden; klopft an, dann wird euch geöffnet." Was bedeutet dies Ihrer Meinung nach?

Kapitel 16: Das Gebet um Vergebung

a) Macht es im Hinblick auf das, was ein Gläubiger tut, der um Vergebung betet, einen Unterschied, ob es einen Schöpfergott gibt oder nicht?
b) Muß einem Priester eine Rolle beim Gebet um Vergebung zukommen? Wenn ja, warum?
c) „Wenn wir um Vergebung beten, dann versuchen wir, mit unserem Versagen ins Reine zu kommen und uns wieder auf die Ganzheitlichkeit des Menschen zu orientieren." Halten Sie dies für eine befriedigende Definition? Begründen Sie Ihre Meinung.

Kapitel 17: Wunder

a) Glauben Sie, daß Gott jemals direkt handelt, um Ereignisse in der Welt geschehen zu lassen, die sonst nicht geschehen wären?
b) Hängt die Frage, ob etwas ein Wunder ist, ausschließlich davon ab, wie es von Gläubigen aufgefaßt wird?
c) Wenn jemand, den Sie lieben, an einer unheilbaren Krankheit erkrankt, hätten Sie dann noch Hoffnung oder würden Sie um ein Wunder beten? Geben Sie Ihre Gründe an und erklären Sie, worauf Sie hoffen würden.

Kapitel 18: Ewiges Leben

a) Glauben Sie, daß Sie nach dem Tod weiterleben werden? Wenn ja, in welcher Form werden Sie weiterleben?
b) Wenn Sie nach dem Tod weiterleben, woher könnten Sie dann wissen, daß dasjenige, was weiterlebt, wirklich Sie sind und nicht eine Kopie von Ihnen?
c) Kann man schon in diesem Leben das ewige Leben erfahren? Wenn ja, was würde dies heißen?

Kapitel 19: Und hieraus folgt ...?

a) Was geschah Ihrer Meinung nach am Ostersonntag? Ist Jesus als Person von den Toten auferstanden?
b) Welche Auffassung von Gott halten Sie für die plausibelste?
c) Meinen Sie, daß religiöse Menschen nur das glauben sollten, was sie verstehen, oder was sich rational rechtfertigen läßt?

Literaturhinweise

Die nachfolgenden Bücher seien zur Vertiefung empfohlen:

Argumente für die Existenz Gottes

Gaskin, John C. A.:
The Quest for Eternity,
New York (Penguin) 1984.

Hick, John:
The Existence of God,
New York - London (Macmillan) 1964.

Hume, David:
Dialoge über natürliche Religion,
Stuttgart (Reclam) 1981.

Mackie, John L.:
Das Wunder des Theismus. Argumente für und gegen die Existenz Gottes,
Stuttgart (Reclam) 1987.

Mill, John Stuart:
Drei Essays über Religion,
Stuttgart (Reclam) 1984.

Swinburne, Richard:
Die Existenz Gottes,
Stuttgart (Reclam) 1987.

Religiöse Erfahrung

Davis, Caroline:
The Evidential Force of Religious Experience
Oxford (Clarendon Pr.) 1989.

James, William:
Die Vielfalt religiöser Erfahrung
Olten, Freiburg i. Br. (Walter) 1979.

Lash, Nicholas:
Easter in Ordinary
London (SCM) 1988.

Einführung in Thomas v. Aquin und den thomistischen Ansatz

Copleston, Frederick:
Aquinas,
Wellwood (Search Press) 1976.

Davies, Brian:
Thinking about God,
London (Harper Collins) 1986.

Kenny, Anthony:
Aquinas: A Selection of Critical Essays,
London (Doubleday) 1969.

Realistische revisionistische Sichtweise religiöser Sprache

Sutherland, Stewart:
God, Jesus and Belief,
Oxford (Blackwell) 1984.

Anti-realistische revisionistische Sichtweise religiöser Sprache

Phillips, Dewi Z.:
Faith after Foundationalism,
London (Routledge) 1988.

Moore, Gareth:
Believing in God. A philosophic essay,
Edinburgh (T. & T. Clarke) 1989.

Cupitt, Don:
The Long Legged Fly,
London (SCM) 1987.

Cowdell, Scott:
Atheist Priest,
London (SCM) 1988.

Wunder und Gottes Handeln

Pike, Nelson:
God and Timelessness,
New York (Schocken) 1970.

Morris, T. V. (Hrsg.):
The Concept of God,
Oxford (Oxford Univ. Press) 1987.

Sutherland, Stewart:
Atheism and the Rejection of Belief,
Oxford (Blackwell) 1977.

Swinburne, Richard:
The Concept of Miracle,
London (Macmillan) 1971.

Wiles, Maurice:
God's Action in the World,
London (SCM Press) 1986.

Gebet

Brümmer, Vincent:
What Are We Doing When We Pray?
London (SCM Press) 1984.

Lewis, Clive S.:
Du fragst mich, wie ich bete
Briefe an Malcolm,
Einsiedeln (Johannes-Verlag) 1978.

Phillips, Dewi Z.:
The Concept of Prayer,
London (Routledge) 1965.

Ewiges Leben

Donnelly, John (Hrsg.):
Language, Metaphysics and Death,
New York (Fordham University Press) 1995.

Hick, John:
Death and Eternal Life,
London (Collins) 1976.

Phillips, Dewi Z.:
Death and Immortality,
London (Macmillan) 1970.

Rahner, Karl:
Zur Theologie des Todes,
Freiburg i. Br. (Herder) 1965.

Ryle, Gilbert:
Der Begriff des Geistes,
Stuttgart (Reclam) 1992.

Allmacht und Allwissenheit

Boethius:
Trost der Philosophie,
Stuttgart (Reclam) 1971.

Craig, W. L.:
The Only Wise God,
Grand Rapids (Baker) 1987.

Kenny, Anthony:
The God of the Philosophers,
Oxford (Oxford Univ. Press) 1979.

Morris, T. V.:
The Concept of God,
Oxford (Oxford Univ. Press) 1987.

Nash, Ronald H.:
The Concept of God,
Grand Rapids (Zondervan) 1983.

Die Grenzen der Philosophie angesichts des Glaubens

Kierkegaard, Sören:
Einübung ins Christentum. Zwei kurze ethisch-religiöse Abhandlungen,
München (Deutscher Taschenbuch-Verlag) 1977.

Kierkegaard, Sören:
Furcht und Zittern,
Hamburg (Europ. Verl.-Anstalt) 1992.

Vardy, Peter:
And if it's True?
London (Marshall Pickering) o. J.